十三經注疏彙校

尚書注疏彙校

五

杜澤遜 主編

中華書局

尚書註疏卷第十　漢孔氏傳　唐孔穎達疏

皇明朝列大夫國子監祭酒臣田一儁

奉訓大夫司經局洗馬管司業事臣盛訥等奉

勑重校刊

說命上第十二

商書

高宗夢得說。傳 盤庚弟。小乙子。名武丁。德高可尊。故號高宗。夢得賢相。其名曰說。○說本又作兌。音悅。註及下篇同。相息亮反。下同

使百工營求諸野。得諸傳巖。傳 使百官以所夢之形

象。經求之於野。得之於傅巖之谿。

作說命三篇。傳命說爲相。使攝政。疏高宗至三篇。○正義曰。殷之賢王有高宗者。夢得賢相。其名曰說。羣臣之內。旣無其人。使百官以所夢之形象。經營求之於野外。得之于傅氏之巖。遂命以爲相。史敘其事。作說命三篇。○傳盤庚至曰說。○正義曰。世本云。盤庚崩。弟小辛立。崩。弟小乙立。崩。子武丁立。是武丁爲盤庚弟。小乙子也。喪服四制云。高宗者武丁。武丁者殷之賢王也。當此之時。殷衰而復興。禮廢而復起。中而高之。故謂之高宗。是德高可尊。故號高宗也。經云爰立作相。王呼之曰說。知其名曰說。○傳使百至之谿○正義曰。以工爲官。見其求者衆多。故舉百官言之。使百官以所夢之形象。經營求於外野。皇甫謐云。使百工寫其形象。則謂工爲工巧之人。與孔異也。釋水云。水注川曰谿。李巡曰。水出於山入於川曰谿。然則谿是水流之處。巖是山崖之名。序稱得諸傅巖。傳云得之於傅巖之谿。以巖是摠名。故序言之耳。○傳命說至攝政。○正義曰：經稱爰立作相，是命爲相也。惟說命揔百官，是使攝位也。

說命傳始求得而命之。疏說命○正義曰：此三篇上篇言夢說始求得而命之，中篇說既揔百官，戒王爲政，下篇王欲師說而學，說報王爲學之有益，王又厲說以伊尹之功，相對以成章。史分序以爲三篇也。

王宅憂，亮陰三祀。傳陰，默也。居憂信默，三年不言。○亮，本又作諒，如字，又力章反。疏王宅憂亮陰三祀○正義曰：言王居父憂，信任冢宰，默而不言。已三年矣，三年不言，自是常事。史錄此句於首者，謂既免喪事，可以言而猶不言，故述此以發端也。○傳陰默至不言○正義曰：陰者，幽闇之義，默亦闇義，故爲默也。易稱君子之道，或默或語，則默者不言之謂也。無逸傳云：乃有信默，三年不言，有此信默，則信謂信任冢宰也。

既免喪，其惟弗言。傳除喪。

猶不言政。羣臣咸諫于王曰：嗚呼！知之曰明哲，明哲實作則。傳 知事則爲明智，明智則能制作法則。○哲，本又作喆。天子惟君萬邦，百官承式。傳 天下待令，百官仰法。王言惟作命，不言臣下罔攸稟令。傳 稟，受。令，令亦命也。王庸作書以誥曰：以台正于四方，惟恐德弗類，茲故弗言。傳 用臣下怪之，故作誥。類，善也。我正四方，恐德不善，此故不言。○誥，故報反。台，音怡。恭默思道，夢帝賚予良弼，其代予言。傳 夢天與我輔弼良佐，將代我言政教。○賚，力代反，徐音來。乃審厥象，俾以形旁求于天下。傳 審所夢之人。刻其形象。以四方旁求之於民間。○俾。必爾反。

說築傅巖之野。惟肖。

傳 傅氏之巖。在虞虢之界。通道所經。有澗水壞道。常使胥靡刑人築護此道。說賢而隱。代胥靡築之以供食。肖。似也。似所夢之形。○肖。音笑。虢。寡白反。壞。音怪。供。音恭。

【疏】傳「傅氏」至「之形」。○正義曰。傅以傅為氏。此巖以傅為名。明巖傍有姓傅之民。故云傅氏之巖也。尸子云。傅巖在北海之洲。傳言虞虢之界。孔必有所案據而言之也。史記殷本紀云。是時說為胥靡。築於傅險。晉灼漢書音義云。胥。相也。靡。隨也。古者相隨坐輕刑之名。言於時築傅險。則以杵築地。傅說賢人。必身不犯罪。言其說為胥靡。當是時代胥靡也。傳云。通道所經。有澗水壞道。常使胥靡刑人築護此道。說賢而隱。代胥靡築之以供食。或亦有成文也。殷本紀又云。武丁得說。舉以為相。遂命傅險姓之。號曰傅說。鄭云。得諸傳巖。高宗因以傅命說爲氏。案序直言夢得說。不言傅。或如馬鄭之言。如高宗始命爲傅氏。不知舊何氏也。皇甫謐云。高宗夢天賜賢人。胥靡之衣蒙之而來。曰云我徒也。姓傅名說。天下得我者。豈徒也哉。武丁悟而推之曰。傅者相也。說者懽悅也。天下當有傅我而說民者哉。明以夢視百官。百官皆非也。乃使百工寫其形象。求諸天下。果見築者胥靡。衣褐帶索。執役于虞虢之間傅巖之野。名說。以其得之傅巖。謂之傅說。案謐言初夢。即云姓傅名說。又言得之傅巖。謂之傅說。其言自不相副。謐惟見此書。傅會爲近世之語。其言非實事也。

爰立作相王置諸其左右。（傳）於是禮命立以爲相。使在左右。

命之曰朝夕納誨以輔台德。（傳）言當納諫誨直辭以輔我德。○朝張遙反。

若金用汝作礪。（傳）鐵須礪以成利器。○礪力世反。

若濟巨川用汝作舟楫。（傳）

渡大水待舟楫。○楫音接。徐音集。若歲大旱用汝作霖雨。傳霖三日雨。霖以救旱。疏傳霖三日雨○正義曰。隱九年左傳云。凡雨自三日已往爲霖。啓乃心沃朕心。若藥弗瞑眩厥疾弗瘳。傳開汝心以沃我心。如服藥必瞑眩極。其病乃除。欲其出切言以自警。疏啓乃至弗瘳○正義曰。當開汝心所有以灌沃我心。欲令以彼所見教已未知故也。以其沃我心。須切至。若服藥不使人瞑眩憒亂。則其疾不得瘳愈。言藥毒乃得除病。言切乃得去惑也。○傳開汝至自警○正義曰。瞑眩者令人憒悶之意也。方言云。凡飲藥而毒。東齊海岱間或謂之瞑。或謂之眩。郭璞云。瞑眩亦通語也。然則藥之攻病。先使人瞑眩憒亂病乃得瘳。傳言瞑眩極者。言悶極藥乃行也。楚語稱衛武公作懿以自警。懿即大雅抑詩也。切言出於傳說。據王以爲自警也。若跣弗視地。

厥足用傷。傳 跣必視地。足乃無害。言欲使爲己視聽。
〇跣先典反。徐七顯反。爲于僞反。惟暨乃僚。罔不同心以匡乃辟。傳
與汝並官。皆當倡率。無不同心以匡正汝君。〇辟必亦反。
俾率先王迪我高后。以康兆民。傳 言匡正汝君。使循
先王之道。蹈成湯之蹤。以安天下。嗚呼欽予時命。其
惟有終。傳 敬我是命。修其職。使有終。說復于王曰。惟
木從繩則正。后從諫則聖。傳 言木以繩直。君以諫明。
后克聖。臣不命其承。傳 君能受諫。則臣不待命其承
意而諫之。疇敢不祗若王之休命。傳 言王如此。誰敢

不敬順王之美命而諫者乎。

說命中第十三

商書

惟說命總百官。傳 在冢宰之任。○總，音摠。疏 惟說命總百官 ○正義曰：惟此傳說受王命總百官之職，謂在冢宰之任也。說以官高任重，乃進言於王。故史特標此句，爲發言之端也。

乃進于王曰：嗚呼！明王奉若天道，建邦設都。傳 天有日月北斗五星二十八宿，皆有尊卑相正之法。言明王奉順此道，以立國設都。○宿，音秀。疏 傳「天有」至「設都」。○正義曰：晉語云：大者天地。其次君臣。易繫辭云：天垂象，見吉凶。聖人象之。皆言人君法天以設官，順天以致治也。天有日月，照臨晝夜。猶王官之伯。率領諸侯也。北斗環繞北極。猶卿士之周衞天子也。五星行於列宿。猶州牧之省察諸侯也。二十八宿布於四方。猶諸侯爲天子守土也。天象皆有尊卑相正之法。言明王奉順天道以立國設都也。立國。謂立王國及邦國。設都。謂設帝都及諸侯國都。總言建國立家之事。

樹后王君公。承以大夫師長。（傳）言立君臣上下。將陳爲治之本。故先舉其始。○王。于方反。長。竹丈反。治。直吏反。下同。

［疏］樹后至師長○正義曰。此又摠言設官分職之事也。樹。立也。后王。謂天子也。君公。謂諸侯也。承者。奉上之名。后王君公。人主也。大夫師長。人臣也。臣當奉行君命。故以承言之。周禮立官。多以師爲名。師者。衆所法。亦是長之義也。大夫已下。分職不同。每官各有其長。故以師長言之。三公。則君公之內包之。卿。則大夫之文兼之。師長之言。亦通有。將陳爲治之本。故先舉其始。略言設官。故辭不詳備。爲治之本。惟天聰明已下皆是也。

不惟逸豫。

惟以亂民。傳不使有位者逸豫民上。言立之主使治民。○豫。羊慮反。惟天聰明。惟聖時憲。惟臣欽若。惟民從乂。傳憲。法也。言聖王法天以立教。於下無不聞見。除其所惡。納之於善。雖復運有推移。道有升降。其所施爲未嘗不法天也。臣敬順而奉之。奉即上文承也。奉承君命而布之於民。民以從上爲治。不從上命則亂。故從乂也。○從。才用反。惟口起羞。惟甲冑起戎。傳甲。鎧。冑。兜鍪也。言不可輕教令。易用兵。○冑。直又反。鎧。苦代反。兜。丁侯反。鍪。莫侯反。易。以豉反。惟衣裳在笥。惟干戈省厥躬。傳言服不可加非其人。兵不可任非其才。○笥，息嗣反。省，息井反。本作眚。疏「惟口」至「厥躬」。○正義曰。言王者法天施化。其舉止不可不慎。惟口出令不善以起羞辱。惟甲冑伐非其罪以起戎兵。言不可輕教令。易用兵也。惟衣裳在篋笥。不可加非其人。觀其能足稱職。然後賜之。惟干戈在府庫。不可任非其才。省其身堪將帥。然後授之。上二句事相類。下二句文不同者。衣裳言在篋笥。干戈不言所在。干戈云省厥躬。衣裳不言視其人。令其互相足也。○傳「甲鎧」至「用兵」。○正義曰。經傳之無鎧與兜鍪。蓋秦漢已來始有此名。傳以今曉古也。古之甲冑皆用犀兕。未有用鐵者。而鍪鎧之字皆從金。蓋後世始用鐵耳。口之出言爲教令。甲冑興師乃用之。言不可輕教令。易用兵也。易亦輕也。安危在出令。令之不善。則人爲背之。是起羞也。靜亂在用兵。伐之無罪。則人叛違之。是起戎也。○傳「言服」至「其才」。○正義曰。非其人。非其才。義同而互文也。周禮大宗伯。以九儀之命正邦國之位。一命受職。再命受服。三命受位。四命受器。五命賜則。六命賜官。七命賜國。八命作牧。九命作伯。鄭云。一命始見命爲正吏。受職治職事也。列國之士一命。王之下士亦一命。再命受服。受玄冕之服。列國之大夫再命。王之中士亦再命。然則再命已上始受衣服。未賜之時。在官之篋笥也。甲胄干戈。俱是軍器。上言不可輕用兵。此言不可妄委人。雖文重而意異也。

王惟戒茲允茲克明乃罔不休　傳言王戒愼此四惟之事。信能明政。乃無不美。

惟治亂在庶官　傳言所官得人則治。失人則亂。

官不及私昵惟其能　傳不加私昵惟能是官。○昵女乙反。

爵罔及惡德惟其賢　傳言非賢不爵。

疏　官不至其賢○正義曰。王制云。論定然後官之。任官然後爵之。鄭云。官之。使之試守也。爵之。命之也。然則治其事謂之官。受其位謂之爵。官爵一也。所從言之異耳。賢謂德行。能謂才用。治事必用能。故官云惟其能。受位宜得賢。故爵云惟其賢。詩序云。任賢使能。周禮鄉大夫。三年則大比。考其德行道藝而興賢者能者。鄭云。賢者。有德行者。能者。有道藝者。是賢能爲異耳。私昵。謂知其不可而用之。惡德。謂不知其非而任之。戒王使審求人。絶私好也。**慮善以動。動惟厥時。**傳 非善非時不可動。**有其善。喪厥善。矜其能。喪厥功。**傳 雖天子亦必讓以得之。○喪。息浪反。疏 有其至厥功。○正義曰。人生尚謙讓而憎自取。自有其善。則人不以爲善。故實善而喪其善。自誇其能。則人不以爲能。故實能而喪其能。由其自取。故人不與之。有其善。則伐善也。舜美禹云。汝惟不矜。天下莫與汝爭能。汝惟不伐。天下莫與汝爭功。是言推而不有。故名反歸之也。**惟事事。乃其有備。有備無患。**傳 事事。非一事。**無啓寵納侮。**傳 開寵非其人。則納侮之道。疏 無啓寵納侮。○正義曰。君子位高益恭。小人得寵則慢。若寵小人。則必恃寵慢主。無得開小人以寵。自納此輕侮也。開謂君出恩以寵臣。納謂臣入慢以輕王。據君而言。開納以出入爲文也。

無恥過作非。

傳 恥過誤而文之。遂成大非。

疏 傳恥過至大非。○正義曰。仲虺之美成湯云。改過不吝。明小人有過。皆惜而不改。論語云。小人之過也。必文。恥有過誤而更以言辭文飾之。望人不覺其非。彌甚。故遂成大非也。

惟厥攸居。政事惟醇。

傳 其所居行。皆如所言。則王之政事醇粹。○醇。音純。粹。雖遂反。

黷于祭祀。時謂弗欽。禮煩則亂。事神則難。

傳 祭不欲數。數則黷。黷則不敬。事神禮煩則亂而難行。高宗之祀特豐數近廟。故說因以戒之。○黷。徒木反。數。色角反。

疏 傳祭不至戒之。○正義曰。祭不欲數。數則黷。黷則不敬。禮記祭義文也。此一經。皆言祭祀之事。禮煩亦謂祭祀之煩。故傳總云。事神禮煩。亂而難行。孔以高宗彤日。祖己訓諸王祀無豐于昵。謂傳說此言。爲彼事而發。故云高宗之祀。特豐數於近廟。故說因而戒之。**王曰。旨哉。說乃言惟服。**傳 旨。美也。美其所言皆可服行。**乃不良于言。予罔聞于行。**傳 汝若不善於所言。則我無聞於所行之事。**說拜稽首曰。非知之艱。行之惟艱。**傳 言知之易。行之艱。以勉高宗。**王忱不艱。允協于先王成德。**傳 王心誠不以行之爲難。則信合於先王成德。○忱。市林反。**惟說不言有厥咎。**傳 王能行善。而說不言。則有其咎罪。

說命下第十四

商書

王曰。來汝說。台小子舊學于甘盤。傳 學先王之道。甘盤。殷賢臣有道德者。○台。音怡。疏 王曰至甘盤○正義曰。舊學于甘盤。謂爲王子時也。君奭篇。周公仰陳殷之賢臣云。在武丁時則有若甘盤。然則甘盤於高宗之時有大功也。上篇高宗免喪不言。卽求傳說。似得說時無賢臣矣。蓋甘盤於小乙之世以爲大臣。小乙將崩。受遺輔政。高宗之初。得有大功。及高宗免喪。甘盤已死。故君奭傳曰。高宗卽位。甘盤佐之。後有傳說。是言傳說之前有甘盤也。但下句言既乃遯于荒野。是學訖乃遯。非卽位之初。從甘盤學也。

既乃遯于荒野。入宅于河。傳 既學而中廢業。遯居田野。河。洲也。其父欲使高宗知民之艱苦。故使居民間。○遯，徒頓反。[疏]傳既學至民間。○正義曰。河是水名。水不可居。而云入宅于河。知在河之洲也。釋水云。水中可居者曰洲。初遯田野。後入河洲。言其徙居無常也。無逸云。其在高宗時。舊勞於外。爰暨小人。言其父欲使高宗知民之艱苦。故使居民間也。於時蓋未爲太子。殷道雖質。不可既爲太子。更得與民雜居。**自河徂亳。暨厥終罔顯。**傳自河往居亳。與今。其終故遂無顯明之德。**爾惟訓于朕志。**傳言汝當教訓於我。使我志通達。**若作酒醴。爾惟麴糵。**傳酒醴須麴糵以成。亦言我須汝以成。○麴，起六反。糵，魚列反。**若作和羹。爾惟鹽梅。**傳鹽鹹梅醋。羹須鹹醋以和之。○羹，音庚。一音衡。鹽，余廉反。梅，亦作楳。醋，七故反。和，如字，又胡臥反。**爾交**

脩予罔予棄予惟克邁乃訓傳交。非一之義。邁。行也。言我能行汝教。疏傳交非至汝教○正義曰。爾交脩予。令其交更脩治已也。故以交爲非一之義。言交互教之。非一事之義。邁。行。釋詁文。說曰王人求多聞時惟建事學于古訓乃有獲傳王者求多聞以立事。學於古訓乃有所得。事不師古以克永世匪說攸聞傳事不法古訓。而以能長世。非說所聞。言無是道。惟學遜志務時敏厥脩乃來傳學以順志。務是敏疾。其德之脩乃來。疏惟學至乃來○正義曰。人志本欲求善。欲學順人本志。學能務是敏疾。則其德之脩乃自來。言務之既疾。則德自來歸已也。允懷于茲道積于厥躬傳信懷此學志。則道積於其身。惟斆學半。念終始典于學。厥德脩罔覺。【傳】斆。敎也。敎然後知所困。是學之半。終始常念學。則其德之脩。無能自覺。○斆。戶孝反。【疏】惟斆至罔覺○正義曰。敎人然後知困。知困必將自强。惟敎人乃是學之半。言其功半於學也。於學之法。念終念始。常在於學。則其德之脩。漸漸進益。無能自覺其進。言日有所益。不能自知也。監于先王成憲。其永無愆。【傳】愆。過也。視先王成法。其長無過。其惟學乎。○愆。起虔反。惟說式克欽承。旁招俊乂。列于庶位。【傳】言王能志學。說亦用能敬承王志。廣招俊乂。使列衆官。○俊。本又作畯。王曰。嗚呼。說。四海之內。咸仰朕德。時乃風。【傳】風。敎也使天下皆仰我德是汝教○仰如字徐五亮反**股肱惟人良臣惟聖**傳手足具乃成人有良臣乃成聖**昔先正保衡作我先王**傳保衡伊尹也作起正長也言先世長官之臣○長竹丈反下同

疏傳保衡至之臣○正義曰保衡阿衡俱伊尹也君奭傳曰伊尹爲保衡言天下所取安所取平也鄭箋云阿倚衡平也伊尹湯所依倚而取平也故以爲官名又云太甲時曰保衡鄭不見古文太甲云不惠于阿衡故此爲解孔所不用計此阿衡保衡非常人之官名蓋當時特以此名號伊尹也作訓爲起言起而助湯也正長釋詁文

乃曰予弗克俾厥后惟堯舜其心愧恥若撻于市傳言伊尹不能使其君如堯舜則恥之若見撻于市故成其能○俾必爾反撻他達反

一夫不獲，則曰時予之辜。【傳】伊尹見一夫不得其所，則以爲己罪。佑我烈祖，格于皇天。【傳】言以此道左右成湯，功至大天，無能及者。爾尚明保予，罔俾阿衡專美有商。【傳】汝庶幾明安我事，則與伊尹同美。○阿，烏何反。惟后非賢不乂，惟賢非后不食。【傳】言君須賢治，賢須君食。○治，直吏反。其爾克紹乃辟于先王，永綏民。【傳】能繼汝君於先王，長安民，則汝亦有保衡之功。○辟，必亦反。說拜稽首曰：敢對揚天子之休命。【傳】對，答也。答受美命而稱揚之。

高宗肜日第十五

商書

高宗祭成湯。有飛雉升鼎耳而雊。傳 耳不聰之異。雊。鳴。雊。工豆反。

祖己訓諸王。傳 賢臣也。以訓道諫王。○己。音紀。

作高宗肜日。高宗之訓。傳 所以訓也。亡。○肜。音融。

疏 高宗至之訓。○正義曰。高宗祭其太祖成湯。於肜祭之日。有飛雉來升祭之鼎耳而雊鳴。其臣祖己以爲王有失德而致此祥。遂以道義訓王。勸王改脩德政。史敘其事。作高宗肜日。高宗之訓二篇。○傳 耳不至雊鳴。○正義曰。經言肜日有雊雉。不知祭何廟。鳴何處。故序言祭成湯升鼎耳以足以。禘祫與四時之祭。祭之明日。皆爲肜祭。不知此肜是何祭之肜也。洪範五事有貌言視聽思。若貌不恭。言不從。視不明。聽不聰。思不睿。各有妖異興焉。雉乃野鳥。不應入室。今乃入宗廟之内。升鼎耳而鳴。孔以雉鳴在鼎耳。故以爲耳不聰之異也。洪範五行傳云。視之不明。時則有羽蟲之孽。聽之不聰。時則有介蟲之孽。言之不從。時則有毛蟲之孽。貌之不恭。時則有鱗蟲之孽。思之不睿。時則有倮蟲之孽。先儒多以此爲羽蟲之孽。非爲耳不聰也。漢書五行志。劉歆以爲鼎三足。三公象也。而以耳行。野鳥居鼎耳。是小人將居公位。敗宗廟之祀也。鄭云。鼎。三公象也。又用耳行。雉升鼎耳而鳴。象視不明。天意若云。當任三公之謀以爲政。劉鄭雖小異。其爲羽蟲之孽則同。與孔意異。詩云。雉之朝雊。尚求其雌。説文云。雊。雄雉鳴也。雷始動。雉乃鳴而雊其頸。○傳所以訓也亡。○正義曰。名高宗之訓。所以訓高宗也。此二篇俱是祖巳之言。並是訓王之事。經云乃訓于王。此篇亦是訓也。但所訓事異。分爲二篇。標此爲發言之端。故以彤日爲名。下篇摠諫王之事。故名之訓。終始互相明也。肆命徂后。孔歷其名於伊尹之下。别爲之傳。此高宗之訓。因序爲傳。不重出名者。此以訓王事同。因觸文便作傳。
不爲例也。

高宗肜日【傳】祭之明日又祭。殷曰肜。周曰繹。○繹音亦。

字書作釋。爾雅云。又祭也。周曰繹。商曰肜。夏曰復胙。【疏】【傳】祭之至曰繹○正義曰。釋天云。繹。又祭也。周曰繹。商曰肜。孫炎曰。祭之明日。尋繹復祭也。肜者。相尋不絕之意。春秋宣八年。六月辛巳。有事於太廟。壬午猶繹。穀梁傳曰。繹者。祭之旦日之享賓也。是肜者祭之明日又祭也。爾雅因繹祭而本之上世。故先周後商。此以上代先後。故與爾雅倒也。釋天文云。夏曰復胙。郭璞云。未見所出。或無此一句。孔傳不言夏曰復胙。於義非所須。或本無此事也。儀禮有司徹。上大夫曰儐尸。與正祭同日。鄭康成註詩鳧鷖云。祭天地社稷山川五祀。皆有繹祭。

高宗肜日。越有雊雉。【傳】於肜日有雊雉異。祖己曰。惟先格王正厥事。傳言至道之王遭變異。正其事而異自消。

疏高宗至厥事○正義曰。高宗既祭成湯。肜祭之日。於是有雊鳴之雉。在於鼎耳。此乃怪異之事。賢臣祖己。見其事而私自言曰。惟先世至道之王遭遇變異。則正其事而異自消也。既作此言。乃進言訓王。史録其事。以爲訓王之端也。○傳言至自消○正義曰。格訓至也。至道之王。謂用心至極。行合於道。遭遇變異。改脩德教。正其事而異自消。大戊拱木。武丁雊雉。皆感變而懼。殷道復興。是異自消之驗也。至道之王。當無災異。而云遭變消災者。天或有譴告使之至道。未必爲道不至而致此異。且此勸戒之辭。不可執文以害意也。此經直云祖己曰。不知與誰語。鄭云。謂其黨。王肅云。言于王。下句始言乃訓于王。此句未是告王之辭。私言告人。鄭說是也。

乃訓于王曰。惟天監下民典厥義。傳祖己既言。遂以道訓諫王。言天視下民。以義爲常。降年有永有不永。非天夭民。民中絕命。傳 言天之下年與民。有義者長。無義者不長。非天欲夭民。民自不脩義以致絕命。○中，竹仲反，又如字。民有不若德不聽罪。天既孚命正厥德。傳 不順德。言無義。不服罪。不改脩。天已信命正其德。謂有永有不永。疏 乃訓至厥德○正義曰。祖己既私言其事。乃以道訓諫於王曰。惟天視此下民。常用其義。言以義視下。觀其爲義以否。其下年與民。有長者。有不長者。言與爲義者長。不義者短。短命者非是天欲夭民。民自不脩義。使中道絕其性命。但人有爲行不順德義。有過不服聽罪。過而不改。乃致天罰。非天欲夭之也。天既信行賞罰之命。正其馭民之德。欲使有義者長。不義者短。王安得不行義事。求長命也。○傳 言天至絕命○正義曰。經惟言有永有不永。安知由義者。以上

句云惟天監下民典厥義天既以義爲常知命之長
短莫不由義故云天之下年與民有義者長無義者
不長也民有五常之性謂仁義禮智信也此獨以義
爲言者五常指體則别理亦相通義者宜也得其事
宜五常之名皆以適宜爲用故稱義可以揔之也民
有貴賤貧富愚智好醜不同多矣獨以夭壽爲言者
鄭玄云年命者惷愚之人尤惕焉故引以諫王也惕
貪也洪範五福以壽爲首六極以短折爲先是年壽
者最是人之所貪故祖巳引此以諫王也○傳不順
至不永○正義曰傳亦顧上經故不順德言無義也
聽謂聽從故以不聽爲不服罪言既爲罪過而不肯
改脩也天已信命正其德言天自信命賞有義罰無
義此事必信也天自正其德福善禍淫其德必不差
也謂民有永有不永天隨其善惡而報之勸王改過
脩德以求永也**乃曰其如台**傳祖巳恐王未受其言故乃復
曰天道其如其所言○台音怡復扶又反**嗚呼王司敬民罔非**

天胤典祀無豐于昵。傳胤，嗣。昵，近也。歎以感王入其言。王者主民，當敬民事。民事無非天所嗣常也。祭祀有常，不當特豐於近廟。欲王因異服罪改修之。○豐，芳弓反。昵，女乙反。尸子云：不避遠昵。昵，近也。又乃禮反。馬云：昵，考也。謂禰廟也。

鳴呼至于昵　疏○正義曰：祖巳恐其言不入王意，又歎而求之。鳴呼，王者主民，當謹敬民事。民事無非天所繼嗣以爲常道者也。天以其事爲常，王當繼天行之。祀禮亦有常，無得豐厚於近廟。若特豐於近廟，是失於常道。高宗豐於近廟，欲王服罪改修也。○傳「胤嗣」至「改修」。○正義曰：釋詁云：胤，嗣，繼也。俱訓爲繼，是胤得爲嗣。嗣亦繼之義也。釋詁云：即，尼也。孫炎曰：即，猶今也。尼者，近也。郭璞引尸子曰：悅尼而來遠。是尼爲近也。尼與昵音義同。烝民不能自治，自立君以主之，是王者主民也。既與民爲主，當敬慎民事。民事無大小，無非天所嗣常也。言天意欲令繼嗣行之。所以爲常道也。祭祀有常。謂犧牲粢盛尊彝俎豆之數。禮有常法。不當特豐於近廟。謂犧牲禮物多也。祖已知高宗豐於近廟。欲王因此雊雉之異。服罪改修以從禮耳。其異不必由豐近而致之也。王肅亦云。高宗豐於禰。故有雊雉升遠祖成湯廟鼎之異。

西伯戡黎第十六

商書

殷始咎周。傳 咎。惡。○咎。其九反。馬云咎周者。爲周所咎。周人乘黎。傳 乘。勝也。所以見惡。○黎。力兮反。國名。尚書大傳作耆。祖伊恐。傳 祖已後賢臣。奔告于受。傳 受。紂也。音相亂。帝乙之子。嗣立暴虐無道。○受。如字。傳云受。紂也。音相亂。馬云受讀曰紂。或曰受婦人之言。故號曰受也。作西伯戡黎。傳 戡。亦勝也。○伯。亦作柏。戡。音堪。說文作𢧀云殺也。以此戡訓刺。音竹甚反。勝。詩證反。疏 殷始至戡黎○正義曰。文王功業稍高。王兆漸著。殷之朝廷之臣。始畏惡周家。所以畏惡之者。以周人伐而勝黎邑故也。殷臣祖伊。見周克黎國之易。恐其終必伐殷。奔走告受。言殷將滅。史敘其事。作西伯戡黎。○傳 咎惡又云乘勝至見惡○正義曰。易繫辭云。無咎者。善補過也。則咎是過之別名。以彼過而憎惡之。故咎爲惡也。以其勝黎。所以見惡。釋其見惡之由。是周人勝黎之後始惡之。詩毛傳云。乘。陵也。乘駕是加陵之意。故乘爲勝也。鄭玄云。紂聞文王斷虞芮之訟。又三伐皆勝。而始畏惡之。所言據書傳爲說。伏生書傳云。文王受命一年。斷虞芮之質。二年伐邘。三年伐密須。四年伐犬夷。五年伐耆。六年伐崇。七年而崩。耆。即黎也。乘黎之前。始言惡周。故鄭以伐邘伐密須伐犬夷。三伐皆勝。始畏惡之。武成篇文王誕膺天命。九年乃崩。則伐國之年。不得如書傳所說。未必見三伐皆勝始畏之。○傳 祖已後賢臣。○正義曰。

此無所出。正以同爲祖氏。知是其後。明能先覺。故知賢臣。○傳受紂至無道。○正義曰。經云。奔告于王。王無諡號。故序言受以明之。此及泰誓武成。皆呼此君爲受。自外書傳皆呼爲紂。受即紂也。音相亂。故字改易耳。殷本紀云。帝乙崩。子辛立。是爲帝辛。天下謂之紂。鄭玄云。紂。帝乙之少子。名辛。帝乙愛而欲立焉。號曰受德。時人傳聲轉作紂也。史掌書知其本。故曰受。與孔大同。諡法云。殘義損善曰紂。殷時未有諡法。後人見其惡。爲作惡義耳。○傳戡亦勝也。○正義曰。戡。勝。釋詁文。孫炎曰。戡。强之勝也。

西伯戡黎

西伯既戡黎。傳近王圻之諸侯。在上黨東北。○近。附近之近。圻。巨依反。疏西伯戡黎。○正義曰。鄭玄云。西伯。周文王也。時國於岐。封爲雍州伯也。國在西。故曰西伯。王肅云。王者中分天下。爲二公揔治之。謂之二伯。得專行征伐。文王爲西伯。黎侯無道。文王伐而勝之。兩說不同。孔無明解。下傳云。文王率諸侯以事紂。非獨率一州之諸侯也。論語稱。三分天下有其二。以服事殷。謂文王也。然乃三分有二。豈獨一州牧乎。且言西北對東爲名。不得以國在西而稱西伯也。蓋同王肅之說。○傳近王至東北○正義曰。黎國。漢之上黨郡壺關所治黎亭是也。紂都朝歌。王圻千里。黎在朝歌之西。故爲近王圻之諸侯也。鄭云。入紂圻內。文王猶尚事紂。不可伐其圻內。所言圻內。亦無文也。

祖伊恐。奔告于王曰。天子。天既訖我殷命。傳文王率諸侯以事紂。內秉王心。紂不能制。今又克有黎國。迫近王圻。故知天已畢訖殷之王命。言將化爲周。○王心。于况反。下註宜王者同。

疏傳文王至爲周○正義曰。襄四年左傳云。文王率殷之叛國以事紂。是率諸侯共事紂也。猶雖事紂。內秉王心。布德行威。有將王之意。而紂不能制。日益强大。今復克有黎國。迫近王圻。似有天助之力。故云天已畢訖殷之王命。言殷祚至此而畢。將欲化爲周也。**格人元龜罔敢知吉。**〔傳〕至人以人事觀殷。大龜以神靈考之。皆無知吉。

〔疏〕〔傳〕至人至知吉○正義曰。格訓爲至。至人。謂至道之人。有所識解者也。至人以人事觀殷。大龜有神靈。逆知來物。故大龜以神靈考之。二者皆無知殷有吉者。言必凶也。祖伊未必問至人。親灼龜。但假之以爲言耳。

非先王不相我後人。惟王淫戲用自絕。〔傳〕非先祖不助子孫。以王淫過戲逸。用自絕於先王。○相。息亮反。

故天棄我不有康食。不虞天性。不迪率典。〔傳〕以紂自絕於先王。故天亦棄之。宗廟不有安食於天下。而王不度知天性命所在。而所行不蹈循常法。言多罪。○度。

待洛反。疏傳以紂至多罪○正義曰。禮記稱萬物本於天。人本於祖。則天與先王。俱是人君之本。紂既自絕於先王。亦自絕於天。上經言紂自絕先王。此言天棄紂。互明紂自絕。然後天與先王棄絕之。故傳申通其意。以紂自絕先。故天亦棄之。亦者。亦先王。言先王與天俱棄之也。孝經言天子得萬國之歡心以事其先王。然後祭則鬼享之。今紂既自絕於先王。先王不有安食於天下。言紂雖以天子之尊事宗廟。宗廟之神。不得安食也。而王不度知天命所在。不知已之性命當盡也。而所行不蹈循常法。動悉違法。言多罪。

今我民罔弗欲喪。曰天曷不降威。大命不摯。今王其如台。傳摯。至也。民無不欲王之亡。言天何不下罪誅之。有大命宜王者。何以不至。王之凶害。其如我所言。○摯音至。本又作摯。疏傳摯至也至所言○正義曰。摯至同音。故摯爲至也。言天何不下罪誅之。

萬曆十五年刊　尚書疏卷十　七

恨其父行虐政。欲得早殺之也。有大命宜王者。何以不至。向望大聖之君。欲令早伐紂也。王之凶禍。其如我之所言。以王不信。故審告之也。

王曰嗚呼我生不有命在天。傳言我生有壽命在天。民之所言。豈能害我。遂惡之辭。

祖伊反曰嗚呼乃罪多參在上乃能責命于天。傳反。報紂也。言汝罪惡衆多。參列於上天。天誅罰汝。汝能責命于天。拒天誅乎。○參七南反。馬云。參字累在上。

殷之即喪指乃功不無戮于爾邦。傳言殷之就亡。指汝功事所致。汝不得無死戮於殷國。必將滅亡。立可待。

微子第十七

商書

殷既錯天命。傳 錯，亂也。○錯，七各反。馬云：廢也。**微子作誥父師少師。**傳 告二師而去紂。○少，詩照反。疏 殷既至少師。○正義曰：殷紂既暴虐無道，錯亂天命。其兄微子知紂必亡，以作誥告父師箕子、少師比干。史敘其事而作此篇也。名曰微子，而不言作微子者，已言微子作誥，以可知而省文也。○傳錯亂也。○正義曰：交錯是渾亂，以義故爲亂也。不指言紂惡而言錯亂天命者，天生蒸民，立君以牧之，爲君而無君道，是錯亂天命。爲惡之大，故舉此以見惡之極耳。

微子傳 微，圻內國名。子，爵。爲紂卿士，去無道。疏 傳微圻至無道。○正義曰：微國在圻內，先儒相傳爲然。鄭玄以爲微與箕俱在圻內。孔雖不言箕，亦當在圻內也。王肅云。微。國名。子。爵。入爲王卿士。肅意蓋以微爲圻外。故言入也。微子。名啓。世家作開。避漢景帝諱也。啓與其弟仲衍。皆是紂之同母庶兄。史記稱微仲衍。衍亦稱微者。微子封微。以微爲氏。故弟亦稱微。猶如春秋之世。虞公之弟稱虞叔。祭公之弟稱祭叔。微子若非大臣。則無假憂紂。亦不必須去。以此知其爲卿士也。傳云。去無道者。以去見其爲卿士也。

微子若曰。父師。少師。傳 父師。太師。三公。箕子也。少師。孤卿。比干。微子以紂距諫。知其必亡。順其事而言之。

殷其弗或亂正四方。傳 或。有也。言殷其不有治正四方之事。將必亡。○治。直吏反。

我祖底遂陳于上。傳 言湯致遂其功。陳列於上世。

我用沈酗于酒。用亂敗厥德于下。

傳我紂也。沈湎酗醟，敗亂湯德於後世。○沈，徐直金反。酗，況具反。以酒爲凶曰酗。說文作酌，云酒醟。湎，面善反。醟，音詠，說文于命反。酌，酒也。

殷罔不小大好草竊姦宄。傳草野竊盜，又爲姦宄於內外。○好，呼報反。宄，音軌。

卿士師師非度，凡有辜罪，乃罔恒獲。傳六卿典士相師效爲非法度，皆有辜罪，無秉常得中者。○度，如字。

小民方興，相爲敵讎。傳卿士既亂，而小人各起一方，共爲敵讎，言不和同。○讎，常周反。

今殷其淪喪，若涉大水，其無津涯。傳淪，沒也。言殷將沒亡，如涉大水，無涯際，無所依就。○淪，音倫，徐力允反。喪，息浪反。涯，五皆反，又宜佳反。

殷遂喪，越至于今。傳

言遂喪亡於是。至於今到不待久。疏微子至于今○正義曰。微子將欲去殷。順其去事而言曰。父師少師。呼二師與之言也。今殷國其將不復有治正四方之事。言其必滅亡也。昔我祖成湯。致行其道。遂其功業。陳列於上世矣。今我紂惟用沈湎酗醟於酒。用是亂敗其祖之德於下。由紂亂敗之故。今日殷人無不小大皆好草竊姦宄。雖在朝卿士。相師師爲非法度之事。朝廷之臣。皆有辜罪。乃無有一人能秉常得中者。在外小人。方方各起。相與共爲敵讎。荒亂如此。今殷其沒亡。若涉大水。其無津濟涯岸。殷遂喪亡。言不復久也。此喪亡於是。至於今到必不得更久也。○傳父師至而言○正義曰。以畢命之篇。王呼畢公爲父師。畢公時爲太師也。周官云。太師。太傅。太保。兹惟三公。少師。少傅。少保。曰三孤。家語云。比干官則少師。少師是比干。知太師是箕子也。徧檢書傳。不見箕子之名。惟司馬彪注莊子云。箕子名胥餘。不知出何書也。周官以少師爲孤。此傳言孤卿者。孤亦卿也。考工記曰。外有九室。九卿朝焉。是三孤六卿。共爲九卿也。比干不言封爵。或本無爵。或有而不言也。家語云。比干是紂之親。則諸父。知比干是紂之諸父耳。箕子則無文。宋世家云。箕子者。紂親戚也。止言親戚。不知爲父爲兄也。鄭玄王肅皆以箕子爲紂之諸父。服虔杜預以爲紂之庶兄。既無正文。各以意言之耳。微子以紂距諫。知其必亡。心欲去之。故順其去事而言。呼二師以告之。○傳或有至必亡○正義曰。或者不定之辭。其事欲當然。則是有此事。故以或爲有也。鄭玄論語注亦云。或之言有也。不有言無也。天子。天下之主。所以治正四方。言殷其不有治正四方之事。言將必亡。○傳我紂至後世○正義曰。嗜酒亂德。是紂之行。故知我。我紂也。人以酒亂。若沈於水。故以沈酒爲沈也。湎然是齊同之意。詩云。天不湎爾以酒。鄭云。天不同汝顔色以酒。是湎謂酒變面色。湎然齊同無復平時之容也。說文云。酗。醟也。然則酗醟一物。謂飲酒醉而發怒。經言亂敗其德。必有所屬。上言我祖。指謂成湯。知言敗亂湯德於後世也。上謂前世。故下爲後世也。○傳六卿至中者

○正義曰：士，訓事也。故卿士爲六卿典事。師師，言相師效爲非法度之事也。止言卿士，以貴者尚爾，見賤者皆然。故王肅云：卿士以下，轉相師效爲非法度之事也。鄭云：凡，猶皆也。傳意亦然。以凡爲皆，言卿士以下，在朝之臣，其所舉動，皆有辜罪。無人能秉常行得中正者。

曰：父師、少師，我其發出狂，吾家耄遜于荒。傳我念殷亡，發疾生狂，在家耄亂，故欲遯出於荒野。言愁悶。○出，尺遂反。耄，字又作旄，莫報反，注同。遯，徒困反。徐徒頓反。一音徒困反。

今爾無指告予顛隮，若之何其。傳汝無指意告我殷邦顛隕隮墜，如之何其救之。○隮，子細反。玉篇子兮反。切韻祖稽反。隕，于敏反。

疏「曰父師」至「何其」。○正義曰：微子既言紂亂，乃問身之所宜，止而復言。故別加一曰。父師、少師，更呼而告之也。我念殷亡之故，其心發疾生狂。吾在家心內耄亂，欲遯避出於荒野。今汝父師少師。無指滅亡之意告我云。殷邦其隕墜。則當如之何其救之乎。恐其留巳共救之也。○傳以我念至愁悶○正義曰。往生於心而出於外。故傳以在家出往爲生往。應璩詩云。積念發狂癡。此其事也。在家思念之深。精神益以耄亂。鄭玄云。耄。昏亂也。在家不堪耄亂。故欲遯出於荒野。言愁悶之至。詩云。駕言出遊。以寫我憂。亦此意也。○傳汝無至救之○正義曰。無指意告我者。謂無指殷亡之事告我。言殷將隕墜。欲留我救之。顛。謂從上而隕。隮。謂墜於溝壑。皆滅亡之意也。昭十三年左傳曰。小人老而無子。知隮於溝壑矣。王肅云。隮。隮溝壑。言此隮之義如左傳也。

父師若曰王子。傳比干不見。明心同。省文。微子。帝乙元子。故曰王子。○見賢遍反。省。所景反。

天毒降災荒殷邦。方興沈酗于酒。傳天生紂爲亂。是天毒下災。四方化紂沈湎。不可如何。

乃罔畏畏。咈其

耇長舊有位人。(傳)言起沈湎。上不畏天災。下不畏賢人。違戾耇老之長。致仕之賢。不用其教。法紂故。○咈扶勿反。耇。工口反。長。竹丈反。注同。

今殷民乃攘竊神祇之犧牷牲用以容將食無災。(傳)自來而取曰攘。色純曰犧。體完曰牷。牛羊豕曰牲。器實曰用。盜天地宗廟牲用。相容行食之。無災罪之者。言政亂。○攘。如羊反。因來而取曰攘。竊。馬云往盜曰竊。神祇。天曰神。地曰祇。犧。許宜反。牷。音全。

降監殷民用乂讎斂召敵讎不怠。(傳)下視殷民。所用治者。皆重賦傷民。斂聚怨讎之道。而又亟行暴虐。自召敵讎。不解怠。○讎。如字。下同。徐云鄭音疇。馬本作稠。云數也。斂力檢反。馬鄭力豔反。謂賦斂也。徐云鄭力劒反。治直吏反。亟欺忌反。數也。又紀力反。本又作極。如字。至也。解佳賣反。

罪合于一。多瘠罔詔。傳言殷民上下有罪。皆合於一法。紂故使民多瘠病。而無詔救之者。○瘠在益反。

商今其有災。我興受其敗。傳災滅在近。我起受其敗。言宗室大臣。義不忍去。

商其淪喪。我罔為臣僕。詔王子出迪。傳商其沒亡。我二人無所為臣僕。欲以死諫紂。我教王子出合於道。○臣僕一本無臣字。

我舊云刻子。王子弗出。我乃顛隮。傳刻病也。我久知子賢。言於帝乙欲立子。帝乙不肯。病子不得立。則宜為殷後者子。今若不出逃難。我殷家宗廟乃隕墜無主。○舊云。馬云言也。刻。音克。馬云侵刻也。難。乃旦反。**自靖人自獻于先王。**傳各自謀行其志。人人自獻達于先王。以不失道。○靖。馬本作清。謂潔也。**我不顧行遯。**傳言將與紂俱死。所執各異。皆歸於仁。明君子之道。出處語默非一途。○顧。音故。徐音鼓。

疏父師至行遯○正義曰。父師亦順其事而報微子曰。王子。今天酷毒下災。生此昏虐之君。以荒亂殷之邦國。紂既沈湎。四方化之。皆起而沈湎酗醟於酒。不可如何。小人皆自放恣。乃無所畏。上不畏天災。下不畏賢人。違戾其耇老之長。與舊有爵位致仕之賢人。今殷民乃攘竊祭祀神祇之犧牷牲用。以相通容。行取食之。無災罪之者。盜天地大祀之物用而不得罪。言政亂甚也。我又下視殷民。所用爲治民者。皆讎怨斂聚之道也。言重賦傷民。民以在上爲讎。重賦乃是斂讎也。既爲重賦。又急行暴虐。此所以益招民怨。是乃自召敵讎不懈怠也。上下各有罪。合於一紂之身。言紂化之使然也。故使民多瘠病而無詔救之者。商今其有滅亡之災。我起而受其敗。商其沒亡喪滅。我無所爲人臣僕。言不可別事他人。必欲諫取死也。我教王子出奔於外。是道也。我久云子賢。言於帝乙。欲立子不肯。我乃病傷子不得立爲王。則宜終爲殷後。若王子不出。則我殷家宗廟乃隕墜無主。既勸之出。即與之別云。各自謀行其志。人人各自獻達於先王。我不顧念行遯之事。明明期與紂俱死。○傳比干至王子○正義曰。詔二人而一人答。明心同。省文也。鄭云。少師不答。志在必死。然則箕子本意。豈必求生乎。身若求生。何以不去。既不顧行遯。明期於必死。但紂自不殺之耳。若比干意異箕子。則別有答。安得默而不言。孔解心同是也。微子。帝乙元子。微子之命。有其文也。父師呼微子爲王子。則父師非王子矣。鄭王等以爲紂之諸父。當是實也。○傳天生至如何○正義曰。荒殷邦者。乃是紂也。而云天毒降災。故言天生紂爲亂。本之於天。天毒下災也。以微子云若之何。此答彼意。故言四方化紂沈湎。不可如何。○傳言起至紂故○正義曰。文在方與沈酗之下。則此無所畏畏者。謂當時四方之民也。民所當畏。惟畏天與人耳。故知二畏者。上不畏天。下不畏賢人。違戾耆長與舊有位人。即是不畏賢人。故不用其教。紂無所畏。此民無所畏。謂法紂故也。○傳自來至政亂○正義曰。攘竊同文。則攘是竊類。釋詁云。攘。因也。是因其自來而取之名攘也。說文云。犧。宗廟牲也。曲禮云。天子以犧牛。天子祭牲。必用純色。故知色純曰犧也。周禮牧人。掌牧六牲。以供祭祀之牲牷。以牷爲言。必是體全具也。故體完曰牷。經傳多言三牲。知牲是牛羊豕也。以犧牷牲三者既爲俎實。則用者簠簋之實。謂黍稷稻粱。故云器實曰用。謂粢盛也。禮。天曰神。地曰祇。舉天地。則人鬼在其間矣。故摠云盜天地宗廟牲用也。訓將爲行。相容行食之。謂所司相通容。使盜者得行盜而食之。大祭祀之物。物之重者。盜而無罪。言政亂甚也。漢魏以來著律皆云。敢盜郊祀宗廟之物。無多少皆死。爲特重故也。○傳下視至解怠○正義曰。箕子身爲三公。下觀世俗。故云下視殷民所用治者。謂卿士已下。是治民之官也。以紂暴虐。務稱上旨。皆重賦傷民。民既傷矣。則以上爲讎。泰誓所謂虐我則讎是也。重斂民財。乃是聚斂怨讎之道。既爲重斂而又亟行暴虐。亟。急也。急行暴虐。欲以威民。乃是自召敵讎。勤行虐政。是不懈怠也。○傳商其至於道○正義曰。有災與淪喪一事而重出文者。上言商今其有災。我與受其敗。逆言災雖未至。至則已必受禍。此言商其淪喪。我罔爲臣僕。豫言殷滅之後。言已不事異姓。辭有二意。故重出其文。我無所爲臣僕。言不能與人爲臣僕。必欲以死諫紂。但箕子之諫值紂怒不甚。故得不死耳。我教王子出合於道。保全身命。終爲殷後。使宗廟有主。享祀不絕。是合其道也。○傳刻病至無主○正義曰。刻者。傷害之義。故爲病也。呂氏春秋仲冬紀云。紂之母生微子啓與仲衍。其時猶尚爲妾。改而爲妻後生紂。紂之父欲立微子啓爲太子。太史據法而爭曰。有妻之子。不可立妾之子。故立紂

萬曆十五年刊

爲後。於時箕子蓋謂請立啓而帝乙不聽。今追恨其事。我久知子賢。言於帝乙。欲立子爲太子。而帝乙不肯。我病子不得立。則宜爲殷後。○傳言將至一途。○正義曰。不肯遯以求生。言將與紂俱死也。或去或留。所執各異。皆歸於仁。孔子稱殷有三仁焉。是皆歸於仁也。易繫辭曰。君子之道。或出或處。或默或語。是非一途也。何晏云。仁者愛人。三人行異而同稱仁者。以其俱在憂亂寧民。

尚書註疏卷第十

尚書注疏彙校卷十

説命上第十二

一葉五行經　**説命上第十二**　○《定本校記》：説命上第十二。内野本無「上」字。

一葉七行經　**高宗夢得説。**　○阮元《校記甲》：高宗夢得説。按：一切經音義卷一大方廣佛華嚴經第一卷引此，「得」作「㝵」，亦晉宋古文本也。陸氏曰：「説」本又作「兑」，音悦。注及下篇同。阮元《校記乙》同。

一葉八行注　**夢得賢相。**　「得」下魏有「説」字。

一葉八行注　**其名曰説。**　○山井鼎《考文》：其名曰説。〔古本〕下有「也」字。「使攝政」下同。

一葉九行注　**使百官以所夢之形象。**　「形」，八作「刑」。

一葉十行注　**經求之於野。**　八、李、王、纂、魏、平、岳、毛、殿、庫「經」下有「營」字，「野」上有「外」字。○浦鏜《正字》：經營求之於外野。案：監、閩、葛諸本無「營」、「外」二字，疑衍。○盧文弨《拾補》：經營求之於外野。元、監、閩、葛本俱無「營」字、「外」字。○阮元《校記甲》：經營求之於外野。十行、閩、監、葛本俱脱「營」字、「外」字。按：岳本、纂傳俱有。○阮元《校記乙》：經求之於野。閩本、明監本、葛本同。岳本、纂傳「經」下有「營」字，「野」上有「外」字。毛本同。

一葉十二行疏　經營求之於野外。「營」，單作「營」。「野外」，殿、庫作「外野」。○盧文弨《拾補》：經營求之於外野。毛本「外野」二字倒。

一葉十二行疏　得之于傅氏之巖。「于」，十作「丁」。「傅」，八作「傅」。

一葉十四行疏　中而高之。○浦鏜《正字》：故載之書中而高之。脱「故載之書」四字。○盧文弨《拾補》：故載之書中而高之。毛本「故載之書」四字脱。

一葉十八行疏　序稱得諸傅巖。傳云得之於傅巖之谿。二「傅」字永皆作「傳」。

一葉十八行疏　以巖是揔名。「揔」，魏、毛、殿、庫作「總」。

二葉一行疏　惟説命揔百官。「惟」，平作「推」。「揔」，十作「謥」，毛、殿、庫作「總」。

二葉一行疏　是使攝位也。「位」，單、八、魏、平、殿、庫作「政」。

二葉二行經　説命。「命」下殿有「上」字。

二葉三行疏　中篇説既揔百官。「揔」，八、魏作「總」，殿、庫作「總」。

二葉三行疏　王又厲説以伊尹之功。　○阮元《校記甲》：王又厲説以伊尹之功。「厲」，纂傳作「屬」。阮元《校記乙》同。

二葉五行經　王宅憂。亮陰三祀。　「祀」，十作「年」。○浦鏜《正字》：王宅憂亮陰。案：「亮陰」，禮記引作「諒闇」，論語作「諒陰」，大傳作「梁闇」，漢書志作「涼陰」。○阮元《校記甲》：王宅憂，亮陰三祀。陸氏曰：「亮」，本又作「諒」。阮元《校記乙》同。

二葉五行注　陰。默也。　○山井鼎《考文》：陰，默也。〔古本〕上有「亮，信也」三字。謹按：晉書杜預奏議中引尚書傳作：亮，信也。陰，默也。臣初疑之久矣，今得古本，乃知註疏諸本脱三字也。○浦鏜《正字》：亮，信也。陰，默也。脱「亮，信也」三字，從禮記疏挍。○盧文弨《拾補》：亮，信也。毛本三字脱。古本有。考文云：晉書杜預奏議中引有此。浦云：禮記正義有。○阮元《校記甲》：陰，默也。此句上古本有「亮，信也」三字。山井鼎曰：「晉書杜預奏議中引尚書傳：亮，信也。陰，默也。臣初疑之久矣，今得古本，乃知注疏諸本脱三字也。」按：傳例，已釋者不再見。亮之爲信，已於舜典釋之矣，此處不得有「亮，信也」三字。杜預在梅賾前，安得見孔傳？其所引者，伏生大傳也。山井鼎之説殊謬。阮元《校記乙》同。○汪文臺《識語》：陰，默也。此句上古本有「亮，信也」三字。山井鼎曰：晉書杜預奏議中引尚書傳：亮，信也。陰，默也。臣初疑之久矣，今得古本，乃知注疏諸本脱三字也。案：杜預在梅賾前，安得見孔傳？其所引者，伏生大傳也。案：「亮陰」，大傳作「梁闇」，説爲凶廬。安得有「亮，信」、「陰，默」之文？杜預議所引必是馬融傳，否則王肅注。校勘記云伏生大傳，定非也。○《定本校記》：陰，默也。「陰」上内野本、神宫本、足利本有「亮，信也」三字。

二葉五行注　居憂信默三年不言。○物觀《補遺》：三年不言。〔古本〕下有「也」字。

二葉五行釋文　亮。本又作諒。「又」，庫作「人」。

二葉十行注　猶不言政。○山井鼎《考文》：猶不言政。〔古本〕下有「也」字。「制作法則」下同。

二葉十行經　羣臣咸諫于王曰。嗚呼。知之曰明哲。○阮元《校記甲》：羣臣咸諫于王曰：嗚呼，知之曰明哲。陸氏曰：「哲」，本又作「喆」。阮元《校記乙》同。

二葉十二行注　天下待令。○山井鼎《考文》：天下待令。〔古本〕「待」作「得」。○阮元《校記甲》：天下待令。「待」，古本作「得」。

二葉十二行注　百官仰法。○山井鼎《考文》：百官仰法。〔古本〕下有「也」字。「稟受」下、「故作誥」下、「恐德不善」下並同。

二葉十三行經　**王言。惟作命。不言。臣下罔攸稟令。**　○山井鼎《考文》：不言，臣下罔攸稟令。〔古本〕「不」作「弗」，「罔」作「亡」。下文「惟暨乃僚，罔不同心」、「臣不命其承」、「疇敢不祇」，並放此。○阮元《校記甲》：王言，惟作命。不言，臣下罔攸稟令。「罔」，古本作「亡」。「罔不同心」同。「令」，石經補缺誤作「命」。阮元《校記乙》同。

二葉十四行經　**惟恐德弗類。**　「惟」，石、八、李、纂、魏、平、岳、毛作「台」。○浦鏜《正字》：惟恐德弗類。「惟」，毛本誤「台」。案：今本皆作「台」。○阮元《校記甲》：台恐德弗類。「台」，葛本、十行、閩、監、纂傳俱作「惟」。按：唐石經、岳本俱作「台」。○阮元《校記乙》：惟恐德弗類。葛本、閩本、明監本、纂傳同。唐石經、岳本、毛本「惟」作「台」。

二葉十五行注　**用臣下怪之。**　「用」，纂作「因」。

二葉十六行注　**此故不言。**　○山井鼎《考文》：此故不言。〔古本〕作「此故不敢言也」。○盧文弨《拾補》：此故不敢言也。「敢」字，毛本無，古本有。「也」字，毛本無，古本有。均當補。○阮元《校記甲》：此故不言。古本作「此故不敢言也」。○《定本校記》：此故不言。「不」下雲窗叢刻本、內野本、神宮本、足利本有「敢」字。

二葉十七行注　**夢天與我輔弼良佐。**　「佐」，十作「佑」。

二葉十七行注　**將代我言政教。**　○山井鼎《考文》：「言政教」下、「民間」下、「所夢之形」

下，〔古本〕共有「也」字。下註「使在左右」下、「以輔我德」下、「以成利器」下、「待舟楫」下、「霖以救旱」下、「以自警」下、「爲己視聽」下、「匡正汝君」下、「以安天下」下，並同。

二葉十八行經　俾以形旁求于天下。「于」，十作「干」。

三葉一行注　刻其形象。○殿本《考證》：審所夢之人刻其形象。臣召南按：傳言刻其形象，是刻木，非繪圖也。疏並無一語解「刻」字。後文引皇甫謐云「使百工寫其形象」，是作繪圖解也。疑傳「刻」字是「則」字之訛。

三葉一行注　以四方旁求之於民間。「間」，岳、殿作「閒」。

三葉二行注　傅氏之巖。「傅」，閩作「傳」。

三葉三行注　有間水壞道。常使胥靡刑人築護此道。「間」，八、李、王、纂、魏、平、要、岳、十、毛、殿、庫、阮作「澗」。「壞」，要作「壤」。「刑」，八作「形」。○浦鏜《正字》：通道所經，有澗水壞道。「澗」，監本誤「間」，疏同。○阮元《校記甲》：有澗水壞道。「澗」，葛本、閩、監俱誤作「間」。

三葉四行注　似所夢之形。○《定本校記》：似所夢之形。內野本、神宮本無「所」字。

三葉四行釋文　肖。音笑。「笑」，魏作「笑」，永作「笑」。

三葉五行疏　明巖傍有姓傅之民。　「傅」，八作「傳」。

三葉六行疏　史記殷本紀云。　「紀」，十、閩作「記」。

三葉七行疏　晉灼漢書音義云。胥。相也。靡。隨也。古者相隨坐輕刑之名。　「古」，平作「舌」。「晉灼漢書音義」至「坐輕刑之名」，要爲疏中小注。

三葉八行疏　言其說爲胥靡。　「言」上八有「而」字，平爲一字空白。「言其」，庫作「其言」。○《四庫考證》：說築傅巖之野疏，其言說爲胥靡。刊本「其言」二字互倒，今改。○《薈要》案語：其言說爲胥靡。刊本「其言」訛「言其」，今改。○《定本校記》：言其說爲胥靡。「言」上〔足利〕八行本有「而」字。今從單疏。

三葉八行疏　有間水壞道。　「間」，單、殿作「潤」，八、魏、平、毛、庫、阮作「澗」。

三葉九行疏　遂令傅險姓之。號曰傅說。　「令」，單、八、魏、平、要、殿、庫作「以」。「令」下「傅」，八作「傳」。「說」上「傅」，閩作「傳」。○山井鼎《考文》：遂令傅險姓之。宋板「令」作「以」。○殿本《考證》：遂以傅險姓之。「以」字，監本作「令」。今從殷本紀原文改正。○浦鏜《正字》：遂以傅險姓之，號曰傅說。「以」誤「令」。○盧文弨《拾補》：遂以傅險姓之。毛本「以」作「令」。「令」當作「以」。○阮元《校記甲》：遂令傅險姓之。「令」，宋板作「以」。按：史記殷本紀作「以」。宋本是也。阮元《校記乙》同。

三葉十行疏　如高宗始命爲傅氏。「傅」，八作「傅」。

三葉十行疏　不知舊何氏也。「知」，要作「得」。

三葉十一行疏　曰云我徒也。「曰」，單作「口」，八作「旦」，要作「且」。○山井鼎《考文》：而來，曰云我徒也。〔宋板〕「曰」作「且」。○盧文弨《拾補》：且云我徒也。毛本「且」作「曰」。「曰」當作「且」。○阮元《校記甲》：曰云我徒也。「曰」，宋板作「且」。阮元《校記乙》同。○《定本校記》：且云我徒也。「且」，單疏作「口」。今從〔足利〕八行本。

三葉十二行疏　武丁悟而推之曰。「而」，魏作「之」。

三葉十二行疏　説者。懽悦也。「悦」，單、八、魏、要作「説」。

三葉十三行疏　執役于虞虢之間傅巖之野。「于」，庫作「於」。「間」，單、殿作「閒」。○《定本校記》：執役于虞虢之間傅巖之野。「虢」，〔足利〕八行本誤作「號」。

三葉十四行疏　即云姓傅名説。「傅」，八作「傅」。

三葉十六行注　於是禮命立以爲相。○《定本校記》：於是禮命立以爲相。「相」上，燉煌本、岩崎本、雲窗叢刻本、内野本、神宮本有「佐」字。

三葉十七行注　言當納諫誨直辭以輔我德。「諫」，永作「練」。○《定本校記》：以輔我德。燉煌本乙、内野本、神宮本無「德」字。

三葉十八行經　用汝作舟楫。　「舟」，十、永、阮作「舟」。

四葉一行注　渡大水待舟楫。　「舟」，十、永作「舟」。

四葉二行注　霖以救旱。　「以」，永作「徃」。

四葉二行疏　隱九年左傳云。　「傳」，八作「傅」。

四葉二行疏　凡雨自三日已往爲霖。　「凡」，平作「丸」。

四葉三行經　若藥弗瞑眩。　○阮元《校記甲》：若藥弗瞑眩。「藥」，石經補缺誤作「樂」。《校記乙》同。

四葉五行注　欲其出切言以自警。　「切」，十、永作「功」。「警」下王、纂、魏、毛、殿、庫有釋文「瞑，莫遍反。眩，玄遍反。徐又呼縣反。瞑眩，困極也。瘳，勑留反。警，音景」二十五字。○浦鏜《正字》：「瞑，莫遍切。眩，玄遍切。徐又呼縣切。瞑眩，困極也。瘳，勑留切。警，音景」二十五字監本脱。

四葉五行疏　啓乃至弗瘳。　「瘳」，八作「廖」。

四葉六行疏　若服藥不使人瞑眩憒亂。　「憒」，殿、庫作「慣」。○盧文弨《拾補》：不使人瞑眩憒亂。毛本「慣」作「憒」。「憒」當作「慣」。

四葉七行疏　令人憒悶之意也。　「憒」，殿、庫作「憒」。

四葉七行疏　東齊海岱間。　「間」，單、殿、庫作「閒」。○阮元《校記甲》：東齊海岱間。「間」上纂傳有「之」字。

四葉八行疏　郭璞云。　「云」，單作「曰」。

四葉八行疏　然則藥之攻病。　「攻」，閩作「攺」。

四葉八行疏　先使人瞑眩憒亂。　「憒」，殿、庫作「憒」。○浦鏜《正字》：先使人瞑眩憒亂。「憒」，當「憒」字誤。○阮元《校記甲》：先使人瞑眩憒亂。浦鏜云：「憒」，當「憒」字誤。按：上云「瞑眩者，令人憒悶之意也」。此因彼而誤。阮元《校記乙》同。

四葉九行疏　楚語稱衛武公作懿以自警。　○浦鏜《正字》：楚語稱衛武公作懿戒以自警。脱「戒」字。「警」，國語作「儆」。○盧文弨《拾補》：楚語稱衛武公作懿以自警。「懿」下毛本脱「戒」字。

四葉九行疏　懿即大雅抑詩也。　「抑」，平作「節」。

四葉十一行釋文　爲于僞反。　「爲」下平有「巳上」二字。

四葉十二行釋文　辟。必亦反。　「反」下平有「又匹亦反」四字。

四葉十三行注　言匡正汝君。　○《定本校記》：言匡正汝君。燉煌本甲、岩崎本、雲窗叢刻本、内野本、神宫本無「正」字。

四葉十四行注　蹈成湯之蹤。　「蹤」，王作「蹤」。

四葉十五行注　修其職。使有終。　○山井鼎《考文》：修其職，使有終。〔古本〕下有「之也」二字。○阮元《校記甲》：使有終。「終」下古本有「之也」二字。○《定本校記》：修其職，使有終。「職」下岩崎本有「事」字。

四葉十六行注　君以諫明。　○山井鼎《考文》：君以諫明。〔古本〕下有「也」字。

四葉十八行注　其承意而諫之。　○山井鼎《考文》：其承意而諫之。〔古本〕「之」上有「也」字。

四葉十八行經　疇敢不祗若王之休命。　「祗」，庫作「祇」。

四葉十八行注　言王如此。　○《定本校記》：言王如此。燉煌本、岩崎本、雲窗叢刻本、内野本、神宫本無「王」字。

五葉一行注　誰敢不敬順王之美命而諫者乎。　「者」，岳作「有」。○山井鼎《考文》：而諫者乎。〔古本〕下有「也」字。○阮元《校記甲》：誰敢不敬順王之美命而諫者乎。「者」，岳本作「有」，誤。

說命中第十三

五葉四行注　在冢宰之任。　○山井鼎《考文》：冢宰之任。〔古本〕下有「也」字。「立國設都」下、「君臣上下」下、「先舉其始」下、「主使治民」下並同。

五葉四行疏　惟說命總百官。　「總」，單作「揔」。

五葉四行疏　惟此傅說。　「傅」，平作「傳」。

五葉五行疏　受王命總百官之職。　「總」，單、八作「揔」。

五葉五行疏　故史特標此句。　「標」，單、八、十、永作「摽」。

五葉七行注　天有日月北斗五星二十八宿。　「日」，永作「目」。

五葉八行疏　晉語云。大者天地。　「云」，毛作「言」。○盧文弨《拾補》：晉語云：大者天地。毛本「云」作「言」。「言」當作「云」。○阮元《校記甲》：正義曰：晉語言。「言」，十行、閩、監俱作「云」。○阮元《校記乙》：正義曰：晉語云。閩本、明監本同。毛本「云」作「言」。

五葉九行疏　順天以致治也。　「致」，毛作「𦤺」。

五葉十行疏　猶王官之伯。率領諸侯也。　「之」，毛作「宗」。○浦鏜《正字》：猶王官之伯，率領諸侯也。「之」，毛本誤「宗」。○盧文弨《拾補》：猶王官之伯，率領諸侯也。毛本「之」作「宗」。「宗」當作「之」。○阮元《校記甲》：猶王官宗伯。「宗」，十行、閩、監俱作「之」。○阮元《校記乙》：猶王官之伯。閩本、明監本同。毛本「之」作「宗」。

五葉十二行疏　總言建國立家之事。　「總」，單、八作「摠」。

五葉十四行釋文　王。于方反。　「王」上平有「后」字。

五葉十四行釋文　長。竹丈反。　「竹」，王、纂、魏、平、十、永、閩、殿、庫、阮作「丁」。「丈」，十、永作「文」。○阮元《校記甲》：長，丁丈反。「丁」，毛本作「竹」。

五葉十四行疏　此又摠言設官分職之事也。　「摠」，殿、庫作「總」。

五葉十五行疏　后王君公。人主也。　○阮元《校記甲》：后王君公，人主也。「主」，纂傳作「君」。

五葉十六行疏　周禮立官。　「禮」，十作「礼」。

五葉十六行疏　大夫巳下。　「巳」，十作「以」。

五葉十七行疏　卿。則大夫之文兼之。　「卿」，魏作「鄉」。

五葉十七行疏　師長之言。亦通有。　「有」下單、八、平有「士」字，殿、庫有「上」字。○山井鼎《考文》：師長之言，亦通有。宋板「有」下有「士」字。○盧文弨《拾補》：師長之言，亦通有士。毛本脱「士」字。○阮元《校記甲》：師長之言，亦通有。「有」下宋板有「士」字。阮元《校記乙》同。

五葉十八行經　不惟逸豫。○山井鼎《考文》：「不惟逸豫」、「乃罔不休」、「官不及私昵」、「乃不良于言」，〔古本〕「不」並作「弗」。

六葉三行注　憲。法也。言聖王法天以立教。於下無不聞見。除其所惡。納之於善。雖復運有推移。道有升降。其所施爲。未嘗不法也。臣敬順而奉之。奉既上文承也。奉承君命而布之於民。民以從上爲治。不從上命則亂。故從乂也。「推」，殿作「惟」。「承」，永作「臣」。「憲，法也」下李、王、纂、岳有「言聖王法天以立教，臣敬順而奉之，民以從上爲治」二十字。「言聖王」上單有「傳憲法至爲治。正義曰：憲，法。釋詁文。人之聞見在於耳目。天無形體，假人事以言之。聰，謂無所不聞。明，謂無所不見。惟聖人於是法天」五十一字。「憲，法也」下八、平有「言聖王法天以立教，臣敬順而奉之，民以從上爲治。疏：傳憲法至爲治。正義曰：憲，法。釋詁文。人之聞見在於耳目。天無形體，假人事以言之。聰，謂無所不聞。明，謂無所不見。惟聖人於是法天」七十二字。「憲，法也」下殿、庫有「言聖王法天以立教，臣敬順而奉之，民以從上爲治。音義：從，才容反。疏：正義曰：憲，法。釋詁文。

人之聞見在於耳目。天無形體，假人事以言之。聰，謂無所不聞。明，謂無所不見。惟聖人於是法天」七十二字。○山井鼎《考文》：憲，法也。言聖王法天以立教。於下無不聞見。除其所惡，納之於善。雖復運有推移，道有升降。其所施爲，未嘗不法天也。臣敬慎而奉之。奉即上文承也。奉承君命而布之於民。民以從上爲治。不從上命則亂，故從乂也。謹按此註團疏混于註者也。校古本、宋板作「憲，法也。言聖王法天以立教，臣敬順而奉之，民以從上爲治」。但古本「爲治」下有「也」字。今據宋板録疏文于下。補闕傳「憲，法」至「爲治」。正義曰：憲，法。釋詁文。人之聞見在於耳目。天無形體，假人事以言之。聰，謂無所不聞。明，謂無所不見。惟聖人於是法天。言聖王法天以立教，於下無不聞見。除其所惡，納之於善。雖復運有推移，道有升降，其所施爲，未嘗不法天也。臣敬順而奉之。奉，即上文承也。奉承君命，而布之於民。民以從上爲治，不從上命則亂，故從乂也。謹按今本註疏錯雜紛亂殊甚。今據古本、宋板正誤補闕而復其舊云。○岳本《考證》：案：「言聖王」以下，汲古閣等本混疏入傳，舛謬殊甚。惟殿本考證分晰與原本恰合。○盧文弨《拾補》：言聖王法天以立教。案：此下脱文甚多，并誤以疏入傳。今録宋本補正於左（同山井鼎，此略）。宋本疏後載釋文「從，才用反」四字。案：當在傳之下方合。今通志堂本「從，才容反」。文弨案：若是才容反，則從讀如字，可不必音矣。似當依宋本爲是。其釋文别有校本。此因文相連，故并正之。○阮元《校記甲》：憲，法也。按：此段今本將疏混入注。山井鼎據古本、宋板正誤補闕。今録于下：傳：憲，法也。言聖王法天以立教，臣敬順而奉之，民以從上爲治。疏：傳「憲法」至「爲治」。正義曰：憲，法也。釋詁文。人之聞見在於耳目。天無形體，假人事以言之。聰，謂無所不聞。明，謂無所不見。惟聖人於是法天。言法天以立教。於下無不聞見。除其所惡，納之於善。雖復運有推移，道有升降，其所施爲，未嘗不法天也。臣敬順而奉之。奉即上文承也。奉承君命而布之於民。民以從上爲治。不從上命則亂。故從乂也。按：岳本、纂傳俱與古本同。○阮元《校記乙》：憲，法也。按：此節今本疏混入注，又脱上截四十二字。山井鼎據古本、宋板正誤補闕。今録于下：傳：憲，法也。言聖王法天以立教，臣敬順而奉之，民以從上爲治。疏：傳「憲法」至「爲治」。正義曰：憲，法也。釋詁文。人之聞見在於耳目。天無形體，假人事以言之。聰，謂無所不聞。明，謂無所不見。惟聖人於是法天。言法天以立教，於下無不聞見。除其所惡，納之於善。雖復運有推移，道有升降，其所施爲，未嘗不法天也。臣敬順而奉之。奉即上文承也。奉承君命而布之於民。民以從上爲治。不從上命則亂。故從乂也。按：岳本、纂傳俱與古本同。

六葉七行釋文　從。才用反。　「用」，王、纂、平、庫、阮、殿作「容」。魏無釋文「從，才用反」四字。○浦鏜《正字》：從，才容切。「容」誤「用」。○阮元《校記甲》：從，才容反。「容」，十行本、毛本俱作「用」字。按：「用」字非也。○張鈞衡《校記》：從，才用反。阮本「用」作「容」。

六葉七行注　胄。兜鍪也。　「兜」，庫作「兠」。

六葉八行注　易用兵。　○山井鼎《考文》：「易用兵」下、「非其才」下、「乃無不美」下、「失人則亂」下、「惟能是官」下、「不可動」下、「讓以得之」下、「非一事」下、「納侮之道」下、「遂成大非」下、「皆可服行」下、「所行之事」下，〔古本〕共有「也」字。

六葉九行釋文　易。以豉反。　「豉」，王、纂、庫作「豉」，平作「示」。

六葉九行經　惟干戈省厥躬。　○阮元《校記甲》：惟干戈省厥躬。陸氏曰：「省」，一本作「眚」。

六葉十行釋文　省。息井反。本作眚。　「本」上王、纂、魏、永、殿、庫、阮有「一」字。「眚」，永作「青」。○山井鼎《考文》：省，息井反。本作眚。經典釋文「本」上有「一」字。○浦鏜《正字》：省，一本作眚。脱「一」字。○阮元《校記甲》：省，一本作眚。毛本脱「一」字。

六葉十三行疏　省其身堪將帥。然後授之。　「其」，平作「共」。「帥」，毛作「師」。○浦鏜《正字》：省其身堪將帥，然後授之。「帥」，毛本誤「師」。○盧文弨《拾補》：省其身堪將帥，然後授之。毛本「帥」作「師」。「師」當作「帥」。○阮元《校記甲》：省其身堪將師。「師」，十行、閩、監俱作「帥」。按：「師」誤。

六葉十四行疏　經傳之。無鎧與兜鍪。　「之」下單、八、要、殿、庫有「文」字。○山井鼎《考文》：經傳之無鎧。宋板「之」下有「文」字。○盧文弨《拾補》：經傳之文，無鎧與兜鍪。毛本脱「文」字。○阮元《校記甲》：經傳之，無鎧與兜鍪。「之」下宋板有「文」字，是也。阮元《校記乙》同。

六葉十五行疏　古之甲冑。　「古」下要有「文」字。

六葉十五行疏　未有用鐵者。　「鐵」，永作「錢」。

六葉十六行疏　口之出言爲教令。　「令」，單作「今」。

六葉十六行疏　令之不善。則人爲背之。　「爲」，單、八、平、要、殿、庫作「違」。「背」，平作「皆」。○山井鼎《考文》：則人爲背之。〔宋板〕「爲」作「違」。○盧文弨《拾補》：令之不善，則人違背之。毛本「違」作「爲」。「爲」當作「違」。○阮元《校記甲》：則人爲背之。「爲」，宋板作「違」，是也。阮元《校記乙》同。

七葉一行疏　八命作牧。「作」，永作「賜」。

七葉一行疏　鄭云。一命始見。「鄭」，十作「鄭」。

七葉二行疏　受玄冕之服。「玄」，要作「元」。

七葉二行疏　王之中士亦再命。「再」，要作「在」。○《定本校記》：王之中士亦再命。「王」，〔足利〕八行本誤作「主」。

七葉五行注　言所官得人則治。○《定本校記》：言所官得人則治。燉煌本、岩崎本、雲窗叢刻本無「言」字。

七葉六行經　惟其能。○山井鼎《考文》：「惟其能」、「惟其賢」，〔古本〕「其」作「厥」。

七葉八行疏　官不至其賢。○阮元《校記甲》：官不至其言(賢)。十行本「至」誤「全」。○阮元《校記乙》：官不全其賢。案：「全」當作「至」，今改。

七葉九行疏　賢。謂德行。能。謂才用。○阮元《校記甲》：賢，謂德行。能，謂才用。二句纂傳倒。

七葉十行疏　周禮鄉大夫。「鄉」，永作「鄉」。○《定本校記》：周禮鄉大夫。「鄉」，〔足利〕八行本誤作「卿」。

七葉十四行注　雖天子亦必讓以得之。○《定本校記》：雖天子亦必讓以得之。「以」下岩崎本、雲窗叢刻本有「爲」字。

七葉十四行疏　人生尚謙讓而憎自取。 「生」，單、八、平、殿、庫作「性」。「讓」，魏作「謙」。

七葉十六行疏　則伐善也。 「則」，單、八、殿、庫作「即」。

七葉十六行疏　天下莫與汝爭能。 「莫」下魏無「與」字。

七葉十六行疏　汝惟不伐。 「惟」，十作「推」。

七葉十六行疏　是言推而不有。 「推」，毛作「惟」。○山井鼎《考文》：是言惟而不有。〔宋板〕「惟」作「推」。○浦鏜《正字》：是言推而不有，故名反歸之也。「推」，毛本誤「惟」。○盧文弨《拾補》：是言推而不有。毛本「推」作「惟」。「惟」當作「推」。○阮元《校記甲》：是言惟而不有。「惟」，宋板、十行、閩、監俱作「推」。○阮元《校記乙》：是言推而不有。宋板、閩本、明監本同。毛本「推」作「惟」。

七葉十七行經　有備無患。 ○山井鼎《考文》：「無患」、「無啓」、「無恥」，〔古本〕「無」作「亡」。

八葉一行疏　謂君出恩以寵臣。 「君」，十、永、阮作「言」。○阮元《校記甲》：謂君出恩以寵臣。「君」，十行本誤作「言」。○阮元《校記乙》：謂言出恩以寵臣。毛本「言」作「君」，是也。

八葉二行疏　謂臣入慢以輕王。　「王」，單、八、平、要、殿、庫作「主」。○浦鏜《正字》：納，謂臣入慢以輕王。「王」當「主」字誤。○盧文弨《拾補》：納謂臣入慢以輕主。毛本「主」作「王」。「王」當作「主」。○阮元《校記甲》：謂臣入慢以輕王。浦鏜云：「王」當「主」字誤。阮元《校記乙》同。

八葉八行注　特豐數近廟。　「豐」，八、李、王、平作「豊」。

八葉九行疏　數則黷。黷則不敬。　○浦鏜《正字》：數則黷，黷則不敬。「黷」，禮記作「煩」。○盧文弨《拾補》：數則黷，黷則不敬。禮記祭義「黷」本作「煩」。

八葉十行疏　故傳總云。　「總」，單、八、魏、平作「揔」。

八葉十行疏　故傳總云。事神禮煩。亂而難行。　「亂」上單、八、魏、平、殿、庫有「則」字。○山井鼎《考文》：故傳總云，事神禮煩。〔宋板〕「煩」下有「則」字。○浦鏜《正字》：故傳總云，事神禮煩，則亂而難行。毛本「則」字脱。○盧文弨《拾補》：故傳總云，事神禮煩，則亂而難行。脱「則」字。○阮元《校記甲》：事神禮煩，亂而難行。「煩」下宋板有「則」字。按：有「則」字與注合。○阮元《校記乙》：事神禮煩，亂而難行。宋板「煩」下有「則」字，正與注合。

八葉十一行疏　**祖巳訓諸王祀無豐于昵。**　「豐」，平作「豊」。「昵」，單作「尼」，八作「昵」。

八葉十一行疏　**謂傅說此言。**　「傅」，平、要作「傳」。

八葉十一行疏　**特豐數於近廟。**　「豐」，八、平作「豊」。

八葉十二行注　**旨。美也。**　「美」，李作「羙」。

八葉十四行注　**則我無聞於所行之事。**　「事」，李作「亊」。

八葉十四行經　**非知之艱。行之惟艱。**　○物觀《補遺》：非知之艱，行之惟艱。〔古本〕「艱」皆作「難」，註同。○盧文弨《拾補》：非知之艱。古本正文并注「艱」皆作「難」。○阮元《校記甲》：非知之艱，行之惟艱。兩「艱」字古本俱作「難」。下「不艱」同。阮元《校記乙》同。○《定本校記》：非知之艱。「艱」，岩崎本、雲窗叢刻本、內野本、足利本作「難」。又：行之惟艱。「艱」，燉煌本乙、雲窗叢刻本、神宮本、足利本作「難」。

八葉十五行注　**言知之易。行之艱。以勉高宗。**　「艱」，八、李、王、纂、魏、平、岳、永、閩、殿、庫、阮作「難」。○山井鼎《考文》：言知之易，行之艱。〔古本〕「行」上有「而」字。又：以勉高宗。〔古本〕下有「也」字。「先王成德」下、「有其咎罪」下並同。○浦鏜《正字》：言知之易，行之艱。「艱」，當從葛本作「難」。○盧文弨《拾補》：言知之易而行之難，以勉高宗也。「而」字，毛本無，古本有，當補。「難」字，毛本作「艱」，古本作「難」。「艱」當作

「難」。元本、葛本竝同古本。「也」字毛本無，古本有，當補。○阮元《校記甲》：行之艱。「行」上古本有「而」字。「艱」，古、岳、十行、閩、葛、纂傳俱作「難」。○阮元《校記乙》：行之難。古本、岳本、閩本、葛本、纂傳同。毛本「難」作「艱」。○《定本校記》：行之難。「行」上燉煌本、岩崎本、雲窗叢刻本、内野本、神宮本、足利本有「而」字。

八葉十五行經　王忱不艱。○物觀《補遺》：王忱不艱。〔古本〕「艱」作「難」。

八葉十六行注　王心誠不以行之爲難。「難」，李作「艱」。○《定本校記》：王心誠不以行之爲難。「難」，岩崎本、内野本、神宮本作「艱」。

八葉十七行經　惟説不言。有厥咎。○山井鼎《考文》：惟説不言，有厥咎。〔古本〕「厥」作「其」。

説命下第十四

九葉三行經　王曰。來汝説。台小子舊學于甘盤。○山井鼎《考文》：台小子舊學于甘盤。〔古本〕「台」作「朕」。○盧文弨《拾補》：台小子。古本「台」作「朕」。○阮元《校記甲》：王曰：來汝説，台小子。「台」，古本作「朕」。

九葉三行注　甘盤　「甘」，毛作「廿」。

九葉四行注　殷賢臣有道德者。　○山井鼎《考文》：「有道德者」下、「使居民間」下、「顯明之德」下、「我志通達」下、「須汝以成」下〔古本〕共有「也」字。

九葉六行疏　蓋甘盤於小乙之世以爲大臣。　○盧文弨《拾補》：蓋甘盤於小乙之世以爲大臣。「以」當作「已」。○阮元《校記甲》：以爲大臣。「以」，纂傳作「已」。按：「以」、「已」古通用。

九葉六行疏　受遺輔政。　「輔」，庫作「補」。

九葉七行疏　甘盤已死。　「甘」，單作「廿」。

九葉七行疏　甘盤佐之。　「佐」，魏作「左」。

九葉十行注　其父欲使高宗知民之艱苦。　「苦」，王作「若」。

九葉十行注　故使居民間。　「間」，岳、殿作「閒」。

九葉十行釋文　遯。徒頓反。　「徒」，十、永作「徙」。

九葉十行疏　既學至民間。　「間」，單作「閒」。

九葉十一行疏　知在河之洲也。　「在」，十作「是」。

九葉十二行疏　**故使居民間△也。**「間」，單、殿作「閒」。

九葉十三行經　**自河徂亳△。**「亳」，永作「毫」。

九葉十四行注　**自河往居亳△與今。**「亳」，永作「毫」。

九葉十六行經　**爾惟麴糵△。**「糵」，王、魏、永作「蘖」。

九葉十六行注　**酒醴須麴糵△以成。**「糵」，王、魏、永作「蘖」。

九葉十六行注　**亦言我須汝以△成。**○《定本校記》：亦言我須汝以成。燉煌本甲、内野本、神宫本無「以」字。

九葉十七行釋文　**糵△。魚列反。**「糵」，王、魏、永作「蘖」。

九葉十七行經　**若作和羹△爾惟鹽梅△。**「羹」，石、李、纂、岳、閩、殿作「羮」，八作「羮」，十、永作「羹」，阮作「羹」。○阮元《校記甲》：若作和羹爾惟鹽梅。陸氏曰：「梅」亦作「楳」。阮元《校記乙》同。

九葉十七行注　**鹽鹹梅醋△。**○山井鼎《考文》：梅醋。〔古本〕「醋」作「酢」。○盧文弨《拾補》：鹽鹹梅酢。「酢」，毛本作「醋」，古本作「酢」。古本是。○阮元《校記甲》：鹽鹹梅醋。「醋」，古本作「酢」，下同。按：「醋」、「酢」二字古今相反。阮元《校記乙》同。

九葉十七行注　羹須鹹醋以和之。　「羹」，李、纂、岳、閩、殿作「羹」，十、永作「羹」，阮作「羹」。○山井鼎《考文》：以和之。〔古本〕「之」上有「也」。謹按恐誤寫。○阮元《校記甲》：羹須鹹醋以和之。「之」上古本有「也」，誤甚。

九葉十八行釋文　羹。音庚。　「羹」，纂作「羹」，平、十、永作「羹」，岳、閩、殿作「羹」，阮作「羹」。

九葉十八行釋文　梅。亦作楳。　「楳」，纂作「禖」。

九葉十八行釋文　醋。七故反。　○阮元《校記甲》：醋，七故反。「醋」，盧本作「酢」。云：「舊『酢』作『醋』，今傳亦同，此後人所改也。陸氏於内則、爾雅竝作『酢』字，今據以改正。」按：釋文所摘經注，各據當時行本，雖一經之中字體不能畫一，未可據内則、爾雅以改尚書。

九葉十八行釋文　和。如字。又胡卧反。　「和」上平有「以」字。

十葉一行經　爾交脩予。　「脩」，石、八、李、王、纂、魏、岳作「修」。

十葉二行注　言我能行汝教。　○山井鼎《考文》：能行汝教。〔古本〕下有「也」字。「乃有所得」下、「言無是道」下、「乃來」下、「是學之半」下、「無能自覺」下、「乃成聖」下、「長官之臣」下、「故成其能」下、「以爲己罪」下、「伊尹同美」下、「保衡之功」下、「而稱揚之」下並同。○《定本校記》：言我能行教汝。「能」上岩崎本有「當」字。

十葉二行疏　爾交脩予。令其交更脩治已也。　二「脩」字，單皆作「修」。

十葉三行疏　邁。行。釋詁文。　「詁」，魏、平、殿、庫作「言」。○浦鏜《正字》：邁，行。釋言文。「言」誤「詁」。○《定本校記》：邁，行。釋詁文。「詁」，殿本、浦氏改作「言」。

十葉四行注　王者求多聞以立事。　「王」，李作「三」。

十葉四行注　學於古訓乃有所得。　○《定本校記》：學於古訓乃有所得。燉煌本、岩崎本無「於」字。

十葉六行注　非説所聞。　○《定本校記》：非説所聞。燉煌本甲、岩崎本無「説」字。

十葉六行注　言無是道。　○阮元《校記甲》：言無是道。「道」，纂傳作「理」。

十葉六行經　惟學遜志務時敏。　○殿本《考證》：惟學遜志務時敏。臣召南按：學記引説命此文作「敬孫務時敏」，鄭注「敬道孫業也」。引「斆學半」作「學學半」，鄭注「言學人乃益已之學半」。鄭雖不見古文，其解亦自暗合。

十葉七行經　厥脩乃來。　「脩」，石、八、李、王、纂、魏、岳作「修」。

十葉七行注　其德之脩乃來。　「脩」，八、李、王、纂、魏、岳作「修」。

十葉八行疏　則其德之脩乃自來。「脩」，單、八、魏作「修」。

十葉十行注　則道積於其身。〇《定本校記》：則道積於其身。燉煌本、岩崎本、雲窗叢刻本無「於」字。

十葉十一行經　厥德脩罔覺。「脩」，石、八、李、王、纂、魏、平、岳作「修」。

十葉十一行注　然後知所困。「困」，李作「因」。

十葉十二行注　則其德之脩。「脩」，八、李、王、纂、魏、平、岳作「修」。〇《定本校記》：則其德之修。燉煌本、岩崎本、雲窗叢刻本無「之」字。

十葉十二行釋文　斆。户孝反。「孝」，纂作「教」。

十葉十三行疏　言其功半於學也。於學之法。「之」上平無「也於學」三字。

十葉十四行疏　則其德之脩。「脩」，單、八、平作「修」。

十葉十四行疏　無能自覺其進。「無」，平作「无」。

十葉十四行疏　言日有所益。「日」，單、八、魏、十、永、阮作「曰」。〇阮元《校記甲》：言日有所益。「日」，十行本誤作「曰」。〇阮元《校記乙》：言曰有所益。毛本「曰」作「日」，是也。

十葉十五行注　其長無過。「無」，平作「无」。

十葉十六行經　惟説式克欽承。旁招俊乂。○阮元《校記甲》：惟説式克欽承，旁招俊乂。陸氏曰：「俊」本又作「畯」。阮元《校記乙》同。

十葉十六行注　言王能志學。「王」，李作「三」。

十葉十七行釋文　俊。本又作畯。「又」，庫作「乂」。

十一葉三行注　正。長也。「長」下魏無「也」字。

十一葉三行注　言先世長官之臣。「世」，李作「王」。

十一葉四行釋文　長。竹丈反。「長」上平有「正」字。「竹」，王、纂、魏、平、十、永、閩、毛、殿、庫、阮作「丁」。「丈」，十、永作「文」。

十一葉六行疏　鄭不見古文太甲云不惠于阿衡。故此爲解。○浦鏜《正字》：鄭不見古文云云，故此爲解。「此爲」二字當誤倒。○盧文弨《拾補》：鄭不見古文，故爲此解。「爲此」，毛本倒。浦乙正，是。○阮元《校記甲》：故此爲解。浦鏜云：「此爲」二字當誤倒。阮元《校記乙》同。○《定本校記》：故此爲解。浦氏云「此爲」二字當倒。

十一葉七行疏　蓋當時特以此名號伊尹也。「特」，十、永作「持」。

十一葉十行經　一夫不獲。則曰時予之辜。　○山井鼎《考文》：一夫不獲，則曰時予之辜。〔古本〕「不」作「弗」，「辜」作「罪」。○盧文弨《拾補》：一夫不獲，則曰時予之辜。古本「不」作「弗」，「辜」作「皐」。○阮元《校記甲》：一夫不獲，則曰時予之辜。「辜」，古本作「罪」。阮元《校記乙》同。

十一葉十二行注　功至大天。無能及者。　「大」，纂、魏、毛、殿、庫作「于」。「無」，平作「无」。○物觀《補遺》：至于天。〔古本〕「于」作「大」。宋板同。○浦鏜《正字》：功至大天，無能及者。「大天」，毛本誤「于天」。○盧文弨《拾補》：功至大天，無能及者。毛本「大」作「于」。「于」當作「大」。古本、宋本、元本俱作「大」，正釋「皇」字義。○阮元《校記甲》：功至于天。「于」，古本、岳本、葛本、宋板、十行、閩、監、纂傳俱作「大」。○阮元《校記乙》：功至大天。古本、岳本、葛本、宋板、閩本、明監本、纂傳同。毛本「大」作「于」。○《定本校記》：無能及者。燉煌本乙、岩崎本、内野本、神宮本無「者」字。

十一葉十三行注　汝庶幾明安我事。　○阮元《校記甲》：汝庶幾明安我事。「汝」，纂傳作「爾」。○《定本校記》：汝庶幾明安我事。燉煌本甲無「事」字。

十一葉十三行釋文　阿。烏何反。　「阿」，殿、庫作「何」。

十一葉十五行注　賢須君食。　○物觀《補遺》：須君食。〔古本〕下有「也」字。

十一葉十五行釋文　治。直吏反。「治，直吏反」四字，魏無。

十一葉十六行釋文　辟。必亦反。「辟，必亦反」四字，魏無。

十一葉十七行經　説拜稽首曰。敢對揚天子之休命。「子」下石無「之」字。○阮元《校記甲》：説拜稽首曰，敢對揚天子之休命。唐石經無「之」字。阮元《校記乙》同。○《定本校記》：敢對揚天子之休命。唐石經、燉煌本甲、岩崎本無「之」字。

十一葉十七行注　對。答也。答受美命而稱揚之。二「答」字，八、李、王、纂、魏、平、十、永、閩、阮皆作「荅」。

高宗肜日第十五

十二葉一行經　高宗肜日第十五　○盧文弨《拾補》：高宗肜日。「肜」，毛本从月。當从丹，不从月。

十二葉三行注　雊。鳴。○山井鼎《考文》：「雊鳴」下、「諫王」下、「周曰繹」下、「有雉異」下、「而異自消」下、「以義爲常」下、「以致絶命」下、「言無義」下、「不改脩」下、「有不永」下、「如我所言」下、「入其言」下，〔古本〕共有「也」字。

十二葉四行釋文　雊。工豆反。　「豆」，永作「巨」。

十二葉四行經　祖巳訓諸王。　「王」，平作「玉」。○盧文弨《拾補》：祖己訓諸王。毛本「己」作「巳」，譌。

十二葉四行注　賢臣也。以訓道諫王。　○浦鏜《正字》：賢臣名以訓道諫王。「名」，誤「也」，從史記正義挍。「訓道」疑誤倒，或「以訓」字倒。○盧文弨《拾補》：賢臣名訓以道諫王。毛本「名」作「也」。「也」當作「名」，從史記集解改。「以訓」，毛本倒，浦乙，是。○阮元《校記甲》：以訓道諫王。浦鏜云：「訓道」二字疑誤倒，或「以訓」二字倒。按：下傳云：遂以道訓諫王。則此「訓道」二字誤倒明矣。纂傳「道」作「導」，亦誤。阮元《校記乙》同。

十二葉五行經　作高宗肜日。高宗之訓。　「作高」至「之訓」九字，魏無。

十二葉五行注　所以訓也。亡。　「所以訓也，亡」五字，魏無。

十二葉五行釋文　肜。音融。　「肜，音融」三字，魏無。

十二葉七行疏　勸王改脩德政。　「脩」，單、八作「修」。

十二葉八行疏　故序言祭成湯升鼎耳以足以。　「足」下「以」字，單、八、魏、平、毛、殿、庫作「之」。○阮元《校記甲》：故序言祭成湯升鼎耳以足之。「之」，十行、閩、監俱誤作「以」。

○阮元《校記乙》：故序言祭成湯升鼎耳以足以。閩本、明監本同。毛本下「以」字作「之」，是也。

十二葉九行疏　不知此形是何祭之形也。「知」下平無「此」字。

十二葉九行疏　聽不聰。「聰」，永作「聽」。

十二葉九行疏　思不睿。「睿」，魏作「眘」，要作「睿」。

十二葉十一行疏　聽之不聰。「聰」，永作「聽」。

十二葉十一行疏　時則有毛蟲之孽。「孽」，十作「蘖」。

十二葉十二行疏　思之不睿。「睿」，八、魏作「眘」，要作「睿」。

十二葉十四行疏　象視不明。「象」下要無「視」字。

十二葉十五行疏　雷始動。雉乃鳴而雊其頸。○浦鏜《正字》：雷始動，雉乃鳴而雊其頸。説文無「乃」字。

十二葉十七行疏　標此爲發言之端。「標」，單、魏、平作「摽」。

十二葉十七行疏　下篇揔諫王之事。「揔」，殿、庫作「總」。

十二葉十八行疏　孔歷其名於伊尹之下。「尹」，單、八、魏、平、十、永、毛、阮作「訓」。○阮元《校記甲》：孔歷其名於伊訓之下。「訓」，閩、監俱誤作「尹」。

十二葉十八行疏　因序爲傳。　「爲」，平作「以」。

十三葉一行疏　不爲例也。　「例」，永作「列」。

十三葉三行釋文　繹。音亦。字書作釋。　「釋」，纂、殿、庫作「襗」，魏作「繹」，平作「擇」。○物觀《補遺》：繹，字書作釋。〔經典釋文〕「釋」作「襗」。○浦鏜《正字》：繹，字書作襗。「襗」誤「釋」。○阮元《校記甲》：繹，字書作襗。「襗」，十行本、毛本俱誤作「釋」。

十三葉三行疏　正義曰。釋天云繹。又祭也。　「天」，毛作「文」。「又」，平作「文」。○物觀《補遺》：正義曰，釋文云。宋板「文」作「天」。○浦鏜《正字》：釋天云：繹，又祭也。「釋天」，毛本誤「釋文」，下同。○盧文弨《拾補》：釋天云：繹，又祭也。毛本「天」作「文」。「文」當作「天」。下同。○阮元《校記甲》：正義曰，釋文云。「文」，宋板、十行、閩、監俱作「天」，是也。下同。

十三葉六行疏　爾雅因繹祭而本之上世故先周後商。此以上代先後。故與爾雅倒也。　上「爾」字，要作「小」。「周」下「後」字，毛作「復」。○物觀《補遺》：先周復商。〔宋板〕「復」作「後」。○浦鏜《正字》：爾雅因釋祭而本之上世，故先周後商。「後」，毛本誤「復」。又：此以上代先後，故與爾雅倒也。「上」當「時」字誤。○盧文弨《拾補》：爾雅因繹祭而本之上世，故先周後商。此以上代先後，故與爾雅倒也。毛本「後」作「復」。「復」當作「後」。浦疑下「上」當「時」字誤。○阮元《校記甲》：故先周復商。「復」，宋板、十行、閩、監俱作「後」。按：「復」字非也。○《定本校記》：此以上代先後。浦氏云「上」疑「時」字誤。

十三葉六行疏　釋天文云。夏曰復胙。郭璞云。未見所出。「天」，魏、毛作「文」。「文」，單、八、魏、平、要、毛、殿、庫作「又」。○物觀《補遺》：釋文又云。〔宋板〕「文」作「天」。○浦鏜《正字》：釋天又云，夏曰復胙。郭璞云未見義所出。脱「義」字。「又」，監本誤「文」。○盧文弨《拾補》：未見所出。浦云「見」下脱「義」字。○阮元《校記甲》：釋文又云。「文」字誤。見上。「又」，十行、閩、監俱誤作「文」。○阮元《校記乙》：文云。閩本、明監本同。毛本「文」作「又」。

十三葉七行疏　孔傳不言夏曰復胙。　「不」，平作「下」。

十三葉七行疏　或本無此事也。　「此」，平作「之」。

十三葉七行疏　儀禮有司徹。　「徹」，單、八、要作「撤」。○物觀《補遺》：有司徹。〔宋板〕「徹」作「撤」。○阮元《校記甲》：儀禮有司徹。「徹」，宋板作「撤」。

十三葉八行疏　祭天地社稷山川五祀。皆有繹祭。　「五」，平作「王」。○浦鏜《正字》：祭天地社稷山川五祀，皆有繹祭。「五祀」，鄭箋作「七祀」。○盧文弨《拾補》：祭天地社稷山川五祀，皆有繹祭。「五」，浦云鄭箋作「七」。

十三葉十三行疏　言至自消。「至」下單、八、魏、平重「至」字。○阮元《校記甲》：傳言至至自消。十行、閩、監俱脱一「至」字。○阮元《校記乙》：傳言至自消。閩本、明監本同。毛本「至」字重，是也。

十三葉十四行疏　改脩德教。「脩」，單、八作「修」。

十三葉十四行疏　大戊拱木。「大」，單、八、平、殿、庫作「太」。

十三葉十五行疏　天或有譴告使之至道。「譴」，永作「變」。

十三葉十五行疏　未必爲道不至而致此異。「此」，永作「比」。

十三葉十七行經　惟天監下民。○《定本校記》：惟天監下民。燉煌本、岩崎本、雲窗叢刻本、内野本、神宫本無「民」字。

十三葉十八行注　以義爲常。○盧文弨《拾補》：以義爲常也。「也」字，毛本無，古本有。史記集解同。當補。

十四葉一行經　民中絶命。○《定本校記》：民中絶命。燉煌本、岩崎本無「民」字。

十四葉一行注　言天之下年與民。「與」，王作「与」。○《定本校記》：言天之下年與民。燉煌本乙、岩崎本、雲窗叢刻本、内野本、神宫本無「言」字。

十四葉二行注　非天欲夭民。「夭」，阮作「天」。

十四葉二行注　民自不脩義以致絶命。「脩」，八、李、王、纂、魏、岳、十、殿、阮作「修」。

十四葉三行釋文　中。竹仲反。「竹」，王、纂、魏、平、十、永、閩、殿、庫、阮作「丁」。○阮元《校記甲》：中，丁仲反。「丁」，毛本作「竹」。

十四葉三行經　天既孚命正厥德。○盧文弨《拾補》：天既孚命。「孚」，石經作「付」。史記作「附」，與「付」通。

十四葉四行注　不順德。言無義。○盧文弨《拾補》：不順德，言無義也。毛本無「也」字，〔古本〕皆有，當補。下句同。

十四葉四行注　不服罪。「服」下平無「罪」字。

十四葉四行注　不改脩。「脩」，八、李、王、纂、魏、平、岳、十、永、閩、殿、阮作「修」。

十四葉四行注　天已信命正其德。謂有永有不永。○盧文弨《拾補》：天以信命正其德，謂有永有不永。「以」，毛本作「已」。史記集解作「以」。「已」當作「以」。史記集解「謂」下有「其」字。○阮元《校記甲》：謂有永有不永。「謂」下史記集解有「其」字。阮元《校記乙》同。

十四葉七行疏　短命者非是天欲夭民。　「是」，平作「其」。

十四葉七行疏　民自不脩義。　「脩」，單、八、殿、庫、阮作「修」。

十四葉九行疏　安知由義者。　「知」，十、永、閩、阮作「和」。

十四葉十一行疏　義者宜也。得其事宜。　○浦鏜《正字》：義者宜也，得其適宜。「適」誤「事」，從通解續校。○盧文弨《拾補》：義者宜也，得其事宜。浦云：「事」，通解續作「適」。

十四葉十二行疏　故稱義可以摠之也。　「摠」，殿、庫作「總」。

十四葉十三行疏　惷愚之人尤惕焉。　「惷」，單作「惓」。

十四葉十五行疏　言既爲罪過而不肯改脩也。　「脩」，單、八、魏、平、十、永、閩、殿、庫、阮作「修」。

十四葉十七行疏　勸王改過修德以求永也。　「修」，殿、庫作「脩」。

十四葉十七行注　祖巳恐王未受其言。　「未」，王作「末」。

十四葉十八行注　天道其如其所言。　「如其」，八、李、王、纂、魏、平、岳、毛、殿、庫作「如我」。○浦鏜《正字》：天道其如我所言。「我」，監本誤「其」。○阮元《校記甲》：天道其如我所言。「我」，葛本、十行、閩、監俱誤作「其」。○阮元《校記乙》：天道其如其所言。葛本、閩本、明監本俱同。毛本次「其」字作「我」。

十四葉十八行釋文　台。音怡。復。扶又反。　「復」上平有「乃」字。

十五葉一行經　祀無豐于昵。　○山井鼎《考文》：無豐于昵。〔古本〕「無」作「亡」。○阮元《校記甲》：祀無豐于昵。按：羣經音辨尸部云：尼，近也。乃禮切。書「祀無豐亐尼」。又女乙切。考疏引尔疋亦是「尼」字。疏又云「尼與昵音義同」。此但明「尼」、「昵」同字，非經文作「昵」。阮元「校記乙」同。○《定本校記》：祀無豐于尼。「尼」字各本作「昵」，傳同，與疏不合，今據燉煌本甲、岩崎本正。

十五葉一行注　歎以感王入其言。　「感」，魏作「惑」。

十五葉二行注　王者主民。　「主」，魏作「王」。

十五葉二行注　民事無非天所嗣常也。　○盧文弨《拾補》：民事無非天所嗣常也。史記集解作「民事無非天時，天時所常祀也」。○阮元《校記甲》：當敬民事，民事無非天所嗣常也。史記集解作「當敬民事，無非天時，天時所常祀也」。按：史記注固非，今本亦疑有誤。

十五葉三行注　不當特豐於近廟。　「特」，魏作「持」。「豐」，王作「豊」。阮元《校記乙》同。

十五葉三行注　欲王因異服罪改修之。　「修」，庫作「脩」。「之」下李有「也」字。

十五葉三行釋文　豐。芳弓反。　「芳」，殿、庫作「方」。

十五葉四行釋文　昵。女乙反。　○阮元《校記甲》：昵。段玉裁云：「尼」，開寶中改作「昵」。注竝同。

十五葉四行疏　嗚呼至于昵。　「嗚」，閩作「鳴」。○《定本校記》：嗚呼至于尼。「尼」，各本作「昵」，今正。

十五葉五行疏　又歎而戒之。嗚呼。　「嗚」，永作「鳴」。

十五葉五行疏　當謹敬民事。　「當」，單作「堂」。○《定本校記》：當謹敬民事。「當」，單疏本誤作「堂」。

十五葉六行疏　無得豐厚於近廟。　「豐」，八作「豊」。

十五葉六行疏　若特豐於近廟。　「豐」，八作「豊」。

十五葉七行疏　欲王服罪改修也。　「修」，庫作「脩」。

十五葉七行疏　是胤得爲嗣。　「得」，魏、十、永、阮作「德」。○阮元《校記甲》：是允得爲嗣。「得」，十行本誤作「德」。○阮元《校記乙》：是允德爲嗣。諸本「德」皆作「得」。「德」字誤也。

十五葉八行疏　釋詁云。即。尼也。「即」，永、殿、庫作「昵」。「尼」，十、阮作「兄」。○阮元《校記甲》：即，尼也。「尼」，十行本誤作「兄」。○阮元《校記乙》：即，兄也。諸本「兄」作「尼」。「尼」字是也。形近之譌。○張鈞衡《校記》：昵，尼也。阮本「昵尼」作「即兄」。校勘記云「兄」係「尼」字之誤，不知「即」亦誤字。

十五葉九行疏　烝民不能自治自立。君以主之。「自治自立」，單、八、魏、平作「自治立」。○山井鼎《考文》：自立君以主之。宋板無「自」字。○浦鏜《正字》：烝民不能自治自立，君以主之。下「自」字衍，從通解校。○盧文弨《拾補》：烝民不能自治，立君以主之。毛本「治」下有「自」字，衍。○阮元《校記甲》：自立君以主之。宋板無「自」字。按：儀禮通解引亦無「自」字。阮元《校記乙》同。

十五葉十行疏　謂犧牲粢盛尊彝俎豆之數。「尊」，單、八作「樽」。「俎」，永作「爼」。

十五葉十行疏　不當特豐於近廟。○《定本校記》：不當特豐於近廟。燉煌本、岩崎本、雲窗叢刻本、内野本、神宫本無「廟」字。

十五葉十一行疏　祖巳知高宗豐於近廟。「高」下魏無「宗」字。

十五葉十一行疏　服罪改修以從禮耳。「服」，永作「報」。「修」，閩、庫作「脩」。

西伯戡黎第十六

十五葉十五行經　殷始咎周。「殷」上庫有「序」字。○山井鼎《考文》：殷始咎周。〔古本〕「始」作「亂」。謹按 古本後改作「始」。○阮元《校記甲》：殷始咎周。「始」，古本初作「亂」，後改作「始」。按：「亂」當作「乿」，古「治」字。阮元《校記乙》同。

十五葉十五行注　咎，惡。○山井鼎《考文》：咎，惡。〔古本〕下有「也」字。「所以見惡」下、「賢臣」下、「無道」下、「諸侯」下、「東北」下、「將化爲周」下並同。○盧文弨《拾補》：咎，惡也。毛本無「也」字，古本皆有。當補。

十五葉十六行釋文　尚書大傳作耆。「耆」，纂作「𦒸」。

十五葉十六行注　所以見惡。「惡」，李作「恶」。

十五葉十六行注　祖巳後。賢臣。○盧文弨《拾補》：祖己後賢臣也。毛本無「也」字，古本皆有。當補。

十五葉十七行注　受。紂也。音相亂。「音」，纂作「告」。

十五葉十八行釋文　音相亂。馬云受讀曰紂。纂「馬」上無「音相亂」三字，有「又」字，

「馬」下有「本」字，「受」下有「當」字。

十五葉十八行釋文　或曰受婦人之言。　「曰」，平作「巳」。

十五葉十八行經　作西伯戡黎。　○阮元《校記甲》：作西伯戡黎。陸氏曰：「伯」亦作「柏」。盧文弨云：穆天子傳、古今人表「伯」通作「柏」。二字本可通用。阮元《校記乙》同。

十六葉一行釋文　伯。亦作柏。　「柏」，殿、庫作「拍」。○阮元《校記甲》：伯，亦作柏。「拍」，葉本、十行本、毛本俱作「柏」，是也。

十六葉一行釋文　戡。音堪。説文作𢦟云殺也。　○山井鼎《考文》：「戡」，説文作「𢦟」。

謹按　説文作「𢦟」。作「𢦟」爲是。○浦鏜《正字》：戡，説文作𢦟。「𢦟」，今説文作「𢦟」。○《薈要》案語：説文作「𢦟」。刊本「𢦟」訛「⿰令戈」，今改。○阮元《校記甲》：「戡」，説文作「𢦟」。「𢦟」，葉本作「𢦟」，與説文合。

十六葉一行釋文　以此戡訓刺。　「刺」，王、纂、魏、平、十、永、毛作「剌」。

十六葉二行釋文　勝。詩證反。　「反」，十、永、閩作「云」。

十六葉二行疏　王兆漸著。　「著」，八作「着」。

十六葉四行疏　咎惡又云乘勝至見惡。　「云」，平爲一字空白。

十六葉四行疏　無咎者。善補過也。　「無」，平作「无」。

十六葉四行疏　則咎是過之別名。　「咎」下平無「是」字。

十六葉六行疏　又三伐皆勝。　「伐」，魏作「代」。「皆」，永作「與」。

十六葉七行疏　二年伐邗。　「二」，閩作「三」。「邗」，平作「邘」，十、永作「邗」。○浦鏜《正字》：二年伐邘。「邘」字從于，今從千，誤。下同。○盧文弨《拾補》：二年伐邘。「邘」，毛本從干，譌。

十六葉八行疏　故鄭以伐邗伐密須伐犬夷。　「邗」，平作「邘」，十、永作「邗」。

十六葉八行疏　文王誕膺天命。　「誕」，十作「誕」。「膺」，永作「膺」。

十六葉九行疏　○傳祖巳後賢臣。○正義曰此無所出。　「○傳祖巳後賢臣。○正義曰」，殿、庫作「祖巳後賢臣」。

十六葉十三行疏　與孔大同。　「大」，平作「太」。

十六葉十三行疏　殘義損善曰紂。　○浦鏜《正字》：殘義損善曰紂。案：今謚法解無文。○盧文弨《拾補》：謚法殘義損善曰紂。今謚法解無文。

十六葉十四行疏　正義曰。戡勝。釋詁文。　○浦鏜《正字》：戡，勝。釋詁文。「戡」，爾雅作「堪」。○盧文弨《拾補》：戡，勝。釋詁文。爾雅「戡」作「堪」。

十六葉十六行經　西伯既戡黎。「戡黎」，八作「黎戡」。○《定本校記》：西伯既戡黎。「戡黎」二字〔足利〕八行本誤倒。

十六葉十七行釋文　圻。巨依反。「依」，平作「衣」。○阮元《校記甲》：圻，巨依反。「依」，葉本作「衣」。

十六葉十七行疏　「西伯戡黎○正義曰。鄭玄云」至「同王肅之説」。疏文「西伯戡黎○正義曰：鄭玄云」至「同王肅之説」，定本移至經文「西伯戡黎」下。○《定本校記》：西伯戡黎。此節疏〔足利〕八行本在後文「西伯既戡黎」下，今移。

十六葉十七行疏　西伯戡黎。「伯」，永作「北」。

十六葉十七行疏　時國於岐。「岐」，單作「岐」，八、平、殿作「岐」，魏、十、永作「歧」。

十六葉十八行疏　爲二公摠治之。「摠」，毛、殿、庫作「總」。○浦鏜《正字》：王者中分天下，爲二公總治之，謂之二伯。「爲」當「而」字誤。○盧文弨《拾補》：王者中分天下，爲二公總治之。「二」字當重。○《定本校記》：爲二公摠治之。浦氏云：「爲」當作「而」。

十七葉二行疏　且言西北對東爲名。「北」，單、八、魏、平、要、毛、庫作「伯」。○《四庫考證》：且言西伯對東爲名。刊本「伯」訛「北」，今改。○《薈要》案語：且言西伯對東爲君

（名）。刊本「伯」訛「北」，今改。○阮元《校記甲》：且言西伯對東爲名。「伯」，十行、閩、監俱誤作「北」。○阮元《校記乙》：且言西北對東爲名。諸本「北」作「伯」。閩本、明監本同誤。

十七葉三行疏　黎國。漢之上黨郡壺關所治黎亭是也。　○殿本《考證》：黎國，漢之上黨郡壺關所治黎亭是也。臣召南按：疏「所治黎亭」，「所治」二字疑衍。地理志上黨郡壺關縣注引應劭曰：黎，侯國也，今黎亭是。後〔漢〕書郡國志曰：壺關有黎亭，故黎國。劉昭注曰：文王戡黎即此。然則黎亭是壺關縣亭之名，非所治也。

十七葉四行疏　故爲近王圻之諸侯也。　「圻」，平作「垿」。

十七葉四行疏　鄭云。入紂圻内。　「鄭」下要有「元」（玄）字。

十七葉五行經　天子。　○《定本校記》：天子。内野本、神宮本無此二字。

十七葉五行經　天既訖我殷命。　○《定本校記》：天既訖我殷命。「殷」下雲窗叢刻本有「王」字。神宮本亦云或本有。

十七葉六行注　文王率諸侯以事紂。内秉王心。紂不能制。今又克有黎國。迫近王圻。故知天已畢訖殷之王命。言將化爲周。　王、纂作「文王率諸侯共事紂，貌雖事紂，内秉王心，布德行威，有將王之意。紂不能制。日益强大。今又克有黎國，迫近王圻。似有天助之力。故知天已畢訖殷之王命。言殷祚至此而畢，將欲化爲周」。「貌」字纂作「皃」。（彙校者案：王、纂乃以疏文代孔傳。）

十七葉七行注　言將化爲周。「言」下魏無「將」字。

十七葉八行疏　文王至爲周。「王」，魏作「主」。

十七葉八行疏　文王率殷之叛國以事紂。「王」，平作「玉」。○浦鏜《正字》：文王率殷之叛國以事紂。「率」，左傳作「帥」。

十七葉十行疏　言殷祚至此而畢。「祚」，魏作「祚」。

十七葉十一行注　皆無知吉。○盧文弨《拾補》：皆無知吉者。「者」字毛本脱，史記集解有。○阮元《校記甲》：皆無知吉。「吉」下史記集解有「者」字。○《定本校記》：皆無知吉。「吉」下燉煌本甲有「者」字。

十七葉十三行疏　祖伊未必問至人。「未」，毛作「木」。○物觀《補遺》：祖伊木必問。〔宋板〕「木」作「未」。○浦鏜《正字》：祖伊未必問至人，親灼龜。「未」，毛本誤「木」。○阮元《校記甲》：祖伊木必問至人。「木」，宋板、十行、閩、監、纂傳俱作「未」。按：「木」字非也。

十七葉十四行經　非先王不相我後人。○山井鼎《考文》：非先王不相我後人。〔古本〕「不」作「弗」。「不有康食」、「不虞天性」、「不迪率典」、「不有命在天」、「不無戮于爾邦」並同。〔古本〕「無」作「亡」。

十七葉十五行注　非先祖不助子孫。　○盧文弨《拾補》：相，助也。毛本三字脱，史記集解有，當在傳首。

十七葉十五行注　以王淫過戲逸。　「逸」，八、李、王、纂、魏、平、岳作「怠」，十、永、阮作「迨」。○山井鼎《考文》：淫過戲逸。〔古本〕「逸」作「怠」。宋板同。○盧文弨《拾補》：以王淫過戲怠。「怠」，古本、宋本竝同，元本譌「迨」，後遂誤作「逸」。○阮元《校記甲》：以王淫過戲逸。「逸」，古本、岳本、宋板、纂傳俱作「怠」，十行本誤作「迨」。○阮元《校記乙》：以王淫過戲迨。古本、岳本、宋板、纂傳「迨」作「怠」，毛本作「逸」。

十七葉十五行釋文　相。息亮反。　「相」上平有「不」字。

十七葉十六行經　不虞天性。　「性」上「天」字平爲空白。

十七葉十七行注　以紂自絶於先王。　○《定本校記》：以紂自絶於先王。燉煌本、岩崎本、雲窗叢刻本無「於」字。

十七葉十七行注　故天亦棄之。　「棄」，平作「弃」。

十七葉十八行注　言多罪。　○山井鼎《考文》：「言多罪」下、「如我所言」下，〔古本〕共有「也」字。

十七葉十八行釋文　度。待洛反。　「度」上平有「不」字。

十八葉一行疏　則天與先王。俱是人君之本。　○浦鏜《正字》：則天與先王，俱是人君之本。「本」，毛本誤「木」。（彙校者案：毛作「本」。）

十八葉二行疏　紂既自絶於先王。亦自絶於天。　「天」上平無「先王亦自絶於」六字。

十八葉二行疏　此言天棄紂。　「天」，十作「大」。

十八葉三行疏　以紂自絶先。故天亦棄之。　「先」下單、八、魏、平、毛、殿、庫有「王」字。○浦鏜《正字》：以紂自絶先王，故天亦棄之。監本脱「王」字。○阮元《校記甲》：以紂自絶先王。十行、閩、監俱脱「王」字。○阮元《校記乙》：以紂自絶先。閩本、明監本同。毛本「先」下有「王」字，正與岳本同。

十八葉三行疏　孝經言天子得萬國之歡心以事其先王。　「萬」，十、永作「万」。「國」下魏無「之」字。

十八葉五行疏　動悉違法。　「悉」，單、八、魏、平作「皆」，十、永、阮作「昔」。○山井鼎《考文》：動悉違法。宋板「悉」作「皆」。○盧文弨《拾補》：動皆違法。「皆」，元本譌「昔」，後遂誤改「悉」。○阮元《校記甲》：動悉違法。「悉」，宋板作「皆」，十行本誤作「昔」。○阮元《校記乙》：動昔違法。宋板「昔」作「皆」，岳(毛)本作「悉」。案：「悉」字是也。毛本不誤。

十八葉六行經　大命不摯。　「命」下石本旁增小字「胡」。○盧文弨《拾補》：大命胡不摯。○

「胡」，今本無，石經有。當補。案：傳及正義似俱有「胡」字。史記作「大命胡不至」。○阮元《校記甲》：大命不摯。「命」下唐石經旁添「胡」字。陸氏曰：「摯」，本又作「贄」。按：説文作「贄」，引書云「大命不贄」。據説文，則「胡」字不應有也。殷本紀作「大命胡不至」。

阮石經旁添字，乃後人依史記增入也。阮元《校記乙》同。

十八葉八行注　有大命宜王者。　「大」，平、永作「天」。○張鈞衡《校記》：有天命宜王者。阮本「天」作「大」，誤。

十八葉八行注　王之凶害。　○《定本校記》：王之凶禍。燉煌本、岩崎本、雲窗叢刻本、内野本、神宮本如此。足利本、注疏本「禍」作「害」，非。

十八葉九行釋文　摯。音至。本又作贄。　「贄」，纂作「贄」。「至」下魏無「本又作贄」四字。

十八葉十行疏　欲得早殺之也。　「得」，魏作「其」。

十八葉十行疏　王之凶禍。　「王」，平作「玉」。

十八葉十三行注　反。報紂也。言汝罪惡衆多。　敦煌本伯二六四三號、伯二五一六號「反，報紂也。言汝罪惡衆多」作「反，報，報紂言也。女罪惡衆多」。「言」，李作「云」。○山井鼎《考文》：反，報紂也。〔古本〕作「反，報也，報紂也」。○盧文弨《拾補》：反，報也，報紂也。

「也報」二字毛本脫，古本有，當從之。○阮元《校記甲》：反，報紂也。古本作「反，報也，報紂也」。阮元《校記乙》同。○《定本校記》：反，報紂也。燉煌本、岩崎本、雲窗叢刻本作「反，報，報紂言也」。內野本、神宮本作「反，報也，報紂也」。又：言汝罪惡衆多。燉煌本、岩崎本、雲窗叢刻本無「言」字。

十八葉十四行注　參列於上天。○山井鼎《考文》：參列於上天。〔古本〕「天」上有「在」字。○阮元《校記甲》：參列於上天。「天」上古本有「在」字。按：古本恐誤。○阮元《校記乙》：參列於上天。古本「天」上有「在」字。○《定本校記》：參列於上天。「於上」二字，燉煌本、岩崎本、雲窗叢刻本、內野本、神宮本作「在」。

十八葉十五行注　汝能責命于天。拒天誅乎。「于」，岳作「千」。「拒」，永作「柜」。

十八葉十六行經　指乃功不無戮于爾邦。○《定本校記》：不無戮于爾邦。燉煌本、岩崎本、雲窗叢刻本、內野本、神宮本無「爾」字。

十八葉十六行注　指汝功事所致。「指」，永作「栺」。

十八葉十七行注　必將滅亡。立可待。○山井鼎《考文》：立可待。〔古本〕作「立在可待也」。○阮元《校記甲》：立可待。古本作「立在可待也」。按：此「在」字亦衍文。○《定本校記》：立可待。「立」，燉煌本、岩崎本、雲窗叢刻本、內野本、神宮本作「在」。

微子第十七

十九葉二行釋文　錯。七各反。「七」，十作「匕」，閩作「匕」。

十九葉三行注　告二師而去紂。○山井鼎《考文》：「而去紂」下、「子爵」下、「去無道」下、「孤卿比干」下、「將必亡」下、「上世」下、「後世」下、「外内」下、「得中者」下，〔古本〕共有「也」字。

十九葉四行疏　錯亂天命。「亂」，毛作「辭」。○物觀《補遺》：錯辭天命。宋板「辭」作「亂」。○浦鏜《正字》：殷紂既暴虐無道，錯亂天命。「亂」，毛本誤「辭」。○盧文弨《拾補》：錯亂天命。毛本「亂」作「辭」。「辭」當作「亂」。○阮元《校記甲》：錯辭天命。「辭」，宋板、十行、閩、監俱作「亂」。○阮元《校記乙》：錯亂天命。宋板、閩本、明監本同。毛本「亂」作「辭」。

十九葉五行疏　交錯是渾亂以義。「以」，單、八、平、毛、殿、庫作「之」。○阮元《校記甲》：交錯是渾亂之義。「之」，十行、閩、監俱作「以」。○阮元《校記乙》：交錯是渾亂以義。閩本、明監本同。毛本「以」作「之」。案：「以」字誤也。

十九葉五行疏　不指言紂惡而言錯亂天命者。　「指」，永作「栺」。

十九葉六行疏　天生蒸民。　「蒸」，單、八、魏、平、殿、庫作「烝」。

十九葉八行注　去無道。　「無」，十、阮作「无」。

十九葉十行疏　微子。名啓。　「啓」，毛作「各」。○山井鼎《考文》：微子，名各。［正誤］「各」當作「啓」。物觀《補遺》：宋板「各」作「啓」。○浦鏜《正字》：微子，名啓。「啓」，毛本誤「各」。○盧文弨《拾補》：微子，名啓。毛本「啓」作「各」。「各」當作「啓」。○阮元《校記甲》：微子，名各。「各」，宋板、十行、閩、監俱作「啓」，是也。

十九葉十一行疏　祭公之弟稱祭叔。　「弟」，平作「第」。

十九葉十二行疏　微子若非大臣。　「大」，殿、庫作「人」。

十九葉十三行疏　以此知其爲卿士也。傳云。去無道者。以去見其爲卿士也。　○浦鏜《正字》：傳云「去無道」者，以去見其爲卿士也。「卿士」當「無道」誤。○阮元《校記甲》：以去見其爲卿士也。浦鏜云：「卿士」當「無道」誤。許宗彥云：「卿士」不誤。上「以此知其爲卿士也」八字，因末句而誤衍。阮元《校記乙》同。

十九葉十五行注　比干。微子以紂距諫。　「比」，永作「圠」。「距」，庫作「拒」。

十九葉十六行注　言殷其不有治正四方之事。「殷」，永作「殷」。

十九葉十七行經　我祖厎遂陳于上。「厎」，八、纂、魏、永、閩、毛作「底」。○山井鼎《考文》：我祖底遂。〔古本〕「底」作「致」。○盧文弨《拾補》：我祖厎遂陳于上。古本「厎」作「致」。○阮元《校記甲》：我祖底遂陳于上。「底」，古本作「致」。阮元《校記乙》同。

十九葉十八行經　我用沈酗于酒。「沈」，平作「沉」。「酗」，魏作「酣」。

二十葉一行釋文　沈。徐直金反。「沈」，平作「沉」。「反」下纂有「没也」二字。

二十葉二行釋文　説文作䣼。云酒醟。「䣼」，平作「酌」。○浦鏜《正字》：酗，説文作䣼，云酒醟。案：今説文作「醉醟」。○阮元《校記甲》：酗，説文作䣼，云酒醟。「酒」，盧文弨依説文改作「醉」。

二十葉二行釋文　醟。音詠。説文于命反。䣼。酒也。平「于」作「子」，「䣼」作「酌」。○浦鏜《正字》：醟，説文于命切。䣼，酒也。案：説文無「酒」字。

二十葉二行經　殷罔不小大好草竊姦宄。○山井鼎《考文》：殷罔不小大好草竊姦宄。〔古本〕「不」作「弗」。「召敵讎不怠」同。

二十葉三行注　草野竊盜。○《定本校記》：草野竊盜。「竊盜」二字，燉煌本、岩崎本、雲窗叢刻本、内野本、神宮本倒。

二十葉三行注　又爲姦宄於内外。「内外」，八、王、岳、毛作「外内」。○阮元《校記甲》：又爲姦宄於外内。「外内」二字，十行、閩、葛、監本、纂傳俱倒。○阮元《校記乙》：又爲姦宄於内外。閩本、葛本、監本、纂傳同。毛本「内外」二字倒。

二十葉三行釋文　好。呼報反。宄。音軌。「反」下魏無「宄，音軌」三字。

二十葉四行注　六卿典士。○《定本校記》：六卿典事。燉煌本、岩崎本、雲窗叢刻本、内野本、神宫本如此。足利本、注疏本「事」作「士」，非。

二十葉五行注　無秉常得中者。「無」，王、平作「无」。○《定本校記》：無秉常得中者。燉煌本乙、雲窗叢刻本、神宫本無「者」字。

二十葉六行注　卿士既亂。而小人各起一方。○物觀《補遺》：而小人各起。〔古本〕「人」作「民」。○盧文弨《拾補》：卿士既亂而小人各起一方。古本「人」作「民」。○阮元《校記甲》：而小人各起一方。「人」，古本、史記集解俱作「民」。○《定本校記》：而小人各起一方。「人」，燉煌本、岩崎本、雲窗叢刻本、内野本、神宫本、足利本作「民」。

二十葉六行注　共爲敵讎。言不和同。「共」，平、十、永、閩、阮作「其」。○阮元《校記甲》：共爲敵讎。「共」，十行、閩、葛俱誤作「其」。○阮元《校記乙》：其爲敵讎。閩本、葛本同。岳本「其」作「共」。「其」字誤也。○《定本校記》：共爲敵讎。「敵讎」二字，燉煌本、岩崎本、雲窗叢刻本、内野本、神宫本倒。

二十葉七行釋文　讎。常周反。　「常」，王、纂、魏、平、殿、庫作「市」。○山井鼎《考文》：讎，常周反。經典釋文「常」作「市」。○阮元《校記甲》：讎，市周反。「市」，十行本、毛本俱作「常」字。按：「常周」即「市周」。

二十葉八行注　如涉大水無涯際。無所依就。　○山井鼎《考文》：涯際，無所依就。〔古本〕「涯際」作「津涯」，「就」下有「也」字。○盧文弨《拾補》：如涉大水無涯際，無所依就也。古本「涯際」作「津涯」。「也」字，毛本無，古本有。當有。○阮元《校記甲》：無涯際。「涯際」古本作「津涯」。阮元《校記乙》同。○《定本校記》：如涉大水無涯際。「大」字，燉煌本、岩崎本、雲窗叢刻本無，神宫本作「深」。「涯際」，岩崎本作「涯津」，足利本作「津涯」。

二十葉九行釋文　淪。音倫。徐力允反。　「倫」下，魏無「徐力允反」四字。

二十葉九行釋文　喪。息浪反。　「浪」，魏作「亮」。

二十葉九行釋文　涯。五皆反。又宜佳反。　「涯」，毛作「厓」。「皆」，纂、魏、平作「佳」。「宜」，平作「五」。○物觀《補遺》：厓，五皆反。〔經典釋文〕「皆」作「佳」。○阮元《校記甲》：涯，五佳反，又宜佳反。上「佳」字，十行本、毛本俱作「皆」。「宜」，葉本作「五」。按：上句宜從十行本、毛本，下句宜從葉本。

二十葉十行注　至於今到不待久。　○山井鼎《考文》：於今到不待久。〔古本〕「到」作「致」。[謹按]恐非。〔古本〕「久」下有「也」字，下註「心同省文」下、「故曰王子」下、「不可如何」下並同。○盧文弨《拾補》：到不待久。古本「到」作「致」，疑是。正義却作「到」。○阮元《校記甲》：於是至於今到。「到」，古本作「致」，非。

二十葉十二行疏　遂其功業。　「遂」，平作「道」。

二十葉十四行疏　今殷其没亡。　「今」，十作「及」。

二十葉十五行疏　其無津濟涯岸。　「岸」，八作「岸」。

二十葉十五行疏　此喪亡於是。　「此」，平作「世」。

二十葉十五行疏　至於今到必不得更久也。　○浦鏜《正字》：必不待更久也。「待」誤「得」。○盧文弨《拾補》：到必不得更久也。「得」，浦云「待」之誤。案：可不必定依傳。

二十葉十五行疏　父師至而言。　「言」下單、八、魏、平、毛有「之」字。○阮元《校記甲》：傳父師至言之。「言之」，十行、閩、監俱作「而言」。按：傳云「順其事而言之」，疏兩云「順其去事而言」，則作疏者所見孔傳疑本無「之」字。○阮元《校記乙》：傳父師至而言。閩本、明監本同。毛本「而言」作「言之」。按：傳云「順其事而言之」，疏兩云「順其去事而言」，則作疏者所見孔傳疑本無「之」字。

二十葉十六行疏　王呼畢公爲父師。「爲」，永作「於」。

二十葉十六行疏　畢公時爲太師也。「太」，要作「大」。

二十葉十六行疏　太師。太傅。太保。兹惟三公。「傅」，永作「傳」。

二十葉十七行疏　徧檢書傳。不見箕子之名。「徧」，十作「偏」。

二十葉十七行疏　惟司馬彪注莊子云。「注」，十作「汪」。

二十葉十八行疏　箕子名胥餘。「胥」，十作「骨」。

二十一葉一行疏　比干是紂之親。則諸父。○浦鏜《正字》：比干于紂親則諸父。「于紂」誤「是紂之」三字。○盧文弨《拾補》：比干於紂親，則諸父。毛本「於」作「是」，浦改。當作「於」。毛本「紂」下衍「之」字。○阮元《校記甲》：比干是紂之親，則諸父。浦鏜改作「比干于紂親則諸父」。阮元《校記乙》同。○《定本校記》：比干是紂之親，則諸父。浦氏云：「是紂之」三字當作「于紂」二字。

二十一葉四行疏　其事欲當然。「欲」，單、八、平作「或」。「然」上庫無「當」字。○山井鼎《考文》：其事欲當然。宋板「欲」作「或」。○盧文弨《拾補》：其事或當然，則是有此事。毛本「或」作「欲」。「欲」當作「或」。○阮元《校記甲》：其事欲當然。「欲」，宋板作「或」。

阮元《校記乙》同。

二十一葉四行疏　則是有此事。　「是」，庫作「當」。「此」，庫作「是」。

二十一葉七行疏　故以耽酒爲沈也。　「酒」，單作「洒」。

二十一葉七行疏　湎然是齊同之意。　「湎」下要有雙行小字「面善反」。

二十一葉八行疏　説文云。酗醟也。　「酗」下要有「況具」二字釋文，「醟」下要有「詠」字音注。〇孫詒讓《校記》：説文無「酗」字。注云「醉醟也」，「酗」即「酌」之俗字。

二十一葉八行疏　謂飲酒醉而發怒。　「醉」，平作「酔」。

二十一葉八行疏　經言亂敗其德。　「其」，魏作「在」。

二十一葉十行疏　止言卿士。以貴者尚爾。　「止」，平作「上」。

二十一葉十三行注　發疾生狂。　「疾」，要作「病」。

二十一葉十四行釋文　出。尺遂反。　「尺」，平作「乃」。

二十一葉十四行釋文　耄字又作旄。莫報反。注同。　「字」，纂作「一」。「反」下殿、庫無「注同」二字。〇阮元《校記甲》：耄。葉本作「耄」。

二十一葉十五行釋文　遯。徒困反。徐徒頓反。一音徒困反。　「遯，徒困反」，纂作「遯，徒悶反」。「一音徒困反」，王、纂、魏、平、十、永、阮作「一音都困反」。〇山井鼎《考文》：遯，徐徒頓反。一音徒困反。〔經典釋文〕「徒困」作「都困」。○浦鏜《正字》：遯，一音都困切。「都」誤「徒」。○阮元《校記甲》：遯，一音都困反。「都」，毛本作「徒」字。按：「徒」是也。

二十一葉十六行注　汝無指意告我殷邦顛隕隮墜。　○物觀《補遺》：殷邦顛隕。〔古本〕「邦」作「國」。○阮元《校記甲》：殷邦顛隕隮墜。「邦」，古本作「國」。

二十一葉十六行釋文　隮。子細反。玉篇。子兮反。切韻祖稽反。　「玉」，魏、平作「王」。

二十一葉十八行疏　故別加一曰父師少師更呼而告之也。　「告」，單、八、要作「誥」。

二十二葉一行疏　則當如之何其救之乎。　「當」，毛作「思」。○物觀《補遺》：則思如之何。〔宋板〕「思」作「當」。○浦鏜《正字》：則當如之何其救之乎。「當」，毛本誤「思」。○盧文弨《拾補》：則當如之何其救之乎。毛本「當」作「思」。「思」當作「當」。○阮元《校記甲》：則思如之何其救之乎。「思」，宋板、十行、閩、監俱作「當」。按：「當」是也。

二十二葉三行疏　鄭玄云。耄。昏亂也。　「耄」，十作「耆」。

二十二葉五行疏　謂墜於溝壑。　「壑」，魏作「壡」，十作「墼」。

二十二葉五行疏　皆滅亡之意也。　「滅」，永作「咸」。

二十二葉五行疏　知隮於溝壑矣。　「隮」，單、八、魏作「擠」，平作「擠」。「壑」，魏作「壡」，十作「墼」。○浦鏜《正字》：知隮於溝壑矣。「隮」，左傳作「擠」。○盧文弨《拾補》：知隮於溝壑矣。傳本「隮」作「擠」。

二十二葉六行疏　王肅云。隮。隮溝壑。　上「隮」字平作「擠」。「壑」，魏作「壡」，十作「壡」。

二十二葉七行釋文　見。賢遍反。　「見」上平有「不」字。

二十二葉九行注　四方化紂沈湎。　「紂」，李作「約」。「湎」，十作「面」。○《定本校記》：四方化紂沈湎。「湎」，燉煌本、岩崎本、雲窗叢刻本、内野本、神宫本作「酒」。

二十二葉十行注　言起沈湎。　○山井鼎《考文》：言起沈湎。〔古本〕下有「者」字。○阮元《校記甲》：言起沈湎。古本下有「者」字。○《定本校記》：言起沈湎。燉煌本甲、神宫本、足利本「湎」下有「者」字，燉煌本乙、岩崎本、雲窗叢刻本、内野本「湎」作「酒者」二字。

二十二葉十一行注　違戾耇老之長。致仕之賢。　「致」，毛作「卧」。○山井鼎《考文》：卧仕之賢。正誤「卧」當作「致」。物觀《補遺》：古本、宋板「卧」作「致」。○浦鏜《正字》：違戾耇老之長，致仕之賢。「致」，毛本誤「卧」。○盧文弨《拾補》：致仕之賢。毛本「致」作「卧」。「臥」當作「致」。○阮元《校記甲》：卧仕之賢。「卧」，古本、岳本、葛本、宋板、十行、閩、監、纂傳俱作「致」，不誤。○《定本校記》：致仕之賢。「仕」，燉煌本乙、岩崎本、雲窗叢刻本、内野本、神宫本作「士」。

二十二葉十一行注　不用其教。法紂故。　○山井鼎《考文》：法紂故。〔古本〕下有「也」字。「言政亂」下同。

二十二葉十二行釋文　長。竹丈反。　「竹丈」，王、纂、魏、平、閩、殿、庫、阮作「丁丈」，十、永作「丁文」。○阮元《校記甲》：長，丁丈反。「丁」，毛本作「竹」。

二十二葉十二行經　今殷民乃攘竊神祇之犧牷牲用。　「祇」，要、十、閩、毛、殿、庫作「祗」。

二十二葉十三行經　以容將食無災。　○山井鼎《考文》：將食無災。〔古本〕「無」作「亡」。

二十二葉十五行釋文　因來而取曰攘。　「取」，魏作「㕘」。

二十二葉十五行釋文　馬云往盜曰竊。　「云」下魏無「往」字。

二十二葉十五行釋文　神祇。天曰神。地曰祇。　「祇」，纂、魏、平、永、阮作「祇」。「祇」，王、十、閩、毛、殿、庫作「祗」。

二十二葉十六行釋文　犧。許宜反。　「犧」，王作「羲」。

二十二葉十六行釋文　牷。音全。　「牷」，王作「切」。

二十二葉十七行注　所用治者。　「治」，王作「台」。

二十二葉十七行注　斂聚怨讎之道。　「斂聚」，十作「聚斂」。

二十二葉十八行注　而又亟行暴虐。　○阮元《校記甲》：又亟行暴虐。陸氏曰：「亟，欺忌反，數也。又紀力反。本又作極，如字，至也。」

二十二葉十八行注　自召敵讎。不解怠。　「解」，八、魏、平、岳、十、閩作「懈」，李作「懈」，永作「懈」。○山井鼎《考文》：不解怠。宋板「解」作「懈」，正、嘉同。○阮元《校記甲》：不解怠。「解」，岳本、葛本、宋板、正、嘉閩本、纂傳俱作「懈」。按：注疏本載釋文云：「解，佳賣反。」通志堂單行本釋文「解」作「懈」。但果係「懈」字，則陸氏不必作音，似當以「解」爲正。○阮元《校記乙》：不解怠。岳本、葛本、宋板、正、嘉本、閩本、纂傳「解」作「懈」。毛本作「解」，與此同。按：釋文云：「解，佳賣反。」是「解」讀爲「懈」，非字作「懈」也。通志堂本「解」作「懈」，亦誤。

二十二葉十八行釋文　馬本作稠云數也。　「稠」，殿、庫作「裯」。

二十三葉一行釋文　歛。力檢反。　「檢」，魏作「儉」，平、永、閩作「撿」。

二十三葉一行釋文　本又作極。　「極」，永作「拯」。

二十三葉二行釋文　解。佳賣反。　「解」，纂、魏、平、殿、庫作「懈」。○阮元《校記甲》：懈，佳賣反。「懈」，十行本、毛本俱作「解」。按：十行本孔傳作「懈」，毛本作「解」。

二十三葉二行注　言殷民上下有罪。　○山井鼎《考文》：殷民上下有罪。〔古本〕「民」作「人」。○盧文弨《拾補》：言殷民上下有罪，皆合於一法紂。古本「民」作「人」。○阮元《校記甲》：言殷民上下有罪。「民」，古本作「人」。○《定本校記》：言殷民上下有罪。「民」，燉煌本、岩崎本、雲窗叢刻本、内野本、神宫本、足利本作「人」。

二十三葉三行注　皆合於一法紂。　○《定本校記》：皆合於一紂。燉煌本、岩崎本、雲窗叢刻本、内野本、神宫本如此，足利本、注疏本「一」下有「法」字，非。

二十三葉三行注　而無詔救之者。　○《定本校記》：而無詔救之者。岩崎本、内野本、神宫本無「者」字。燉煌本乙無「之者」二字。

二十三葉四行注　我起受其敗。　○《定本校記》：我起受其敗。燉煌本無「其」字。

二十三葉五行注　義不忍去。　○山井鼎《考文》：義不忍去。〔古本〕下有「也」字。「以死諫紂」下、「出合於道」下並同。

二十三葉五行經　我罔爲臣僕。　○阮元《校記甲》：我罔爲臣僕。陸氏曰：一本無「臣」字。按：説文云：古本「僕」字從臣作「蹼」，恐此是古本作「蹼」，後析爲二字。釋文所云一本是也。阮元《校記乙》同。○《定本校記》：我罔爲臣僕。燉煌本、岩崎本無「臣」字。（彙校者案：敦煌本「臣」字爲旁注。）

二十三葉七行釋文　臣僕。一本無臣字。　「一」上魏無「臣僕」二字。

二十三葉八行經　王子弗出。我乃顛隮。　○山井鼎《考文》：王子弗出，我乃顛隮。〔古本〕「弗」作「不」，「隮」作「隕」。○盧文弨《拾補》：王子弗出，我乃顛隮。古本「弗」作「不」，「隮」作「隕」。○阮元《校記甲》：我乃顛隮。「隮」，古本作「隕」。阮元《校記乙》同。

二十三葉八行注　我久知子賢。　○山井鼎《考文》：我久知子賢。〔古本〕「我」上有「言」字。○盧文弨《拾補》：言我久知子賢。「言」字毛本無，古本有，當有。○阮元《校記甲》：我久知子賢。「我」上古本有「言」字。阮元《校記乙》同。○《定本校記》：我久知子賢。「我」上内野本、神宮本、足利本有「言」字。

二十三葉九行注　則宜爲殷後者子。　○山井鼎《考文》：「爲殷後者」下、「隕墜無主」下、「非一途」下，〔古本〕共有「也」字。○盧文弨《拾補》：則宜爲殷後者。古本「者」下有「也」字，疑當在下「子」字下。

二十三葉十一行釋文　馬云侵刻也。　「刻」下魏無「也」字。

二十三葉十一行釋文　難。乃旦反。　「難」上平有「逃」字。「旦」，十作「日」，阮作「且」。

二十三葉十二行注　人人自獻達于先王。　「于」，庫作「於」。

二十三葉十二行釋文　靖。馬本作清。謂潔也。　「潔」，平、殿、庫作「絜」。○阮元《校記甲》：靖，謂絜也。「絜」，十行本、毛本俱作「潔」，俗字。

二十三葉十三行注　言將與紂俱死。　○《定本校記》：言將與紂俱死。「言」下岩崎本有「我」字。

二十三葉十四行注　明君子之道。　○《定本校記》：明君子之道。燉煌本、雲窗叢刻本、内野本、神宫本無「道」字。

二十三葉十四行注　出處語默非一途。　「語默」，八、李、平、要、岳作「默語」。○阮元《校記甲》：語默。「語默」二字岳本倒。

二十三葉十四行釋文　顧。音故。徐音鼓。　「鼓」，永作「皷」。○浦鏜《正字》：顧，音故。徐音鼓。案：毛氏居正云：「顧」字禮部韻無上聲音，當從一音用。

二十三葉十六行疏　違戾其耆老之長。　「戾」，阮作「戻」。

二十三葉十七行疏　今殷民乃攘竊祭祀神祇之犧牷牲用。　「祇」，單、八、魏、永作「祗」。

二十三葉十八行疏　我又下視殷民。所用爲治民者。　「民者」，單、八、魏、平、十、永、閩、阮作「者民」。○物觀《補遺》：爲治民者皆讎怨。〔宋板〕「民者」作「者民」。○盧文弨《拾補》：我又下視殷民，所用爲治民者，皆讎怨斂聚之道也。上「民」，浦云衍。下「民」衍。

宋、元本「者」作「者民」，非。○阮元《校記甲》：我又下視殷民所用爲治民者，皆讎怨斂聚之道也。「民者」二字，宋板、十行、閩本俱倒。盧文弨云「民」字衍文。○阮元《校記乙》：我又下視殷民所用爲治者，民皆讎怨斂聚之道也。宋板、閩本同。毛本「者民」二字倒。盧文弨云「民」字衍文，是也。○《定本校記》：民皆讎怨斂聚之道也。盧氏云「民」字衍。

二十四葉一行疏　是乃自召敵讎不懈怠也。　「懈」，永作「解」。

二十四葉三行疏　言不可別事他人。　「他」，十、永作「也」。

二十四葉六行疏　諮二人而一人答。　「而」下魏無「一」字。「答」，單、八、魏、平、十、永、閩作「荅」。

二十四葉六行疏　少師不答。　「答」，單、八、魏、平、十、永、閩作「荅」。

二十四葉七行疏　但紂自不殺之耳。　「但」，平作「伹」。

二十四葉八行疏　則別有答。　「答」，單、八、魏、平、十、永、閩作「荅」。

二十四葉八行疏　安得默而不言。　「言」，阮作「呼」。○阮元《校記甲》：安得默而不言。「言」，十行本誤作「呼」。○阮元《校記乙》：安得默而不呼。毛本「呼」作「言」，是也。○張鈞衡《校記》：安得默而不言。阮本「言」作「呼」。

二十四葉八行疏　父師呼微子爲王子。「呼」，阮作「言」。○張鈞衡《校記》：父師呼微子爲王子。阮本「呼」作「言」，與上文互易，皆誤。

二十四葉十行疏　此答彼意。「答」，單、八、魏、平、十、永、閩、阮作「荅」。

二十四葉十行疏　故言四方化紂沈湎。「沈」，平作「沉」。

二十四葉十一行疏　傳言起至紂故○正義曰。文在方興沈酗之下。「文在方興沈酗之下」上「傳言起至紂故○正義曰」，殿、庫作「乃罔畏畏」。

二十四葉十一行疏　文在方興沈酗之下。「文」，十作「又」。

二十四葉十一行疏　惟畏天與人耳。「惟」下永無「畏」字。

二十四葉十二行疏　違戾耆長與舊有位人。「耆」，十作「者」。

二十四葉十三行疏　釋詁云。攘。因也。○浦鏜《正字》：釋詁云，攘，因也。「攘」，爾雅作「儴」。○盧文弨《拾補》：釋詁云：攘，因也。浦云爾雅「攘」作「儴」。

二十四葉十四行疏　天子祭牲。「牲」，魏作「性」。

二十四葉十五行疏　掌牧六牲以供祭祀之牲牷。「牷」，平作「牲」。

二十四葉十六行疏　以犧牷牲三者既爲俎實則用者簠簋之實。「俎」，永作「爼」。

二十四葉十六行疏　謂黍稷稻粱△。　「粱」，平、永作「梁」。

二十四葉十六行疏　謂粢△盛也。　「粢」，平作「梁」。

二十四葉十七行疏　地曰祇△。　「祇」，要、十、閩、毛、殿、庫作「祗」。

二十四葉十七行疏　則人鬼在其間△矣。　「間」，單、殿、薈作「閒」。

二十四葉十七行疏　故摠△云盜天地宗廟牲用也。　「摠」，毛、殿、庫作「總」。

二十四葉十八行疏　大△祭祀之物。　○阮元《校記甲》：大祭祀之物。「大」，纂傳作「天」。

按：各本俱作「大」，纂傳誤。

二十五葉一行疏　無多少皆死^。　○阮元《校記甲》：無多少皆死。「死」下纂傳有「者」字。

二十五葉一行疏　下視至解△怠。　「解」，單、八、魏、平、十作「懈」，永作「觧」。

二十五葉二行疏　謂卿士已△下。　「已」，庫作「以」。

二十五葉三行疏　欲以威△民。　「威」，永作「滅」。

二十五葉四行疏　有災與△淪喪。　「與」，十、閩作「興」。

二十五葉五行疏　逆言災雖未△至。　「未」，平作「末」。

二十五葉六行疏　值△紂怒不甚。　「值」，十作「値」。

二十五葉八行疏　刻病至無主。　「主」，單作「王」。○《定本校記》：刻病至無主。「主」，單疏本誤作「王」。

二十五葉八行疏　刻者。傷害之義。　「義」，庫作「意」。

二十五葉八行疏　紂之母生微子啓與仲衍。　「母」，永作「毋」。「子」下魏無「啓」字。

二十五葉九行疏　改而爲妻後生紂。紂之父欲立微子啓爲太子太史據法而争曰。　「史」，永作「吏」。○浦鏜《正字》：已而爲妻云云，太史據法而争之。脱「之」字。「已」誤「改」。○盧文弨《拾補》：已而爲妻云云，太史據法而争。毛本「巳」作「改」。「改」當作「巳」。「争」下〈呂氏春秋仲冬紀〉本有「之」字。○《定本校記》：改而爲妻。浦氏云：「改」當作「已」。案：微子之命疏作「已」。

尚書註疏卷第十一　漢孔氏傳　唐孔穎達疏

皇明朝列大夫國子監祭酒臣田一儁

奉訓大夫司經局洗馬管司業事臣盛訥等奉

勑重校刊

泰誓上第一

周書

惟十有一年。武王伐殷。傳周自虞芮質厥成。諸侯並附。以爲受命之年。至九年而文王卒。武王三年服畢。觀兵孟津。以卜諸侯伐紂之心。諸侯僉同。乃退以示弱。

○芮，如鋭反。虞芮。二國名。僉，七廉反。**一月戊午，師渡孟津。**傳十三年正月二十八日。更與諸侯期而共伐紂。○孟津。地名也。**作泰誓三篇。**傳渡津乃作。疏惟十至三篇。○正義曰：惟文王受命十有一年。武王服喪既畢。舉兵伐殷。以卜諸侯伐紂之心。雖諸侯僉同。乃退以示弱。至十三年。紂惡既盈。乃復往伐之。其年一月戊午之日。師渡孟津。王誓以戒衆。史敘其事。作泰誓三篇。○傳周自至示弱。○正義曰：武成篇云：我文考文王誕膺天命。以撫方夏。惟九年。大統未集。則文王以九年而卒也。無逸稱文王享國五十年。自嗣位至卒非徒九年而已。知此十一年者。文王改稱元年至九年而卒。至此年爲十一年也。詩云：虞芮質厥成。毛傳稱天下聞虞芮之訟息。歸周者四十餘國。故知周自虞芮質厥成。諸侯竝附。以爲受命之年。至九年而文王卒。至此十一年。武王居父之喪。三年服畢也。案周書云：文王受命九年。惟暮春在鎬。召太子發。作文傳。

其時猶在。但未知崩月。就如暮春即崩。武王服喪至十一年三月大祥。至四月觀兵。故今文泰誓亦云四月觀兵也。知此十一年非武王即位之年者。大戴禮云。文王十五而生武王。則武王少文王十四歲也。禮記文王世子云。文王九十七而終。武王九十三而終。計其終年。文王崩時。武王已八十三矣。八十四即位。至九十三而崩。適滿十年。不得以十三年伐紂。知此十一年者。據文王受命而數之。必繼文王年者。爲其卒父業故也。緯候之書。言受命者。謂有黄龍玄龜白魚赤雀負圖銜書以命人主。其言起於漢哀平之世。經典無文焉。孔時未有此說。咸有一德傳云。所征無敵。謂之受天命。此傳云。諸侯竝附。以爲受命之年。是孔解受命。皆以人事爲言。無瑞應也。史記亦以斷虞芮之訟爲受命元年。但彼以文王受命七年而崩。不得與孔同耳。三年之喪二十五月而畢。故九年文王卒。至此三年服畢。此經武王追陳前事云。肆予小子發。以爾友邦冢君。觀政于商。是十一年代殷者。止爲觀兵孟津。以卜諸侯伐紂之心。言于商。知亦至孟津也。○傳十三年正月至伐紂○正義曰。以一月戊午乃是作誓月日。經言十三年春。大會于孟津。又云戊午次于河朔。知此一月戊午。是十三年正月戊午日。非是十一年正月也。序不別言十三年。而以一月接十一年下者。序以觀兵至而即還。略而不言月日。誓則經有年有春。故略而不言年春。正言一月。使其互相足也。戊午是二十八日。以歷推而知之。據經亦有其驗。漢書律歷志載舊說云。死魄。朔也。生魄。望也。武成篇說此伐紂之事云。惟一月壬辰旁死魄。則壬辰近朔而非朔。是爲月二日也。二日壬辰。則此月辛卯朔矣。以次數之。知戊午是二十八日也。不言正月而言一月者。以武成經言一月。故此序同之。武成所以解一月者。易革卦彖曰。湯武革命。順乎天而應乎人。象曰。君子以治歷明時。然則改正治歷。必自武王始矣。武王以殷之十二月發行。正月四日殺紂。既入商郊。始改正朔。以殷之正月爲周之二月。其初發時猶是殷之十二月。未爲周之正月。改正在後。不可追名爲正月。以其實是周之正月。故史以一月名之。顧氏以爲古史質。或云正月。或云一月。不與春秋正月同。義或然也。易緯稱文王受命。改正朔。布王號於天下。鄭玄依而用之。言文王生稱王。已改正。然天無二日。民無二王。豈得殷紂尚在而稱周王哉。若文王身自稱王。已改正朔。則是功業成矣。武王何得云大勳未集。欲卒父業也。禮記大傳云。牧之野。武王之大事也。既事而退。追王大王亶父。王季歷。文王昌。是追爲王。何以得爲文王身稱王。已改正朔也。春秋王正月。謂周正月也。公羊傳曰。王者孰謂。謂文王。其意以正爲文王所改。公羊傳漢初俗儒之言。不足以取正也。春秋之王。自是當時之王。非改正之王。晉世有王愆期者。知其不可。注公羊以爲春秋制。文王指孔子耳。非周昌也。文王世子稱武王對文王云。西方有九國焉。君王其終撫諸。呼文王爲王。是後人追爲之辭。其言未必可信。亦非實也。○傳渡津乃作。○正義曰。孟者。河北地名。春秋所謂向盟是也。於孟地置津。謂之孟津。言師渡孟津。乃作泰誓。知三篇皆渡津乃作也。然則中篇獨言戊午次于河朔者。三篇皆河北乃作。分爲三篇耳。上篇未次時作。故言十三年春。中篇既次乃作。故言戊午之日。下篇則明日乃作。言時厥明。各爲首引。故文不同耳。尚書遭秦而亡。漢初不知篇數。武帝時有大常蓼侯孔臧者。安國之從兄也。與安國書云。時人惟聞尚書二十八篇。取象二十八宿。謂爲信然不知其有百篇也。然則漢初惟有二十八篇。無泰誓矣。後得僞泰誓二篇。諸儒多疑之。馬融書序曰。泰誓後得。案其文似若淺露。又云。八百諸侯。不召自來。不期同時。不謀同辭。及火復於上至於王屋。流爲鵰。至五以穀俱來。舉火。神怪得無在子所不語中乎。又春秋引泰誓曰。民之所欲。天必從之。國語引泰誓曰。朕夢協朕卜。襲于休祥。戎商必克。孟子引泰誓曰。我武惟揚。侵于之疆。取彼凶殘。我伐用張。于湯有光。孫卿引泰誓曰。獨夫受。禮記引泰誓曰。予克受。非予武。惟朕文考無罪。受克予。非朕文考有罪。惟予小子無良。今文泰誓皆無此語。吾見書傳多矣。所引泰誓而不在泰誓者甚多。弗復悉記。略舉五事以明之。亦可知矣。王肅亦云。泰誓近得。非其本經。馬融惟言後得。不知何時得之。漢書婁敬說高祖云。武王伐紂。不期而會盟津之上者八百諸侯。僞泰誓有此文。不知其本出何書也。武帝時。董仲舒對策云。書曰。白魚入于王舟。有火復于王屋。流爲烏。周公曰。復哉復哉。今引其文。是武帝之時已得之矣。李顒集注尚書。於僞泰誓篇。每引孔安國曰。計安國必不爲彼僞書作傳。不知顒何由爲此言。梁王兼而存之。言本有兩泰誓。古文泰誓。伐紂事。聖人取爲尚書。今文泰誓。觀兵時事。別錄之以爲周書。此非辭也。彼僞書三篇。上篇觀兵時事。中下二篇亦伐紂時事。非盡觀兵時事也。且觀兵示弱卽退。復何誓之有。設有其誓。不得同以泰誓爲篇名也。

泰誓

（傳）大會以誓衆。

【疏】（傳）大會以誓衆○正義曰。經云。大會于孟津。知名曰泰誓者。其大會以誓衆也。王肅云。武王以大道誓衆。肅解彼僞文。故說謬耳。湯誓指湯爲名。此不言武誓。而別立名者。以武誓非一。故史推義作名泰誓。見大會也。牧誓舉戰地。時史意也。顧氏以爲泰者。大之極也。猶如天子諸侯之子曰太子。天子之卿曰太宰。此會中之大。故稱泰誓也。

惟十有三年春。大會于孟津。傳三分二諸侯及諸戎狄。此周之孟春。○惟十有三年春。或作十有一年。後人妄看序文。輒改之。疏惟十至孟津○正義曰。此三篇。俱是孟津之上大告諸國之君。而發首異者。此見大會誓衆。故言大會于孟津。中篇徇師而誓。故言以師畢會。下篇王更徇師。故言大巡六師。皆史官觀事而爲作端緒耳。○傳三分至孟春○正義曰。論語稱。三分天下有其二。中篇言羣后以師畢會。則周之所有諸國皆集。牧誓所呼有庸蜀羌髳微盧彭濮人。知此大會。謂三分有二之諸侯。及諸戎狄皆會也。序言一月。知此春是周之孟春。謂建子之月也。知者。案三統厤以殷之十二月。武王發師。至二月甲子。咸劉商王紂。彼十二月。即周之正月。建子之月也。
王曰。嗟我友邦冢君。越我御事庶士。明聽誓。傳冢。
大。御。治也。友。諸侯親之稱。大君。尊之。下及我治事衆
士。大小無不皆明聽誓。疏傳冢大至聽誓○正義曰。冢。大。釋詁文。侍御是治理
之事。故通訓御爲治也。同志爲友。天子友諸侯。親之
也。牧誓傳曰。言志同滅紂。今揔呼國君皆爲大君。尊
之也。下及治事衆士。謂國君以外。卿大夫及士諸掌
事者。大小無不皆明聽誓。自士以上皆揔戒之也。
惟天地萬物父母。惟人萬物之靈。傳生之謂父母。靈。
神也。天地所生。惟人爲貴。疏傳生之至爲貴○正義曰。萬物皆天地生之。故
謂天地爲父母也。老子云。神得一以靈。靈神是一。故
靈爲神也。禮運云。人者天地之心。五行之端也。食味
別聲被色而生者也。言人能兼此氣性。餘物則不能
然。故孝經云。天地之性人爲貴。此經之意。天地是萬

物之父母。言天地之意。欲養萬物也。人是萬物之最靈。言其尤宜長養也。紂違天地之心。而殘害人物。故言此以數之。與下句爲首引也。

亶聰明作元后。元后作民父母。

傳人誠聰明。則爲大君而爲衆民父母。○亶丁但反。

今商王受。弗敬上天降災下民。沈湎冒色敢行暴虐。

傳沈湎嗜酒。冒亂女色。敢行酷暴虐殺無辜。○酒面善反。冒莫報反。注下同。嗜市志反。切韻常利反。酷。苦毒反。

疏傳沈湎至無辜。○正義曰。人被酒困。若沈於水。酒變其色。湎然齊同。故沈湎爲嗜酒之狀。冒訓貪也。亂女色。荒也。酷。解經之暴。殺。解經之虐。皆果敢爲之。案説文云。酷。酒厚味也。酒味之厚。必嚴烈。人之暴虐與酒嚴烈同。故謂之酷。

罪人以族。官人以世。

傳一人有罪。刑及父母兄弟妻子。言淫濫。官人不以賢才。而以父兄。所以政亂。疏傳一人至政亂○正義曰。秦政酷虐。有三族之刑。謂非止犯者之身。乃更上及其父。下及其子。經言罪人以族。故以三族解之。父母前世也。兄弟及妻當世也。子孫後世也。一人有罪。刑及三族。言淫濫也。古者臣有大功。乃得繼世在位。而紂之官人。不以賢才而以父兄。已濫受寵。子弟頑愚。亦用。不堪其職。所以政亂。官人以世。惟當用其子耳。而傳兼言兄者。以紂爲惡。或當因兄用弟。故以兄協句耳。

惟宮室臺榭陂池侈服。以殘害于爾萬姓。傳土高曰臺。有木曰榭。澤障曰陂。停水曰池。侈。謂服飾過制。言匱民財力爲奢麗。○榭。爾雅云。有木曰榭。本又作謝。陂。彼皮反。障。之亮反。匱。其媿反。疏傳土高至奢麗○正義曰。釋宮云。宮謂之室。室謂之宮。李巡曰。所以古今通語。明實同而兩名。此傳不解宮室。義當然也。釋宮又云。闍謂之臺。有木者謂之榭。李巡曰。臺。積土爲之所以觀望也臺上有屋謂之榭又云無室曰榭四方而高曰臺孫炎曰榭但有堂也郭璞曰榭卽今之堂堭也然則榭是臺上之屋歇前無室今之廳是也詩云彼澤之陂毛傳云陂澤障也障澤之水使不流溢謂之陂停水不流謂之池侈亦奢也謂衣服采飾過於制度言匱竭民之財力爲奢麗也顧氏亦云華侈服飾二劉以爲宮室之上而加侈服據孔傳云服飾過制卽謂人之服飾二劉之說非也殷本紀云紂厚賦稅以實鹿臺之錢而盈鉅橋之粟益收狗馬奇物充牣宮室益廣沙丘苑臺多聚野獸飛鳥置其中大聚樂戲於沙丘以酒爲池懸肉爲林使男女倮相逐其間說紂奢侈之事書傳多矣

焚炙忠良刳剔孕婦（傳）忠良無罪焚炙之懷子之婦刳剔視之言暴虐○刳口胡反剔他歷反孕以證反徐養證反

［疏］（傳）忠良至暴虐○正義曰焚炙俱燒也刳剔謂割剝也說文云刳刲也今人去肉至骨謂之剔去是則亦刲之義也武王以此數紂之惡

必有忠良被炙。孕婦被刳。不知其姓名爲誰也。殷本紀云。紂爲長夜之飲。時諸侯或叛。妲已以爲罰輕。紂欲重刑。乃爲熨斗。以火燒之。然使人舉輒爛其手。不能勝。紂怒。乃更爲銅柱。以膏塗之。亦加於炭火之上。使有罪者緣之。足滑跌墜入中。紂與妲已以爲大樂。名曰炮烙之刑。是紂焚炙之事也。後文王獻洛西之地。赤壤之田方千里。請紂除炮烙之刑。紂許之。皇甫謐作帝王世紀亦云然。謐又云。紂剖比干妻以視其胎。卽引此爲刳剔孕婦也。

皇天震怒。命我文考肅將天威。大勳未集。傳 言天怒紂之惡。命文王敬行天罰。功業未成而崩。

肆予小子發。以爾友邦冢君觀政于商。傳 父業未就之故。故我與諸侯觀紂政之善惡。謂十一年自孟津還時。

惟受罔有悛心。乃夷居弗事上帝神祇。遺厥

先宗廟弗祀。【傳】悛。改也。言紂縱惡無改心。平居無故廢天地百神宗廟之祀。慢之甚。○悛，七全反。【疏】【傳】悛改至之甚○正義曰。左傳稱長惡不悛。悛是退前創改之義。故爲改也。觀政于商。紂當恐怖。言紂縱惡無改悔之心。平居無故不事神祇。是紂之大惡。上帝舉其尊者。謂諸神悉皆不事。故傳言百神以該之。不事亦是不祀。别言遺厥先宗廟弗祀。遺棄祖父。言其慢之甚也。

犧牲粢盛既于凶盜。【傳】凶人盡盜食之而紂不罪。○粢音咨。黍稷曰粢。盛音成。在器曰盛。

乃曰吾有民有命罔懲其侮。【傳】紂言吾所以有兆民有天命。故羣臣畏罪不爭。無能止其慢心。○懲直承反。爭爭鬭之爭。

天佑下民作之君作之師。【傳】言天佑助下民。爲立君以政之。

爲立師以教之。○爲，于僞反。惟其克相上帝，寵綏四方。傳當能助天寵安天下。○相，息亮反。有罪無罪，予曷敢有越厥志。傳越，遠也。言已志欲爲民除惡，是與否不敢遠其志。○否，方有反。疏天佑至厥志○正義曰：已上數紂之罪，此言伐紂之意。上天佑助下民，不欲使之遭害，故命我爲之君上，使臨政之；爲之師保，使教誨之。爲人君爲人師者，天意如此，不可違天。我今惟其當能佑助上天，寵安四方之民，使民免於患難。今紂暴虐，無君師之道，故今我往伐之。不知伐罪之事，爲有罪也，爲無罪也，不問有罪無罪，志在必伐。我何敢有遠其本志而不伐之。○傳言天至教之○正義曰：衆民不能自治，立君以治之。立君治民，乃是天意。言天佑助下民，爲立君也。治民之謂君，教民之謂師。君既治之，師又教之，故言作之君，作之師。師謂君與民爲師，非謂别置師也。○傳當能至天下○正義曰。天愛下民爲立君立師者。當能佑助天意。寵安天下。不奪民之財力。不妄非理刑殺。是助天寵愛民也。○傳越遠至其志。○正義曰。越者。踰越超遠之義。故爲遠也。武王伐紂。内實爲民除害。外則以臣伐君。故疑其有罪與無罪。言已志欲爲民除害。無問是之與否。不敢遠其志。言已本志欲伐。何敢遠本志捨而不伐也。

同力度德。同德度義。

傳力鈞則有德者勝。德鈞則秉義者强。揆度優劣。勝負可見。○度。徒洛反。下注同。疏傳力鈞至可見。○正義曰。德者。得也。自得於心。義者。宜也。動合事宜。但德在於身。故言有德。義施於行。故言秉執。武王志在養民。動爲除害。有君人之明德。執利民之大義。與紂無者爲敵。雖未交兵。揆度優劣。勝負可見。示以必勝之道。令士衆勉力而戰也。

受有臣億萬。惟億萬心。

傳人執異心不和諧。○億。十萬曰億。

予有臣三千。惟一心。

傳三千一心。

言同欲。商罪貫盈。天命誅之。予弗順天。厥罪惟鈞。傳紂之爲惡。一以貫之。惡貫已滿。天畢其命。今不誅紂。則爲逆天。與紂同罪。○貫。古亂反。疏傳紂之至同罪○正義曰。紂之爲惡。如物在縄索之貫。一以貫之。其惡貫已滿矣。物極則反。天下欲畢其命。故上天命我誅之。今我不誅紂。則是逆天之命。無恤民之心。是我與紂同罪矣。猶如律故縱者與同罪也。予小子夙夜祗懼。受命文考。類于上帝。宜于冢土。以爾有衆。厎天之罰。傳祭社曰宜。冢土。社也。言我畏天之威。告文王廟。以事類告天。祭社。用汝衆致天罰於紂。○類。師祭名。冢。中勇反。厎。之履反。疏傳祭社至於紂○正義曰。釋天引詩云。乃立冢土。戎醜攸行。即云起大事。動大衆。必先有事乎社而後出。謂之宜。孫炎曰。宜。求見福祐也。是祭社曰宜。冢。訓大也。社是土神。故冢土。社也。毛詩傳云。冢土。大社也。受命文考。是告廟以行。故爲告文王廟也。王制云。天子將出。類乎上帝。宜乎社。造乎禰。此受命文考。卽是造乎禰也。王制以神尊卑爲次。故先言帝社。後言禰。此以廟是已親。若言家內私義。然後告天。故先言受命文考。而後言類于上帝。舜典類于上帝。傳云告天及五帝。此以事類告天。亦當如彼也。罰紂是天之意。故用汝衆致天罰於紂也。

天矜于民。民之所欲。天必從之。（傳）矜。憐也。言天除惡樹善與民同。○從。才容反。

爾尚弼予一人。永清四海。（傳）穢惡除。則四海長清。

時哉弗可失。（傳）言今我伐紂。正是天人合同之時。不可違失。

泰誓中第二

周書

惟戊午王次于河朔。傳次。止也。戊午渡河而誓。既誓而止於河之北。疏傳次止至之北○正義曰。次。是止舍之名。穀梁傳亦云。次。止也。序云。一月戊午師渡孟津。則師以戊午日渡也。此戊午日次于河朔。則是師渡之日次止也。上篇是渡河而誓。未及止舍而先誓之。此次于河朔者。是既誓而止於河之北也。莊三年左傳例云。凡師一宿爲舍。再宿爲信。過信爲次。此次直取止舍之義。非春秋三日之例也。何則。商郊去河四百餘里。戊午渡河。甲子殺紂。相去纔六日耳。是今日次訖又誓。明日誓訖即行。不容三日止于河旁也。

羣后以師畢會。傳諸侯盡會次也。

王乃徇師而誓曰。嗚呼西土有衆。咸聽朕言。傳徇。循也。武王在西。故稱西土。○徇。似俊反。字詁云徇。巡也。疏傳徇循至西土○正義曰：說文云：徇，疾也。循，行也。徇是疾行之意，故以徇爲循也。下篇大巡六師，義亦然也。此誓揔戒衆軍。武王國在西偏，此師皆從西而來，故稱西土。

我聞吉人爲善，惟日不足；凶人爲不善，亦惟日不足。傳言吉人竭日以爲善，凶人亦竭日以行惡。○竭，巨列反，又苦蓋反。

今商王受力行無度，傳行無法度，竭日不足，故曰力行。

播棄犂老，昵比罪人。傳鮐背之耇稱犂老。布棄不禮敬，昵近罪人，謂天下逋逃之小人。○犂，力私反，又力兮反。昵，女乙反。比，毗志反。鮐，他來反，又音怡，魚名。逋，布吳反。疏傳鮐背至小人○正義曰：釋詁云：鮐背、耇，老壽也。舍人曰：鮐背，老人氣衰，皮膚消瘠，背若鮐魚也。孫炎曰：耇，面凍犂色似浮垢也。然則老人背皮似鮐，面色似犂，故鮐背之耇稱犂老。傳以播爲布。布者。徧也。言徧棄之。不禮敬也。昵。近。釋詁文。孫炎曰。昵。親近也。牧誓數紂之罪云。四方之多罪逋逃。是崇是長。是信是使。知紂所親近罪人。謂天下逋逃之小人也。

淫酗肆虐臣下化之。傳 過酗縱虐。以酒成惡。臣下化之。言罪同。○酗許具反。

疏 傳過酗至罪同。○正義曰。酗是酒怒。淫酗共文。則淫非女色。故以淫爲過。言飲酒過多也。肆是放縱之意。酒過則酗。縱情爲虐。以酒成此暴虐之惡。臣下化而爲之。由紂惡而臣亦惡。言君臣之罪同也。

朋家作仇。脅權相滅。無辜籲天。穢德彰聞。傳 臣下朋黨。自爲仇怨。脅上權命。以相誅滅。籲。呼也。民皆呼天告冤無辜。紂之穢德彰聞天地。言罪惡深。○脅虛業反。籲音喻。穢於廢反。

疏 朋家至彰聞。○正義曰。小人好忿。天性之常。化紂淫酗。怨怒無已。臣下朋黨。共爲一家。與前人並作仇敵。脅上權命。以相滅亡。無罪之人。怨嗟呼天。紂之穢惡之德。彰聞天地。言其罪惡深也。○傳臣下至罪惡深○正義曰。脅上。謂紂既昏迷。朝無綱紀。姦宄之臣。脅於在下。假用在上之權命。脅之更相誅滅也。

惟天惠民。惟辟奉天。傳 言君天下者。當奉天以愛民。○辟。必亦反。

有夏桀弗克若天流毒下國。傳 桀不能順天。流毒虐於下國萬民。言凶害。

天乃佑命成湯降黜夏命。傳 言天助湯命。使下退桀命。

惟受罪浮于桀。傳 浮。過。疏 傳浮過○正義曰。物在水上謂之浮。浮者高之意。故爲過也。桀罪已大。紂又過之。言紂惡之甚。故下句說其過桀之狀。案夏本紀及帝王世紀云。諸侯叛桀。關龍逢引皇圖而諫。桀殺之。伊尹諫桀。桀曰。天之有日。如吾之有民。日亡吾乃亡。桀殺龍逢。無剖心之事。又桀惟比之於日。紂乃詐命於天。

又紂有炮烙之刑。又有剖胎斮脛之事。而桀皆無之。是紂罪過於桀也。剝喪元良。賊虐諫輔。傳剝，傷害也。賊，殺也。元，善之長。良，善。以諫輔紂。紂反殺之。○喪，息浪反。長，竹丈反。疏傳剝傷至殺之。○正義曰。説文云。剝，裂也。一曰剝，割也。裂與割俱是傷害之義也。殺人謂之賊。故賊爲殺也。元者善之長。易文言文。良之爲善。書傳通訓也。元良俱善而雙舉之者。言其剝喪善中之善。爲害大也。以諫輔紂。紂反殺之。即比干是也。上篇言焚炙忠良。與此經相類。而復言此者。以殺善人爲惡之大。故重陳之也。謂已有天命。謂敬不足行。謂祭無益。謂暴無傷。傳言紂所以罪過於桀。○已，音紀。厥監惟不遠。在彼夏王。傳其視紂罪與桀同。辜言必誅之。疏傳其視至誅之。○正義曰。紂罪過於桀。而言與桀同。辜者。罪不過死。合死之罪同。言必誅也。天其以予乂民。傳 用我治民。當除惡。朕夢協朕卜。襲于休祥。戎商必克。傳 言我夢與卜俱合於美善。以兵誅紂。必克之占。疏 傳言我至之占○正義曰。夢者事之祥。人之精爽先見者也。吉凶或有其驗。聖王採而用之。我卜伐紂得吉。夢又戰勝。禮記稱卜筮不相襲。襲者。重合之義。訓戎爲兵。夢卜俱合於美。是以兵誅紂必克之占也。聖人逆知來物。不假夢卜。言此以强軍人之意耳。史記周本紀云。武王伐紂。卜龜兆不吉。羣公皆懼。惟太公强之。太公六韜云。卜戰龜兆焦。筮又不吉。太公曰。枯骨朽著。不踰人矣。彼言不吉者。六韜之書。後人所作。史記又採用六韜。好事者妄矜太公。非實事也。受有億兆夷人。離心離德。傳 平人。凡人也。雖多而執心用德不同。疏 傳平人至不同○正義曰。昭二十四年左傳此文。服虔杜預以夷人爲夷狄之人。鄭如彼言。惟云億兆夷人。則受率其旅若林。即曾無華夏人矣。故傳訓夷爲平。平人爲凡人。言其智慮齊。識見同。人數雖多。執心用德不同。心謂謀慮。德謂用行。智識既齊。各欲申意。故心德不同也。**予有亂臣十人同心同德。**傳 我治理之臣。雖少而心德同。○十人。周公旦。召公奭。太公望。畢公。榮公。太顛。閎夭。散宜生。南宮括。及文母。治。直吏反。疏 傳我治至德同

○正義曰。釋詁云。亂。治也。故謂我治理之臣有十人也。十人皆是上智。咸識周是毁非。故人數雖少而心德同。同佐武王。欲共滅紂也。論語引此云。予有亂臣十人。而孔子論之。有一婦人焉。則十人之内。其一是婦人。故先儒鄭玄等。皆以十人爲文母。周公。太公。召公。畢公。榮公。太顛。閎夭。散宜生。南宮括也。**雖有周親不如仁人。**傳 周。至也。言紂至親雖多。不如周家之少仁人。疏 傳周至至仁人。○正義曰。詩毛傳亦以周爲至。相傳爲此訓也。武王三分天下

有其二。則紂黨不多於周。但辭有激發。旨有抑揚。欲明多惡不如少善。故言紂至親雖多。不如周家之少仁人也。**天視自我民視天聽自我民聽。**傳言天因民以視聽。民所惡者天誅之。○惡烏路反。一音如字。**百姓有過在予一人。**傳已能無惡于民。民之有過。在我教不至。疏百姓有過在予一人。○正義曰。言此者。以上云民之所惡天必誅之。已令有善。不爲民之所惡。天必佑我。令教化百姓。若不教百姓。使有罪過。實在我一人之身。此百姓。與下百姓。懍懍。皆謂天下衆民也。**今朕必往。我武惟揚。侵于之疆。**傳揚。舉也。言我舉武事侵入紂郊疆伐之。○疆居良反。**取彼凶殘。我伐用張。于湯有光。**傳桀流毒天下。湯黜其命。紂行凶殘之德。我以兵取之。伐惡之道張設。比於湯又有光明。疏今朕至有光。○正義曰。既與天下爲任。則當爲之除害。今我必往伐紂。我之武事。惟於此舉之。侵紂之疆境。取彼爲凶殘之惡者。若得取而殺之。是我伐凶惡之事用張設矣。湯惟放逐。我能擒取。是比於湯又益有光明。○傳揚舉至伐之。○正義曰。文王世子論舉賢之法云。或以事舉。或以言揚。是揚舉義同。故揚爲舉也。於時猶在河朔。將欲行適商都。言我舉武事。侵入紂之郊疆往伐之也。春秋之例。有鐘鼓曰伐。無曰侵。此實伐也。言往侵者。侵是入之意。非如春秋之例無鐘鼓也。

勗哉夫子。罔或無畏。寧執非敵。

傳勗勉也。夫子謂將士。無敢有無畏之心。寧執非敵之志伐之。則克矣。○將子匠反。下篇註同。疏勗哉至非敵。○正義曰。取得紂則功多於湯。宜勉力哉。夫子將士等。呼將士令勉力也。以兵伐人。當臨事而懼。汝將士等。無敢有無畏輕敵之

萬曆十五年刊　書疏卷十一　十四

心。寧執守似前人之强。非已能敵之志以伐之。如是乃可克矣。○傳勗勉至克矣○正義曰。勗。勉。釋詁文。呼將士而誓之。知夫子是將士也。老子云。禍莫大於輕敵。故令將士無敢有無畏之心。令其必以前敵爲可畏也。論語稱子路曰。子行三軍則誰與。孔子曰。必也臨事而懼。令軍士等不欲發意輕前人。寧執非敵之志。恐彼强多。非我能敵。執此志以伐之。則當克矣。

百姓懍懍若崩厥角。傳言民畏紂之虐。危懼不安。若崩摧其角。無所容頭。○懍力甚反。○疏傳言民至容頭○正義曰。懍懍。是怖懼之意。言民畏紂之虐。危懼不安。其志懍懍然。以畜獸爲喻。民之怖懼。若似畜獸崩摧其頭角然。無所容頭。顧氏云。常如人之欲崩其角也。言容頭無地。隱三年穀梁傳曰。高曰崩。頭角之稱崩。體之高也。

嗚呼。乃一德一心。立定厥功。惟克永世。傳汝同心立功。則能長世以安民。

泰誓下第三

周書

時厥明。王乃大巡六師。明誓衆士。傳是其戊午明日。師出以律。三申令之。重難之義。衆士。百夫長已上。○令力政反。重直用反。長竹丈反。已音以。上時掌反。

疏傳是其至已上○正義曰。上篇未次而誓。故略言大會。中篇既次乃誓。爲文稍詳。故言以師畢會。此篇最在其後。爲文益詳。故言大巡六師。巡遶周徧。大其事。故稱大也。師者。衆也。天子之行。通以六師爲言。於時諸侯盡會。其師不啻六也。師出以律。易師卦初六爻辭也。律。法也。行師以法。即誓勑賞勸是也。禮成於三。故爲三篇之誓。三度申重號令。爲重慎艱難之義也。孫子兵法。三令五申之。此誓三篇。亦爲三令之事也。牧誓王所呼者。從上而下。至百夫長而止。知此衆士。是百夫長已上也。

王曰：嗚呼！我西土君子，天有顯道，厥類惟彰。

傳 言天有明道。其義類惟明。言王所宜法則。

疏 傳言天至法則○正義曰：孝經云：則天之明。昭二十五年左傳云：以象天明。是治民之事，皆法天之道。天有尊卑之序。人有上下之節。三正五常，皆在於天。有其明道。此天之明道。其義類惟明。言明白可效。王者所宜法則之。將言商王不法天道。故先標二句於前。其下乃述商王違天之事。言其罪宜誅也。

今商王受狎侮五常，荒怠弗敬。

傳 輕狎五常之教。侮慢不行。大爲怠惰。不敬天地神明。○惰，徒臥反。

疏 傳輕狎至神明○正義曰：鄭玄論語註云。狎，慣忽之言。慣見而忽也。意與侮同。傳因文重而分之。五常卽五典。謂父義、母慈、兄友、弟恭、子孝。五者人之常行。法天明道爲之。輕狎五常之教。侮慢而不遵行之。是違天顯也。訓荒爲大。大爲怠惰。不敬謂不敬天地神明也。上篇云不事上帝神祇。知此不敬天地神明也。禮云毋不敬。傳舉天地以言。明每事皆不敬也。

自絶于天。結怨于民。傳不敬天。自絶之。酷虐民。結怨之。

斮朝涉之脛。剖賢人之心。傳冬月見朝涉水者。謂其脛耐寒。斬而視之。比干忠諫。謂其心異於人。剖而觀之。酷虐之甚。○斮側略反。又士略反。朝陟遙反。脛戸定反。剖普口反。耐乃代反。

疏傳冬月至之甚○正義曰。釋器云。魚曰斮之。樊光云。斮。斫也。說文云。斮。斬也。斬朝涉水之脛。必有所由。知冬月見朝涉水者。謂其脛耐寒。疑其骨髓有異。斬而視之。其事或當有所出也。殷本紀云。微子既去。比干曰。爲人臣者。不得不以死爭。乃强諫。紂怒曰。吾聞聖人心有七竅。遂剖比干。觀其心。是紂謂比干心異於人。剖而觀之。言酷虐之甚。

作威殺戮。毒痡四海。傳痡。病也。言害所及遠。○痛，徐音敷，又普吳反。[疏]傳「痛病至及遠」。○正義曰：痛，病，釋詁文。紂之毒害，未必徧及夷狄，而云病四海者，言害所及者遠也。**崇信姦回，放黜師保。**傳回，邪也。姦邪之人，反尊信之；可法以安者，反放退之。○邪，似嗟反。**屛棄典刑，囚奴正士。**傳屛棄常法而不顧，箕子正諫而以爲囚奴。**郊社不修，宗廟不享，作奇技淫巧以悅婦人。**傳言紂廢至尊之敬，營卑褻惡事，作過制技巧，以恣耳目之欲。○技，其綺反。褻，息列反。[疏]「郊社」至「婦人」。○正義曰：不修，謂不掃治也。不享，謂不祭祀也。與上篇「不事上帝神祇，遺厥先宗廟不祀」，其事一也，重言之耳。奇技，謂奇異技能；淫巧，謂過度工巧。二者大同，但技據人身，巧指器物爲異耳。**上帝弗順，祝降時喪。**

傳祝斷也天惡紂逆道斷絕其命故下是喪亡之誅○喪蘇浪反斷丁管反惡烏路反疏傳祝斷○正義曰哀十四年公羊傳云子路死子曰天祝予何休云祝斷也是相傳訓也

爾其孜孜奉予一人恭行天罰傳孜孜勸勉不怠○孜音茲

古人有言曰撫我則后虐我則讎傳武王述古言以明義言非惟今惡紂

獨夫受洪惟作威乃汝世讎傳言獨夫失君道也大作威殺無辜乃是汝累世之讎明不可不誅

樹德務滋除惡務本傳立德務滋長去惡務除本言紂為天下惡本

肆予小子誕以爾眾士殄殲乃讎傳言欲行除惡之義絕盡

紂。○殄，徒典反。殲，子廉反。**爾衆士其尚迪果毅以登乃辟。**傳迪，進也。殺敵爲果，致果爲毅。登，成也。成汝君之功。○毅，牛既反。疏傳「迪進至之功」。○正義曰：迪，進；登，成：皆釋詁文。殺敵爲果，致果爲毅，宣二年左傳文。果謂果敢，毅謂强決。能殺敵人謂之爲果，言能果敢以除賊。致此果敢，是名爲毅，言能强決以立功。皆言其心不猶豫也。軍法以殺敵爲上，故勸令果毅成功也。**功多有厚賞，不迪有顯戮。**傳賞以勸之，戮以威之。**嗚呼！惟我文考若日月之照臨，光于四方，顯于西土。**傳稱父以感衆也。言其明德充塞四方，明著岐周。**惟我有周誕受多方。**傳言文王德大，故受衆方之國，三分天下而有其二。**予克受，非予**

武惟朕文考無罪。傳推功於父。言文王無罪於天下。故天佑之。人盡其用。受克予非朕文考有罪惟予小子無良。傳若紂克我。非我父罪。我之無善之致。疏若紂至之致○正義曰。言克受乃是文王之功。若受克予。非是文王之罪。而言非我父罪。我之無善之致者。其意言勝非我功。敗非父咎。崇孝罪己。以求衆心耳。

牧誓第四

周書

武王戎車三百兩。傳兵車。百夫長所載。車稱兩。一車。步卒七十二人。凡二萬一千人。舉全數。○車。音居。釋名云。古者聲如居所以居人也。今曰車。聲近舍車舍也。韋昭辯釋名云。古皆尺遮反。從漢始有音居。長竹丈反。卒子忽反。

虎賁三百人。傳 勇士稱也。若虎賁獸。言其猛也。皆百夫長。○賁音奔。稱尺證反。**與受戰于牧野作牧誓。**

牧誓傳 至牧地而誓衆。○牧。如字。徐一音茂。說文作坶云地名在朝歌南七十里。字林音母。疏 武王至牧誓○正義曰。武王以兵戎之車三百兩。虎賁之士三百人。與受戰於商郊牧地之野。將戰之時。王設言以誓衆。史敘其事。作牧誓。○傳 兵車至全數。○正義曰。孔以虎賁三百人。與戎車數同。王於誓時所呼有百夫長。因謂虎賁卽是百夫之長。一人而乘一車。故云兵車。百夫長所載也。數車之法。一車謂之一兩。詩云百兩迓之。是車稱兩也。風俗通說車有兩輪。故稱爲兩。猶屨有兩隻。亦稱爲兩。詩云葛屨五兩。卽其類也。一車步卒七十二人。

司馬法文也。車有七十二人。三百乘凡二萬一千人。計車有七十二人。三百乘當有二萬一千六百人。孔略六百而不言。故云舉全數。顧氏亦同此解。孔既用司馬法一車七十二人。又云兵車。百夫長所載。又下傳以百夫長爲卒帥。是實領百人。非惟七十二人。依周禮大司馬法。天子六軍。出自六鄉。凡起徒役。無過家一人。故一鄉出一軍。鄉爲正。遂爲副。若鄉遂不足。則徵兵于邦國。則司馬法六十四井爲甸。計有五百七十六夫。共出長轂一乘。甲士三人。步卒七十二人。至於臨敵對戰布陳之時。則依六鄉軍法。五人爲伍。五伍爲兩。四兩爲卒。五卒爲旅。五旅爲師。五師爲軍。故左傳云。先偏後伍。又云。廣有一卒。卒偏之兩。非直人數如此。車數亦然。故周禮云。乃會車之卒伍。鄭云。車亦有卒伍。左傳戰于繻葛。杜註云。車二十五乘爲偏。是車亦爲卒伍之數也。則一車七十二人者。自計元科兵之數。科兵既至。臨時配割。其車雖在。其人分散。前配車之人。臨戰不得還屬本車。當更以虎賁甲士配車而戰。孔舉七十二人元科兵數者。欲摠明三百兩人之大數。云兵車百夫長所載者。欲見臨敵實一車有百人。既虎賁與車數相當。又經稱百夫長。故孔爲此說。○傳勇士至夫長○正義曰。周禮虎賁氏之官。其屬有虎士八百人。是虎賁爲勇士稱也。若虎之賁走逐獸。言其猛也。此虎賁必是軍内驍勇選而爲之。當時謂之虎賁。樂記云。虎賁之士說劒。謂此也。孔意虎賁即是經之百夫長。故云皆百夫長也。

時甲子昧爽。傳是克紂之月甲子之日。二月四日。昧。冥。爽。明。早旦。○昧。音妹。爽。明也。昧爽。謂早旦也。馬云昧。未旦也。

疏傳是克至早旦○正義曰。春秋主書動事。編次爲文。於法日月時年皆具。其有不具。史闕耳。尚書惟記言語。直指設言之日。上篇戊午次于河朔。洛誥戊辰王在新邑。與此甲子。皆言有日無月。史意不爲編次。故不具也。是克紂之月甲子之日。是周之二月四日。以曆推而知之也。釋言云。晦。
冥也。昧亦晦義。故爲冥也。冥是夜。爽是明。夜而未明。
謂早旦之時。蓋鷄鳴後也。爲
下朝至發端。朝即昧爽時也。王朝至于商郊牧野。乃
誓。傳 紂近郊三十里地名牧。癸亥夜陳。甲子朝誓。將
與紂戰。○陳。直
刃反。疏 傳紂近至紂戰。○正義曰。傳言在
紂近郊三十里。或當有所據也。皇
甫謐云。在朝歌南七十里。不知出何書也。言至于商
郊牧野。知牧是郊上之地。戰在平野。故言野耳。詩云
于牧之野。禮記大傳云。牧之野。武王之大事。繼牧言
野。明是牧地。而鄭玄云。郊外曰野。將戰于郊。故至牧
野而誓。案經至于商郊牧野乃誓。豈王行已至於郊。
乃復倒退適野。誓訖而更進兵乎。何不然之甚也。武
成云。癸亥夜陳。未畢而雨。是癸亥夜已布
陳。故甲子朝而誓衆。將與紂戰。故戒勑之。王左杖黃
鉞。右秉白旄以麾。曰。逖矣。西土之人。傳 鉞以黃金飾

斧。左手杖鉞。示無事於誅。右手把旄。示有事於敎。逖。
遠也。遠矣西土之人。勞苦之。○杖。徐直亮反。鉞。音越。本又作戉。旄。音毛。馬云
白旄。旄牛尾。麾。許危反。逖。他歷反。疏 傳鉞以至苦之。○正義曰。太公六韜云。大柯斧重八斤。一名天
鉞。廣雅云。鉞。斧也。斧稱黃鉞。故知以黃金飾斧也。鉞
以殺戮。殺戮用右手。用左手杖鉞。示無事於誅。右手
把旄。示有事於敎。其意言惟敎軍人。不誅殺也。把
旄何以白。白旄用白者。取其易見也。逖。遠。釋詁文。王
曰。嗟我友邦冢君。傳 同志爲友。言志同滅紂。御事司
徒司馬司空。傳 治事三卿。司徒主民。司馬主兵。司空
主土。指誓戰者。疏 傳治事至戰者。○正義曰。孔以於時已稱王而有六師。亦應已置六
卿。令呼治事惟三卿者。司徒主民。治徒庶之政令。司
馬主兵。治軍旅之誓戒。司空主土。治壘壁以營軍。是

指誓戰者。故不及大宰大宗司寇也。其時六卿具否。不可得知。但據此三卿爲說耳。此御事之文。指三卿而說。是不通於亞旅已下。

亞旅師氏（傳）亞。次。旅。衆也。衆大夫其位次卿。師氏。大夫官以兵守門者。［疏］（傳）亞次至門者○正義曰。亞。次。釋言文。旅。衆。釋詁文。此及左傳皆卿下言亞旅。知是大夫。其位次卿而數衆。故以亞次名之。謂諸是四命之大夫在軍有職事者也。師氏亦大夫。其官掌以兵守門。所掌尤重。故别言之。周禮。師氏中大夫。使其屬帥四夷之隸。各以其兵服守王之門外。朝在野外。則守内列。鄭玄云。内列。蕃營之在内者也。守之如守王宫。

千夫長百夫長。（傳）師帥。卒帥。○帥。色類反。下同。［疏］（傳）師帥卒帥○正義曰。周禮二千五百人爲師。師帥皆中大夫。百人爲卒。卒長皆上士。孔以師雖二千五百人。舉全數亦得爲千夫長。長與帥其義同。是千夫長亦可以稱師。故以千夫長爲師帥。百夫長爲卒帥。王肅云。師長卒長意與孔同。順經文而稱長耳。鄭玄以爲師帥旅帥也。與孔不同。**及庸。蜀。羌。髳。微。盧。彭。濮人。**傳八國。皆蠻夷戎狄屬文王者國名。羌在西蜀叟。髳微在巴蜀。盧彭在西北。庸濮在江漢之南。疏傳八國至之南。○正義曰。九州之外。四夷大名。則東夷西戎南蠻北狄。其在當方。或南有戎而西有夷。此八國並非華夏。故大判言之。皆蠻夷戎狄屬文王者國名也。此八國皆西南夷也。文王國在於西。故西南夷先屬焉。大劉以蜀是蜀郡。顯然可知。孔不説。又退庸就濮解之。故以次先解羌。云羌在西蜀叟者。漢世西南之夷。蜀名爲大。故傳據蜀而説。左思蜀都賦云三蜀之豪。時來時往。是蜀都分爲三。羌在其西。故云西蜀叟。叟者。蜀夷之别名。故後漢書興平元年。馬騰劉範謀誅李傕。益州牧劉焉遣叟兵五千人助之。是蜀夷有名叟者也。髳微在巴蜀者。巴在蜀之東偏。漢之巴郡所治江州縣也。盧彭在西北者。在東蜀之西北也。

文十六年左傳稱庸與百濮伐楚。楚遂滅庸。是庸濮在江漢之南。**稱爾戈。比爾干。立爾矛。予其誓。**傳稱舉也。戈戟。干楯也。○比。徐扶志毗志二反。楯食準反。又音允。疏傳稱舉至干楯○正義曰。稱舉。釋言文。方言云。戟。楚謂之干。吳揚之間謂之戈。是戈即戟也。考工記云。戈柲六尺有六寸。車戟常。鄭云。八尺曰尋。倍尋曰常。然則戈戟長短異名。而云戈者即戟。戈戟長短雖異。其形制則同。此云舉戈。宜舉其長者。故以戈爲戟也。方言又云。楯。自關而東或謂之楯。或謂之干。關西謂之楯。是干楯爲一也。戈短人執以舉之。故言稱。楯則並以扞敵。故言比。矛長立之於地。故言立也。**王曰。古人有言曰。牝雞無晨。**傳言無晨鳴之道。○牝頻引反。徐扶忍反。**牝雞之晨。惟家之索。**傳索。盡也。喻婦人知外事。雌代雄鳴則家盡。婦奪夫政則國亡。○索。西各反。疏

萬曆十五年刊

傳索盡至國亡○正義曰禮記檀弓曰吾離羣而索居則索居爲散義鄭玄云索散也物散則盡故索爲盡也牝雞雌也爾雅飛曰雌雄走曰牝牡而此言牝雞者毛詩左傳稱雄狐是亦飛走通也此以牝雞之鳴喻婦人知外事故重申喻意云雌代雄鳴則家盡婦奪夫政則國亡家揔貴賤爲文言家以對國耳將陳紂用婦言故舉此古人之語紂直用婦言耳非能奪其政舉此言者專用其言賞罰由婦即是奪其政矣婦人不當知政是別外内之分若使賢如文母可以興助國家則非牝雞之喻矣

今商王受惟婦言是用傳妲己惑紂紂信用之○妲丹達反已音紀紂妻也

疏傳妲己至用之○正義曰晉語云殷辛伐有蘇氏蘇氏以妲己女焉妲己有寵而亡殷殷本紀云紂嬖于婦人愛妲己惟妲己之言是從列女傳云紂好酒淫樂不離妲己妲己所與言者貴之妲己所憎者誅之爲長夜飲妲己好之百姓怨望而諸侯有叛者妲己曰罰輕誅薄威不立耳紂乃重刑辟爲炮烙之

法。妲己乃笑。武王伐紂。斬妲己頭。懸之於小白旗上。以爲亡紂者此女也。昬棄厥肆祀弗答(傳)昬亂。肆。陳。答。當也。亂棄其所陳祭祀。不復當享鬼神。○復。扶又反[疏](傳)昬亂至鬼神○正義曰。昬闇者於事必亂。故昬爲亂也。詩云。肆筵設席。肆者。陳設之意。毛傳亦以肆爲陳也。對答相當之事。故答爲當也。紂身昬亂。棄其宜所陳設祭祀。不復當享鬼神。與上郊社不修。宗廟不享。亦一也。不事神祇。惡之大者。故泰誓及此三言之。昬棄厥遺王父母弟不迪。(傳)王父。祖之昆弟。母弟。同母弟。言棄其骨肉。不接之以道。[疏](傳)王父至以道○正義曰。釋親云。父之考爲王父。則王父是祖也。紂無親祖可棄。故爲祖之昆弟。棄其祖之昆弟。則父之昆弟亦棄之矣。春秋之例。母弟稱弟。凡春秋稱弟。皆是母弟也。母弟。謂同母之弟。同母尚棄。別生者必棄矣。舉尊親以見卑疏也。遺。亦棄也。言紂之昏亂。棄其所遺骨肉之親。不接之以道。經先言棄祀棄親者。鄭玄云。誓首言此者。神怒民怨。紂所以亡也。

乃惟四方之多罪逋逃。是崇是長。傳 言紂棄其賢臣而尊長逃亡罪人信用之。是信是使。是以爲大夫卿士。傳 士。事也。用爲卿大夫典政事。俾暴虐于百姓。以姦宄于商邑。傳 使四方罪人暴虐姦宄於都邑。○俾。必爾反。使也。

疏 傳使四至都邑。○正義曰。暴虐謂殺害。殺害加於人。故言於百姓。姦宄謂劫奪。劫奪有處。故言於商邑。百姓亦是商邑之人。故傳揔言於都邑也。

今予發惟恭行天之罰。今日之事。不愆于六步七步。乃止齊焉。傳 今日戰事就敵。不過六步七步。乃止相齊。言當旅進一心。

疏 傳今

曰至一心○正義曰：戰法布陳，然後相向，故設其就敵之限，不過六步七步，乃止相齊焉，欲其相得力也。樂記稱「進旅退旅」，是旅爲衆也。言當衆進一心也。

夫子勗哉！不愆于四伐五伐六伐七伐，乃止齊焉。（傳）夫子謂將士，勉勵之。伐謂擊刺。小則四五，多則六七，以爲例。○勗，許六反。刺，七亦反。

疏（傳）夫子至爲例○正義曰：此及下文三云「夫子」，此「勗哉」在下，下「勗哉」在上。此先呼其人，然後勉之。此既言然，下先令勉勵，乃呼其人，各與下句爲目也。上有戈矛，戈謂擊兵，矛謂刺兵，故云「伐謂擊刺」。此伐猶伐樹然也。

勗哉夫子！尚桓桓。（傳）桓桓，武貌。

疏（傳）桓桓武貌○正義曰：釋訓云：「桓桓，威也。」詩序云：「桓，武志也。」

如虎如貔，如熊如羆，于商郊。（傳）貔，執夷，虎屬也。四獸皆猛健，欲使士衆法之，奮擊於牧野。○貔彼皮反。爾雅云。羆如熊。黃白文。疏傳貔執夷○正義曰。釋獸云。貔白狐。其子㲉。舍人曰。貔名白狐。其子名㲉。郭璞曰。一名執夷。虎豹屬。

弗迓克奔以役西土。傳商衆能奔來降者不迎擊之。如此則所以役我西土之義。○迓。五嫁反。馬作禦。禁也。役。馬云為也。為。于僞反。疏傳商衆至之義○正義曰。迓訓迎也。不迎擊商衆能奔來降者。兵法不誅降也。役。謂使用也。如此不殺降人。則所以使用我西土之義。用義於彼。令彼知我有義也。王肅讀禦為禦。言不禦能奔走者。如殷民欲奔走來降者無逆之。奔走去者可不禦止。役。為也。盡力以為我西土。與孔不同。

勗哉夫子。爾所弗勗。其于爾躬有戮。傳臨敵所安汝不勉。則於汝身有戮矣。

武成第五

周書

武王伐殷往伐歸獸。傳往誅紂克定偃武修文歸馬牛於華山桃林之牧地。○獸徐始售反。本或作嘼許救反。

識其政事。傳記識殷家政教善事以爲法。

作武成。傳武功成文事修。

疏武王至武成○正義曰武王之伐殷也往則陳兵伐紂歸放牛馬爲獸記識殷家美政善事而行用之史敘其事作武成○傳往誅至牧地○正義曰此序於經于征伐商是往伐也歸馬放牛是歸獸也故傳引經以解之爾雅有釋獸釋畜畜獸形相類也在野自生爲獸人家養之爲畜歸馬放牛不復乘用使之自生自死若野獸然故謂之獸獸以野澤爲家故言歸也○傳記識至爲法○正義曰紂以昏亂而滅前世政有善者故訪問殷家政教記識善事以爲治國之法經云列爵惟五分土惟三是也

武成傳文王受命。有此武功。成於克商。疏武成○正義曰。此篇敘事多而王言少。惟辭又首尾不結。體裁異於餘篇。自惟一月至受命于周。史敘伐殷往反。及諸侯大集。爲王言發端也。自王若曰至大統未集。述祖父已來開建王業之事也。自予小子至名山大川。言已承父祖之意。告神陳紂之罪也。自曰惟有道至無作神羞。王自陳告神之辭也。既戊午已下。又是史敘往伐殺紂入殷都布政之事。無作神羞以下。惟告神。其辭不結。文義不成。非述作之體。案左傳荀偃禱河云。無作神羞。其官臣偃。無敢復濟。惟爾有神裁之。蒯聵禱祖云。無作三祖羞。大命不敢請。佩玉不敢愛。彼二者於神羞之下。皆更申己意。此經無作神羞下更無語。直是與神之言。猶尚未訖。且冢君百工初受周命。王當有以戒之。如湯誥之類。宜應說其除害與民更始。創以爲惡之禍。勸以行道之福。不得大聚百官。惟誦禱辭而已。欲征則殷勤誓衆。既克則空話禱神。聖人有作。理必不爾。竊謂神羞之下。更合有言。簡編斷絶。經失其本。所以辭不次耳。或初藏之日。已失其本。或壞壁得之。始有脫漏。故孔稱五十八篇以外。錯亂磨滅。不可復知。明是見在諸篇。亦容脫錯。但孔此篇首尾具足。既取其文爲之作傳。恥云有所失落。不復言其事耳。○傳文王至克商。○正義曰。文王受命。有此武功。詩之文也。彼言武功。謂始伐崇耳。殷紂尚在。其功未成。成功在於克商。今武始成矣。故以武成名篇。以泰誓繼文王之年。故本之於文王。鄭云著武道至此而成。

惟一月壬辰旁死魄。傳 此本說始伐紂時。一月周之正月。旁近也。月二日死魄。○旁。步光反。魄。普白反。說文作霸。四革反。云月始生魄然貌。近。附近之近。

越翼日癸巳。王朝步自周。于征伐商。傳 翼。明。

步。行也。武王以正月三日行自周，往征伐商。二十八日渡孟津。

厥四月哉生明，王來自商，至于豐。

傳　其四月哉。始也。始生明，月三日。與死魄互言。○哉，徐音載。豐，芳弓反。文王所都也。

乃偃武修文。

傳　倒載干戈，包以虎皮，示不用。行禮射，設庠序，修文教。

歸馬于華山之陽，放牛于桃林之野，示天下弗服。

傳　山南曰陽。桃林在華山東。皆非長養牛馬之地，欲使自生自死，示天下不復乘用。○華，胡化、胡瓜二反。華山在弘農。長，竹丈反。復，扶又反。

丁未，祀于周廟，邦甸侯衛駿奔走，執豆籩。

傳　四月丁未，祭告后稷以下文考文

王以上七世之祖。駿。大也。邦國甸侯衛服諸侯。皆大奔走於廟執事。○駿。荀俊反。豆本又作梪。籩。音邊。上。時掌反。越三日庚戌。柴望大告武成。傳燔柴郊天。望祀山川。先祖後郊。自近始。疏惟一至武成○正義曰。此歷敘伐紂往反祀廟告天時日。說武功成之事也。一月壬辰旁死魄。謂伐紂之年周正月辛卯朔。其二日是壬辰也。翼日癸巳。王朝步自周。于征伐商。謂正月三日。發鎬京始東行也。其月二十八日戊午渡河。泰誓序云。一月戊午。師渡孟津。泰誓中篇云。惟戊午王次于河朔是也。二月辛酉朔。甲子殺紂。牧誓云。時甲子昧爽乃誓是也。其年閏二月庚寅朔。三月庚申朔。四月己丑朔。厥四月哉生明。王來自商至于豐。謂四月三日。月始生明。其日當是辛卯也。丁未祀于周廟。四月十九日也。越三日庚戌柴望。二十二日也。正月始往伐。四月告成功。史敘其事。見其功成之次也。漢書律歷志引武成篇云。惟一月壬辰旁死魄。若翼日癸巳。武王乃朝步自周。于征伐紂。越若來。二月既死魄。越五日甲子。咸劉商王紂。惟四月既旁生魄。越六日庚戌。武王燎于周廟。翼日辛亥。祀於天位。越五日乙卯。乃以庶國祀於周廟。與此經不同。彼是焚書之後。有人僞爲之。漢世謂之逸書。其後又亡其篇。鄭玄云武成。逸書。建武之際亡。謂彼僞武成也。○傳此本至死魄○正義曰。將言武成。遠本其始。此本說始伐紂時。一月。周之正月。是建子之月。殷十二月也。此月辛卯朔。朔是死魄。故月二日近死魄。魄者形也。謂月之輪郭無光之處名魄也。朔後明生而魄死。望後明死而魄生。律歷志云。死魄朔也。生魄望也。顧命云。惟四月哉生魄。傳云。始生魄。月十六日也。月十六日爲始生魄。是一日爲始死魄。二日近死魄也。顧氏解死魄與小劉同。大劉以三日爲始死魄。二日爲旁死魄。旁死魄無事而記之者。與下日爲發端。猶今之將言日。必先言朔也。○傳翼明至孟津○正義曰。翼。明。釋言文。釋宮云。堂上謂之行。堂下謂之步。彼相對爲名耳。散則可以過。故步爲行也。周去孟津千里。以正月三日行自周。二十八日渡孟津。凡二十五日。每日四十許里。時之宜也。詩云。于三十里。毛傳云。師行三十里。蓋言其大法耳。○傳其四至互言。○正義曰。其四月。此伐商之四月也。哉。始。釋詁文。顧命傳以哉生魄爲十六日。則哉生明爲月初矣。以三日月光見。故傳言始生明月三日也。此經無日。未必非二日也。生明死魄。俱是月初。上云死魄。此云生明。而魄死明生互言耳。○傳倒載至文教。○正義曰。樂記云。武王克殷。濟河而西。車甲釁而藏之府庫。倒載干戈。包之以虎皮。天下知武王之不復用兵也。散軍而郊射。左射貍首。右射騶虞。而貫革之射息也。是偃武修文之事。故傳引之。郊射。是禮射也。王制論四代學名云。虞謂之庠。夏謂之序。故言設庠序。修文教也。○傳山南至乘用。○正義曰。釋山云。山西曰夕陽。山東曰朝陽。李巡曰。山西暮乃見日。故曰夕陽。山東朝乃見日。故云朝陽。陽以見日爲名。故知山南曰陽。杜預云。桃林之塞。今弘農華陰縣潼關是也。是在華山東也。指其所往謂之歸。據我釋之則云放。放牛歸馬。互言之耳。華山之旁。尤乏水草。非長養牛馬之地。欲使自生自死。此是戰時牛馬。故放之示天下不復乘用。易繫辭云。服牛乘馬。服乘俱是用義。故以服揔牛馬。○傳四月至執事○正義曰。以四月之字。隔文已多。故言四月丁未。此以成功設祭。明其徧告羣祖。知告后稷以下。后稷則始祖。以下容毁廟也。天子七廟。故云文考文王以上七世之祖。見是周廟皆祭之。故經揔云周廟也。駿。大。釋詁文。周禮六服。侯甸男采衛要。此略舉邦國在諸侯服。故云甸侯衛。其言不次。詩須云。駿奔走在廟。故云皆大奔走於廟執事也。○越三日庚戌○正義曰。召誥云。越三日者。皆從前至今爲三日。此從丁未數之。則爲四日。蓋史官不同。立文自異。或此三當爲四。由字積與誤。

既生魄。庶邦冢君暨百工受命于周。傳魄生明死。十五日之後。諸侯與百官。受政命於周。明一統。○暨。其器反。

疏傳魄生至一統○正義曰。月以望虧。

望是月半。望在十六日爲多。通率在十六日者。四分居三。其一在十五日耳。此言既生魄。故言魄生明死。十五日之後也。丁未祀于周廟。已是此月十九日矣。此受命于周。繼生魄言之。則受命在祀廟之前。故祀廟之時。諸侯已奔走執事。豈得未受周命。已助周祭。明其受命在祀廟前矣。史官探其時日。先言告武成既訖。然後却說受命。故文在下耳。諸侯與百官。舊有未屬周者。今皆受政命於周。於此時始天下一統也。顧氏以既生魄謂庚戌已後。雖十六日始生魄。從十六日至晦。皆爲生魄。但不知庚戌之後幾日耳。

王若曰。嗚呼羣后。傳 順其祖業歎美之以告諸侯。

惟先王建邦啓土。傳 謂后稷也。尊祖故稱先王。

疏 傳謂后至先王。○正義曰。此先王文在公劉之前。知謂后稷也。后稷非王。尊其祖。故稱先王。周語云。昔我先王后稷。又曰。我先王不窋。韋昭云。王之先祖故稱王。商頌亦以契爲玄王。文武之功。起於后稷。后稷始封於邰。故言建邦啓土。**公劉克篤前烈。**傳后稷曾孫。公爵。劉名。能厚先人之業。疏傳后稷至之業。○正義曰。周本紀云。后稷卒。子不窋立。卒。子鞠陶立。卒。子公劉立。是公劉爲后稷曾孫也。本紀云。公劉之後有公非公祖之類。知公是爵。殷時未諱。故稱劉名。先公多矣。獨三人稱公。當時之意耳。本紀云。公劉復修后稷之業。百姓懷之。多徙而歸保焉。周道之興。自此之後。是能厚先人之業也。**至于大王肇基王迹。王季其勤王家。**傳大王修德以翦齊商人。始王業之肇迹。王季纘統其業。乃勤立王家。○大音太。肇音兆。王迹于況反。又如字。注王業王功同。疏傳大王至王家。○正義曰。詩云。后稷之孫。實惟大王。居岐之陽。實始翦商。是大王翦齊商人。始王業之兆迹也。周本紀云。王季修古公之道。諸侯順之。是能纘統大王之業。勤立王家之基本也。**我文考文王克成**

厥勳。誕膺天命。以撫方夏。傳言我文德之父。能成其王功。大當天命。以撫綏四方中夏。大邦畏其力。小邦懷其德。傳言天下諸侯。大者畏威。小者懷德。是文王威德之大。疏大邦至其德○正義曰。大邦力足拒敵。故言畏其力。小邦必畏矣。小邦或被棄遺。故言懷其德。大邦亦懷德矣。量事爲文也。惟九年。大統未集。傳言諸侯歸之。九年而卒。故大統未就。疏傳言諸至未就○正義曰。文王斷虞芮之訟。諸侯歸之。改稱元年。至九年而卒。故云大業未就也。文王既未稱王。而得輒改元年者。諸侯自於其國。各稱元年。是巳之所稱。容或中年得改矣。汲冢竹書。魏惠王有後元年。漢初文帝二元。景帝三元。此必有因於古也。伏生司馬遷韓嬰之徒。不見此書。以爲文王受命七年而崩。故鄭玄等皆依用之。予小子其承厥志。傳言承文王本意。厎商之罪告于皇天后土所過名山大川。傳致商之罪。謂伐紂之時。后土社也。名山華岳。大川河。○厎之履反。疏傳致商至川河○正義曰。致商之罪。謂伐紂之時。欲將伐紂。告天乃發。故文在所過之上。禮。天子出征。必類帝宜社。此告皇天后土。即泰誓上篇類于上帝。宜于冢土。故云后土。社也。昭二十九年左傳。稱句龍爲后土。后土爲社是也。僖十五年左傳云。戴皇天而履后土。彼晉大夫要秦伯。故以地神后土而言之。與此異也。自周適商。路過河華。故知所過名山華岳大川河也。山川大乃有名。名大互言之耳。周禮大祝云。王過大山川。則用事焉。鄭云。用事。用祭事告行也。

曰惟有道曾孫周王發。將有大正于商。傳告天社山川之辭。大正。以兵征之也。疏曰惟有道曾孫周王發○正義曰。自稱有道者。聖人至公。爲民除害。以紂無道。言已有道。所以告神求助。不得飾以謙辭也。稱曾孫者。曲禮說諸侯自稱之辭云。臨祭祀。内事曰孝子某侯某。外事曰曾孫某侯某。哀二年左傳蒯聵禱祖。亦自稱曾孫。皆是言已承藉上祖奠享之意。

今商王受無道。傳 無道德。**暴殄天物。害虐烝民。**傳 暴絶天物。言逆天也。逆天害民。所以爲無道。○烝，之承反。疏 暴殄至烝民。○正義曰。天物語闊。人在其間。以人爲貴。故別言害民。則天物之言。除人外。皆謂天下百物。鳥獸草木皆暴絶之。

爲天下逋逃主。萃淵藪。傳 逋，亡也。天下罪人逃亡者。而紂爲魁主。窟聚淵府藪澤。言大姦。○萃，在醉反。藪，素口反。魁，苦回反。窟，口忽反。疏 傳逋亡至大姦。○正義曰。逋亦逃也。故以爲亡。罪人逃亡。而紂爲魁主。魁，首也。言受用逃亡者。與之爲魁首。爲主人。萃，訓聚也。言若蟲獸入窟。故云窟聚。水深謂之淵。藏物謂之府。史游急就篇云。司農少府國之淵。淵府類。故言淵府。水鍾謂之澤。無水則名藪。藪澤大同。故言藪澤。萃淵藪三者各爲物室。言紂與亡人爲主。亡人歸之。若蟲之窟聚。魚歸淵府。獸集藪澤。言紂爲大姦也。據傳意。主字下讀爲便。昭七年左傳引此文。杜預云。萃。集也。天下逋逃。悉以紂爲淵藪。集而歸之。與孔異也。

予小子既獲仁人敢祗承上帝以遏亂略。傳 仁人。謂太公周召之徒。略。路也。言誅紂敬承天意。以絕亂路。○遏。烏末反。召。上照反。本又作邵。

華夏蠻貊罔不率俾恭天成命。傳 冕服采章曰華。大國曰夏。及四夷皆相率而使奉天成命。○貊。亡白反。俾。必爾反。

疏 傳冕服至成命○正義曰。冕服采章。對被髮左衽。則爲有光華也。釋詁云。夏。大也。故大國曰夏。華夏。謂中國也。言蠻貊則戎夷可知。

王言華夏及四夷皆相率而充巳使奉天成命欲其共伐紂也肆予東征綏厥士女傳此謂十一年會孟津還時惟其士女篚厥玄黃昭我周王傳言東國士女筐篚盛其絲帛奉迎道次明我周王爲之除害○篚音匪爲于僞反天休震動用附我大邑周傳天之美應震動民心故用依附我○應應對之應惟爾有神尚克相予以濟兆民無作神羞傳神庶幾助我渡民危害無爲神羞辱○相息亮反既戊午師逾孟津癸亥陳于商郊俟天休命傳自河至朝歌出四百里五日而至赴敵宜速待天休命謂夜雨止畢陳○逾亦作踰陳

直刃反。註同徐音塵。**甲子昧爽。受率其旅若林。會于牧野。**傳旅。衆也。如林言盛多。會逆距戰。**罔有敵于我師。前徒倒戈。攻于後以北。血流漂杵。**傳紂衆服周仁政。無有戰心。前徒倒戈。自攻于後以北走。血流漂舂杵。甚之言。

○倒丁老反。漂匹妙反。徐敷妙反。又匹消反。杵昌呂反。疏既戊午至我師○正義曰。自此以下。皆史辭也。其上闕絕。失其本經。故文無次第。必是王言既終。史乃更敘戰事。於文次當承自周于征伐商之下。此句次之。故云既戊午也。史官敘事。得言罔有敵于我師。稱我者。猶如自漢至今。文章之士。雖民論國事。莫不稱我。皆云我大隨以心體國。故稱我耳。非要王言乃稱我也。○傳自河至畢陳○正義曰。出四百里。驗地爲然。戊午明日。猶誓於河朔。癸亥巳陳於商郊。凡經五日。日行八十里。所以疾者。赴敵宜速也。帝王世紀云。王軍至鮪水。紂使膠鬲候周師。見王問曰西伯將焉之。王曰。將攻薛也。膠鬲曰。然願西伯無我欺。王曰不子欺也。將之殷。膠鬲曰。何日至。王曰。以甲子日。以是報矣。膠鬲去而報命於紂。而雨甚。軍卒皆諫王曰。卒病。請休之。王曰。吾已令膠鬲以甲子報其主矣。吾雨而行。所以救膠鬲之死也。遂行。甲子至于商郊。然則本期甲子。故速行也。周語云。王以二月癸亥夜陳。未畢而雨。是雨止畢陳也。待天休命。雨是天之美命也。韋昭云。雨者。天地神人和同之應也。天地氣和。乃有雨降。是雨爲和同之應也。○傳旅衆至距戰○正義曰。旅。衆。釋詁文。詩亦云。其會如林。言盛多也。本紀云。紂發兵七十萬人以距武王。紂兵雖則衆多。不得有七十萬人。是史官美其能破强敵。虛言之耳。○傳紂衆至之言○正義曰。周有敵于我師。言紂衆雖多。皆無有敵我之心。故自攻於後以北走。自攻其後。必殺人不多。流血漂舂杵。甚之言也。孟子云。信書不如無書。吾於武成。取二三策而已。仁者無敵於天下。以至仁伐不仁。如何其血流漂杵也。是言不實也。

易繫辭云。斷木爲杵。掘地爲臼。是杵爲舂器也。**一戎衣天下大定。**傳衣。服也。一著戎服而滅紂。言與衆同心。動有成功。**乃反商政。政由舊。**傳反紂惡政。用商先王善政。**釋箕子囚封比干墓式商容閭。**傳皆武王反紂政。囚奴徒隸。封益其土。商容。賢人。紂所貶退。式其閭巷以禮賢。疏傳皆武至禮賢

○正義曰。紂囚其人而放釋之。紂殺其身而增封其墓。紂退其人而式其門閭。皆是武王反紂政也。下句散其財粟。亦是反紂。於此須有所解。因言之耳。上篇云囚奴正士。論語云箕子爲之奴。是紂囚之。又爲奴役之。周禮司厲職云。其奴男子入于罪隸。鄭衆云。爲之奴者。繫於罪隸之官。是囚爲奴。以徒隸役之也。商容。賢人之姓名。紂所貶退。處於私室。式者。車上之橫木。男子立乘。有所敬。則俯而憑式。遂以式爲敬名。說

文云。閭族居里門也。武王過其閭而式之。言此內有賢人。式之。禮賢也。帝王世紀云。商容及殷民觀周軍之入。見畢公至。殷民曰。是吾新君也。容曰。非也。視其爲人。嚴乎將有急色。故君子臨事而懼。見太公至。民曰。是吾新君也。容曰。非也。視其爲人。虎據而鷹趾。當敵將衆。威怒自倍。見利即前。不顧其後。故君子臨衆。果於進退。見周公至。民曰。是吾新君也。容曰。非也。視其爲人。忻忻休休。志在除賊。是非天子。則周之相國也。故聖人臨衆知之。見武王至。民曰。是吾新君也。容曰。然。聖人爲海內討惡。見惡不怒。見善不喜。顏色相副。是以知之。是說商容之事也。

散鹿臺之財。發鉅橋之粟。

（傳）紂所積之府倉。皆散發以賑貧民。○散。西旦反。

［疏］（傳）紂所至貧民○正義曰。藏財爲府。藏粟爲倉。故言紂所積之府倉也。名曰鹿臺鉅橋。則其義未聞。散者言其分布。發者言其開出。互相見也。周本紀云。命召公釋箕子之囚。命畢公釋百姓之囚。表商容之閭。命閎夭封比干之墓。命南宮括散

鹿臺之錢。發鉅橋之粟。以賑貧弱也。然則武王親式商容之閭。又表之也。新序云。鹿臺。其大三里。其高千尺。則容物多矣。此言鹿臺之財。則非一物也。史記作錢。後世追論以錢爲主耳。周禮有泉府之官。周語稱景王鑄大錢。是周時已名泉。爲錢也。

大賚于四海。而萬姓悅服。

傳施舍已責。救乏賙無。所謂周有大賚。天下皆悅仁服德。○賚。力代反。徐音來。已音以。責側界反。賙音周。本亦作周。

疏傳施舍至服德。○正義曰。左傳成十八年。晉悼公初立。施舍已責。成二年。楚將起師。已責救乏。定五年。歸粟於蔡。以賙急矜無資也。杜預以爲施恩惠。舍勞役也。已責。止逋責也。皆是恤民之事。故傳引之以證大賚。所謂周有大賚。論語文。孔安國解堯曰之篇。有二帝三王之事。周有大賚。正指此事。故言所謂也。悅。是歡喜。服。謂聽從。感恩則悅。見義則服。故天下皆悅仁服德也。帝王世紀云。王命封墓釋囚。又歸施鹿臺之珠玉。及傾宮之女於諸侯。殷民咸喜曰。王之於仁人也。死者猶封其墓。況生者乎。王之於賢人也亡者猶表其閭。況存者乎。王之於財也。聚者猶散之。況其復籍之乎。王之於色也。見在者猶歸其父母。況其復徵之乎。是悅服之事也。

列爵惟五（傳）卽所識政事而法之。爵五等。公侯伯子男。**分土惟三**。

（傳）列地封國。公侯方百里。伯七十里。子男五十里。爲三品。

〔疏〕（傳）列地至三品○正義曰。爵五等。地三品。武王於此既從殷法。未知周公制禮亦然以否。孟子曰。北宮錡問於孟子曰。周之班爵祿如何。孟子曰。其詳不可得聞矣。嘗聞其略。天子之制。地方千里。公侯方百里。伯七十里。子男五十里。漢書地理志亦云。周爵五等。其土三等也。公侯百里。伯七十里。子男五十里。漢世儒者多以爲然。包咸注論語云。千乘之國。百里之國也。謂大國惟百里耳。周禮大司徒云。諸公之地。封疆方五百里。侯四百里。伯三百里。子二百里。男一百里。蓋是周室既衰。諸侯相幷。自以國土寬大。皆違禮文。乃除去本經。妄爲說耳。鄭玄之徒。以爲武王時。大國百里。周公制禮。大國五百里。王制之注具矣。**建官惟賢**。傳 立官以官賢才。**位事惟能**。傳 居位理事。必任能事。**重民五教**。傳 所重在民及五常之教。疏 重民五教〇正義曰。以重摠下五事。民與五教食喪祭也。五教所以教民。故與民同句。下句食與喪祭。三者各爲一事。相類而別。故以惟目之。言此皆聖王所重也。論語云所重民食喪祭。以論語即是此事。而彼無五教。録論語者自略之耳。**惟食喪祭**。傳 民以食爲命。喪禮篤親愛。祭祀崇孝養。皆聖王所重。〇養，羊亮反。**惇信明義**。傳 使天下厚行言。顯忠義。**崇德報功**。傳 有德尊以爵。有功報以祿。**垂拱而天下治**。傳 言武王所修皆是。所任得

人。故垂拱而天下治。○任。而鴆反。疏垂拱而天下治
治。直吏反。○正義曰。說文
云。拱。斂手也。垂拱而天下治。謂所任得人。人皆稱
職。手無所營。下垂其拱。故美其垂拱而天下治也。

尚書註疏卷第十一

尚書注疏彙校卷十一

泰誓上第一

一葉一行　唐孔穎達疏　「穎」，單作「潁」。

一葉六行經　周書　○物觀《補遺》：周書。補脱 凡四十一篇，九篇亡〔據經典釋文〕。○浦鏜《正字》：「周書」下釋文「凡四十一篇，九篇亡」一十字脱。

一葉七行注　周自虞芮質厥成。　「芮」，十作「芮」。

一葉八行注　以爲受命之年。　「爲」，永作「爲」。

一葉九行注　觀兵孟津。　「兵」，閩作「兵」。

一葉九行注　乃退以示弱。　○山井鼎《考文》：「乃退以示弱」下、「正月二十八日」下、「期而共伐紂」下，〔古本〕共有「也」字。

一葉十行釋文　芮。如鋭反。虞芮。二國名。　「芮。如鋭反」上平有「虞」字。二「芮」，十俱作「芮」。「二國名」上平無「虞芮」二字。○阮元《校記甲》：虞芮，如鋭反，二國名。十行本、毛本俱作「芮，如鋭反。虞、芮，二國名」。按：注疏本但取文便，未免失真。

一葉十行釋文　僉。七廉反。　「廉」，平作「簾」。

一葉十一行注　更與諸侯期而共伐紂。　「更」，要作「便」。

一葉十一行釋文　孟津。地名也。　「名」下平無「也」字。

一葉十二行注　渡津乃作。　○山井鼎《考文》：渡津乃作。〔古本〕「津」上有「孟」字。○盧文弨《拾補》：渡孟津乃作。「孟」字，毛本脱，古本有。○阮元《校記甲》：渡津乃作。「津」上古本有「孟」字。阮元《校記乙》同。○《定本校記》：渡津乃作。「津」上内野本、神宮本、足利本有「孟」字，清原宣賢手鈔本引家本亦有。「作」下内野本、神宮本有「誓」字。

一葉十二行疏　惟千至三篇。　「千」，永、毛作「十」。

一葉十三行疏　舉兵伐殷。　「兵」，閩作「妥」。

一葉十五行疏　則文王以九年而卒也。　「王」下要無「以」字。

一葉十五行疏　自嗣位至卒。　「自」，單、八、魏、平、要作「則」，十、永、閩、阮作「至」。○山井鼎《考文》：自嗣位至卒。宋板「自」作「則」。謹按正德、嘉靖二本「自」作「至」，萬曆、崇禎本作「自」。宋板爲愈。○盧文弨《拾補》：則嗣位至卒。毛本「則」作「自」。「自」當作「則」。○阮元《校記甲》：自嗣位至卒。「自」，宋板作「則」，十行、正、嘉閩本俱作「至」，監本亦作「自」。山井鼎曰：宋板爲愈。○阮元《校記乙》：至嗣位至卒。正、嘉本、閩本同。宋本上「至」字作「則」，明監本、毛本作「自」。山井鼎曰：宋板爲愈。

一葉十六行疏　詩云虞芮質厥成。「芮」，十作「芮」。

一葉十七行疏　毛傳稱天下聞虞芮之訟息。「芮」，十作「芮」。

一葉十七行疏　故知周自虞芮質厥成。「芮」，十作「芮」。

一葉十八行疏　惟暮春在鎬。○浦鏜《正字》：時維暮春在鎬。脱「時」字。「維」誤「惟」。「鎬」，周書作「鄗」。

二葉二行疏　知此十一年非武王即位之年者。「一」，平作「二」。

二葉三行疏　文王九十七而終。○浦鏜《正字》：文王九十七而終。「而終」，禮記作「乃終」。

二葉五行疏　緯候之書。「候」，單、十、毛作「侯」。

二葉五行疏　謂有黄龍玄龜白魚赤雀負圖銜書以命人主。「負」，魏作「貟」。「銜」，永、閩作「銜」，阮作「銜」。

二葉五行疏　其言起於漢哀平之世。「於」，八作「扵」。

二葉六行疏　咸有一德傳云。　「傳」，殿作「傳」。

二葉七行疏　史記亦以斷虞芮之訟爲受命元年。　「芮」，十作「芮」。

二葉八行疏　至此三年服畢。　「三」，阮作「一」。○張鈞衡《校記》：至此三年。阮本「三」作「一」，誤。

二葉八行疏　肆予小子發。　「予」，永作「子」。

二葉十行疏　十三年正月至伐紂。　「年」下單、魏、平無「正月」二字。

二葉十行疏　以一月戊午乃是作誓月日。　○浦鏜《正字》：以一月戊午。「午」，監本誤「牛」。○阮元《校記甲》：以一月戊午。「午」，監本誤作「牛」。

二葉十二行疏　故略而不言年春。正言一月。　「正」，單、八、魏、平、要、殿、庫作「止」。○山井鼎《考文》：春正言一月。〔宋板〕「正」作「止」。○盧文弨《拾補》：止言一月。毛本「止」作「正」。「正」當作「止」。○阮元《校記甲》：正言一月。「正」，宋板作「止」。阮元《校記乙》同。

二葉十三行疏　以歷推而知之。　「歷」，單、八、魏、平、十作「曆」，阮作「厤」。

二葉十三行疏　漢書律歷志載舊説云。　「歷」，單、八、魏、十作「曆」，平作「曆」，阮作「厤」。

二葉十三行疏　死魄。朔也。生魄。望也。　○浦鏜《正字》：死魄，朔也。生魄，望也。「魄」，漢志作「霸」。下並同。

二葉十六行疏　易革卦象曰。　「象」，永作「彖」。

二葉十六行疏　武成所以解一月者。　「解」，單、八、魏、平、要作「稱」。○山井鼎《考文》：武成所以解一月者。〔宋板〕「解」作「稱」。○盧文弨《拾補》：武成所以稱一月者。毛本「稱」作「解」。「解」當作「稱」。○阮元《校記甲》：武成所以解一月者。「解」，宋板作「稱」。按：「解」字非也。阮元《校記乙》同。

二葉十六行疏　君子以治歷明時。　「歷」，阮作「厤」。

二葉十六行疏　然則改正治歷。　「歷」，阮作「厤」。

二葉十七行疏　正月四日殺紂。　「殺」，十作「殺」。

二葉十八行疏　未爲周之正月。　「未」，魏、毛作「末」。○浦鏜《正字》：未爲周之正月。「未」，毛本誤「末」。

二葉十八行疏　以其實是周之正月。　「正」，單、八、魏、平、要、十、永、閩、阮作「一」。○物觀《補遺》：實是周之正月。宋板「正」作「一」。○盧文弨《拾補》：以其實是周之正月。宋、元本「正」作「一」，然作「正」亦是。○阮元《校記甲》：以其實是周之正月。「正」，宋板、十行、閩本、纂傳俱作「一」，是也。

三葉一行疏　**或云正月。或云一月。**　「正月」下魏無「或云一月」四字。

三葉二行疏　**已改正。**　「正」，閩作「民」。

三葉二行疏　**民無二王。**　「民」，單作「上」，八、魏、平、要作「土」，十、永、阮作「王」。「王」，毛作「主」。○山井鼎《考文》：民無二王。〔宋板〕「民」作「土」。○盧文弨《拾補》：土無二王。毛本「土」作「民」。「民」當作「土」。○阮元《校記甲》：民無二王。「民」，宋板作「土」，十行本誤作「王」。○阮元《校記乙》：王無二王。宋板上「王」字作「主」，毛本作「民」。案：「民」字是也。○汪文臺《識語》：王無二王。宋板上「王」字作「主」，毛本作「民」。案：「民」字是也。案：皆誤也，本當作「土」。「土無二王」者，曾子問文。

三葉四行疏　**王季歷。**　「歷」，八作「盟」。

三葉六行疏　**非改正之王。**　「王」，十作「王」。

三葉六行疏　**晉世有王慦期者。**　「王」，十作「王」。

三葉八行疏　**其言未必可信。**　「未」，殿作「术」。

三葉八行疏　**河北地名。**　「比」，十作「比」。

三葉八行疏　**於孟地置津。**　「於」下八、要有「是」字，魏有「是於」二字。○山井鼎《考文》：於孟地置津。〔宋板〕「於」下有「是」字。○盧文弨《拾補》：是於孟地置津。「是」字，毛本脱，宋本有。○阮元《校記甲》：於孟地置津。「於」上宋板有「是」字。阮元《校記乙》同。○《定本校記》：於孟地置津。「於」下〔足利〕八行本衍「是」字。

三葉九行疏　知三篇皆渡津乃作也。「三」，十作「二」。「渡」，魏作「度」。

三葉十行疏　言時厥明。「言」，永作「言」。

三葉十一行疏　故文不同耳。「同」下魏、要無「耳」字。

三葉十一行疏　漢初不知篇數。「初」，要作「書」。

三葉十一行疏　武帝時有大常蓼侯孔臧者。「大」，單、八、魏、平、要、十、永、閩、阮作「太」。

三葉十一行疏　安國之從兄也。「安」上魏有「孔」字。

三葉十二行疏　取象二十八宿。「宿」，庫作「宿」。

三葉十三行疏　後得僞泰誓二篇。「二」，單、八、魏、平、要、毛、殿、庫、阮作「三」。

三葉十三行疏　又云。八百諸侯。○阮元《校記甲》：又云八百諸侯。按：「又」字疑當作「文」。阮元《校記乙》同。

三葉十四行疏　流爲鵰。「鵰」，要作「烏」。

三葉十四行疏　至五以穀俱來舉火。「至五」，單、八、魏、平、要、毛、庫作「五至」。○山井鼎《考文》：五至以穀。嘉、萬「五至」作「至五」。○浦鏜《正字》：流爲鵰，五至以穀俱來。「五至」字，監本誤倒。○阮元《校記甲》：五至以穀俱來。「五至」二字，十行、閩本、嘉、萬俱倒。○阮元《校記乙》：至五以穀俱來。閩本、明監本同。毛本「至五」二字倒。

三葉十五行疏　朕夢協朕卜。「夢」，庫作「夢」。

三葉十五行疏　襲于休祥。「襲」，永作「襲」。「祥」，閩作「祥」。

三葉十六行疏　侵于之疆。「疆」，魏、永作「彊」。

三葉十六行疏　禮記引泰誓曰。「禮」，閩作「禮」。

三葉十七行疏　今文泰誓。皆無此語。○《定本校記》：今文泰誓，皆無此語。段氏玉裁云：「文」當作「之」。案：左傳襄三十一年正義引正作「之」。

四葉一行疏　僞泰誓有此文。「僞」，永作「爲」。

四葉二行疏　有火復于王屋。「復」，阮作「入」。「于」，平作「干」。

四葉三行疏　李顒集注尚書。「集」下要無「注」字。

四葉三行疏　計安國必不爲彼僞書作傳。「爲」下要無「彼」字。「彼」，毛作「波」。○物觀《補遺》：不爲波僞書。〔宋板〕「波」作「彼」。○浦鏜《正字》：計安國必不爲彼僞書作傳。

「彼」，毛本誤「波」。○盧文弨《拾補》：計安國必不爲彼僞書作傳。毛本「彼」作「波」。「波」當作「彼」。○阮元《校記甲》：計安國必不爲波僞書作傳。「波」，宋板、十行、閩、監俱作「彼」。按：「波」字非也。

四葉四行疏　梁王兼而存之。　「梁」，單作「梁」。「王」，單、魏、平作「主」。「兼」下魏無「而存」二字。○山井鼎《考文》：梁王兼而存之。〔宋板〕「王」作「主」。○盧文弨《拾補》：梁主兼而存之。毛本「主」作「王」。「王」當作「主」。○阮元《校記甲》：梁王兼而存之。「王」，宋板作「主」。

四葉四行疏　古文泰誓。伐紂事。　「紂」下單、八、魏、平、要、毛有「時」字。○阮元《校記甲》：古文泰誓，伐紂時事。十行、閩、監俱脱「時」字。○阮元《校記乙》：古文泰誓，伐紂事。閩本、明監本同。毛本「事」上有「時」字。

四葉五行疏　彼僞書三篇。　「僞」，魏作「爲」。「三」，十作「二」。

四葉七行經　泰誓　「誓」下殿、庫有「上」字。○殿本《考證》：泰誓。王應麟曰：古文作「大誓」，開元間衛包定今文始作「泰」。其實大誓與大誥同。○浦鏜《正字》：泰誓。案：昆(晁)氏説之云：古文作「大誓」，與大誥同。開元間衛包定今文始作「泰」。○岳本《考證》：泰誓。案：王應麟曰：古文作「大誓」，與大誥義同。開元間衛包定今文始作「泰」。

○阮元《校記甲》：泰誓。王應麟困學紀聞：「『泰誓』古文作『大誓』，孔氏注大會以誓衆。晁氏曰：開元間衛包定今文始作『泰』，或以交泰爲説，真燕書哉。大誓與大誥同。音『泰』者非。」按：疏云：「顧氏以爲泰者，大之極也。猶天子諸侯之子曰太子，天子之卿曰太宰。夫太子、太宰，古通作『大』，無作『泰』者，則『泰誓』當作『大誓』明矣。字雖爲『大』，音則爲『泰』」，後人遂誤爲『泰』。據唐石經作『泰』，則其誤固在開成之前。阮元《校記乙》同。

四葉七行疏　大會以誓衆。　「誓」，阮作「示」。○山井鼎《考文》：「大會以誓衆」下（古本）有「也」字。「乃諸戎狄」下、「皆明聽誓」下、「言淫濫」下、「言暴虐」下、「慢之甚」下、「有天命故」下、「不敢遠其志」下、「不和諧」下並同。

四葉八行疏　故説謬耳。　「故」，永作「故」。

四葉八行疏　其大會以誓衆也。　「大」，十作「人」。「誓」，阮作「示」。

四葉十行疏　大之極也。　「極」，八作「拯」。

四葉十行疏　猶如天子諸侯之子曰太子。　「太」，永作「大」。

四葉十行疏　此會中之大。　「大」，永作「太」。

四葉十二行經　惟十有三年春。　○阮元《校記甲》：惟十有三年春。陸氏曰：或作「十有一年」，後人妄依序文輒改之。阮元《校記乙》同。

四葉十二行注　三分二諸侯。「二」，要作「有二之」。「侯」，李作「矦」。

四葉十二行注　及諸戎狄。「狄」，李作「伙」。

四葉十三行注　此周之孟春。「周」，李作「同」。

四葉十六行疏　牧誓所呼有庸蜀羌髳微盧彭濮人。「髳」，永作「髩」。

四葉十八行疏　案三統曆。「案」，庫作「按」。

五葉一行經　我友邦冢君。「友」，纂作「犮」。

五葉二行注　御。治也。「治」下要無「也」字。

五葉二行注　友。諸侯親之稱。「友」，王作「犮」。

五葉三行疏　侍御是治理之事。「侍御」，殿、庫作「御事」。○盧文弨《拾補》：侍御是治理之事。官本「侍御」作「御事」。

五葉四行疏　天子友諸侯。「友」，十作「交」。

五葉四行疏　今摠呼國君皆爲大君。「今」，阮作「令」。「摠」，毛、殿、庫作「總」。○張鈞衡《校記》：今總呼國君皆爲大君。阮本「今」作「令」。

五葉五行疏　謂國君以外。「外」，庫作「夘」。

五葉五行疏　皆揔戒之也。　「揔」，殿、庫作「總」。

五葉七行疏　生之至爲貴。　「生」，十作「主」。

五葉十二行注　則爲大君而爲衆民父母。　○《定本校記》：而爲衆民父母。神宮本云：「民」或作「人」。

五葉十三行經　今商王受。弗敬上天。　○山井鼎《考文》：今商王受，弗敬。〔古本〕「弗」作「不」。「乃夷居弗事上」同。○盧文弨《拾補》：弗敬上天。古本「弗」作「不」。下多同。○阮元《校記甲》：今商王受，弗敬上天。「弗」，古本作「不」。下「弗事」同。

五葉十三行經　降災下民。　「降」，十作「降」。

五葉十四行釋文　冒。莫報反。注下同。　「注」下纂無「下」字。○阮元《校記甲》：冒，莫報反，注下同。按：當云「下注同」，此誤倒。

五葉十五行疏　沈湎至無辜。　「沈」，十作「沉」。

五葉十五行疏　湎然齊同。　「齊」，十、閩作「濟」。

五葉十六行疏　故沈湎爲嗜酒之狀。　「沈」，十、永作「沉」。

五葉十六行疏　解經之虐。　「解」，永作「觧」，阮作「辭」。

五葉十七行經　罪人以族。　「族」，八作「旍」。

五葉十八行注　言淫濫。　○盧文弨《拾補》：言淫濫。古本「濫」下有「也」字。

六葉一行經　秦政酷虐。　「政」，八作「政」，永作「政」。

六葉四行疏　而紂之官人。不以賢才而以父兄。已濫受寵。　○盧文弨《拾補》：官人不以賢才而以父兄已濫受寵。「父兄」二字當重。○《定本校記》：已濫受寵。盧氏云：「已」上脱「父兄」二字。

六葉四行疏　官人以世。　「官」，閩作「宮」。

六葉五行經　惟宮室臺榭陂池侈服。　○阮元《校記甲》：惟宮室臺榭。陸氏曰：「榭」，本又作「謝」。按：古無「榭」字。阮元《校記乙》同。

六葉八行釋文　匱。其媿反。　「媿」，平、殿、庫作「魏」。○浦鏜《正字》：匱，其魏切。「魏」誤「媿」。○阮元《校記甲》：匱，其魏反。「魏」，十行本、毛本俱作「媿」，是也。

六葉八行疏　李巡曰所以古今通語。明實同而兩名。　○盧文弨《拾補》：李巡曰：所以古今通語，明實同而兩名。今郭注作「所以通古今之異語，明同實而兩名」，較順。

六葉九行疏　釋宮又云。　「又」，要作「文」。

六葉十行疏　臺上有屋謂之榭。「屋」，永作「臺」。

六葉十行疏　榭但有堂也。「但」，單作「伹」。

六葉十一行疏　歇前無室。「歇」，要作「歍」。

六葉十一行疏　今之廳是也。○浦鏜《正字》：今之廳事也。「事」誤「是」。○《定本校記》：今之廳是也。浦氏云「是」當作「事」。

六葉十二行疏　障澤之水使不流洫謂之陂。「洫」，單、八、殿、庫作「溢」。○山井鼎《考文》：障澤之水使不流洫。〔宋板〕「洫」作「溢」。○盧文弨《拾補》：障澤之水使不流溢。毛本「溢」作「洫」。「洫」當作「溢」。○阮元《校記甲》：使不流洫。「洫」，宋板作「溢」。按：「洫」字非也。阮元《校記乙》同。

六葉十二行疏　謂衣服采飾。「衣」，魏、十、永、閩、阮作「不」。○阮元《校記甲》：謂衣服采飾。「衣」，十行、閩本俱誤作「不」。○阮元《校記乙》：謂不服采飾。閩本同。毛本「不」作「依（衣）」。按：所改是也。

六葉十三行疏　二劉以爲宮室之上而加侈服。「侈」，十作「多」。

六葉十四行疏　而盈鉅橋之粟。「橋」，庫作「槁」。

六葉十四行疏　益收狗馬奇物。「收」，八作「牧」。「奇」，魏作「商」。

六葉十四行疏　充牣宫室。「牣」，單、八、魏、平、十、永、閩作「仞」。

六葉十四行疏　益廣沙丘苑臺。永「益」作「益」，「苑」作「宛」。

六葉十四行疏　多聚野獸飛鳥置其中。○浦鏜《正字》：多取野獸飛鳥置其中。「取」誤「聚」。○《定本校記》：多聚野獸飛鳥置其中。浦氏云「聚」當作「取」。案：史記作「取」。

六葉十五行疏　大聚樂戲於沙丘。「戲」，平作「戯」。

六葉十五行疏　懸肉爲林。「肉」，魏作「宍」。

六葉十五行疏　使男女倮相逐其間。「倮」，平作「裸」。「間」，單、平作「閒」。

六葉十七行注　言暴虐。○《定本校記》：言暴虐。「虐」下内野本、神宫本有「甚」字。

六葉十七行釋文　剔。他歷反。「他」，永、閩作「地」。「歷」，纂作「歴」。

六葉十八行疏　是則亦刲之義也。「則」，單、八、平、殿、庫作「剔」。○山井鼎《考文》：是則亦刲之義也。〔宋板〕「則」作「剔」。○盧文弨《拾補》：是剔亦刲之義也。毛本「剔」作「則」。「則」當作「剔」。○阮元《校記甲》：是則亦刲之義也。「刲(則)」，宋板作「剔」，是也。阮元《校記乙》同。

六葉十八行疏　武王以此數紂之惡。　「惡」，十作「悪」。

七葉一行疏　必有忠良被炙。　「被」，永作「火」。

七葉二行疏　亦加於炭火之上。　「於」，毛作「以」。○物觀《補遺》：加以炭火。〔宋板〕「以」作「於」。○浦鏜《正字》：乃更爲銅柱云云亦加於炭火之上。「於」，毛本誤「以」。○盧文弨《拾補》：亦加於炭火之上。毛本「於」作「以」。「以」當作「於」。○阮元《校記甲》：亦加以炭火之上。「以」，宋板、十行、閩、監俱作「於」，是也。

七葉三行疏　足滑跌墜入中。　「入」，平作「火」。○《定本校記》：足滑跌墜入中。「入」疑當作「火」。太平御覽卷八十三引帝王世紀云：足滑跌墮火中。

七葉四行疏　皇甫謐作帝王世紀亦云然。　「謐」，永作「謚」。

七葉四行疏　紂剖比干妻以視其胎。　「胎」，十作「眙」。

七葉七行經　以爾友邦冢君。　「友」，纂作「犮」。

七葉七行經　觀政于商。　「于」，庫作「於」。

七葉七行注　父業未就之故。　「父」，魏、毛作「功」。○阮元《校記甲》：功業未就之故。「功」，岳、葛、十行、閩、監、纂傳俱作「父」。○阮元《校記乙》：父業未就之故。岳、葛、閩本、明監本、纂傳同。毛本「父」作「功」。

七葉八行注　故我與諸侯。觀紂政之善惡。「惡」，十作「悪」。○物觀《補遺》：故故我與諸侯。〔古本〕無一「故」字。○阮元《校記甲》：故我與諸侯。古本無「故」字。阮元《校記乙》同。○《定本校記》：故我與諸侯觀紂政之善惡。神田本、内野本、神宫本、足利本、中原康隆手鈔本無「故」字，清原宣賢手鈔本引家本亦無。

七葉八行注　謂十一年自孟津還時。「謂」，李作「謂」。

七葉九行經　乃夷居弗事上帝神祇。「祇」，十、閩、庫、阮作「祗」。

七葉十行注　言紂縱惡無改心。「惡」，十作「悪」。

七葉十二行疏　左傳稱長惡不悛。「惡」，十作「悪」。

七葉十二行疏　觀政于商。紂當恐怖。「紂」，單、八、魏、平、十、阮作「計」。○山井鼎《考文》：紂當恐怖。〔宋板〕「紂」作「計」。○盧文弨《拾補》：觀政于商，計當恐怖。毛本「計」作「紂」。「紂」當作「計」。○阮元《校記甲》：紂當恐怖。「紂」，宋板、十行俱作「計」。○阮元《校記乙》：計當恐怖。宋板同。毛本「計」作「紂」。○張鈞衡《校記》：紂當恐怖。阮本「紂」作「計」。

七葉十三行疏　平居無故不事神祇。「祇」，永、閩、毛、阮作「祗」。

七葉十三行疏　是紂之大惡。「惡」，十作「悪」。

七葉十三行疏　故傳言百神以該之。「言」，殿、庫作「之」。

七葉十三行疏　不事亦是不祀。「亦是」，十作「是亦」。

七葉十四行經　犧牲粢盛。「牲」，魏作「牷」。

七葉十五行釋文　黍稷曰粢。「曰」，平作「田」。

七葉十七行釋文　徽。直承反。「承」，平作「丞」。

七葉十七行釋文　爭。爭鬭之爭。上「爭」上平有「不」字。

七葉十八行注　爲立君以政之。○《定本校記》：爲立君以政之。「政」，神田本、内野本、神宫本、中原康隆手鈔本作「正」。

八葉一行釋文　爲，于僞反。「爲」下平有「立上」二字。「僞」，魏作「爲」。○阮元《校記甲》：爲立，上子僞反。「僞」，葉本作「嫣」。

八葉二行經　有罪無罪。○山井鼎「考文」：有罪無罪。〔古本〕「無」作「亡」。

八葉八行疏　治民之謂君。「謂」，庫作「為」。

八葉九行疏　教民之謂師。「謂」，庫作「為」。

八葉九行疏　非謂別置師也。　「謂」，單、八、要、薈作「爲」。

八葉十行疏　不妄非理刑殺。　「妄」，八作「燮」。

八葉十三行注　力鈞則有德者勝。　「鈞」，李作「鈞」，十作「鈞」。

八葉十四行注　德鈞則秉義者强。　「强」，八作「强」，十作「強」。

八葉十四行注　勝負可見。　「負」，魏作「貟」。

八葉十五行疏　動合事宜。　「事」，阮作「自」。

八葉十六行疏　武王志在養民。　「在」，永作「任」。

八葉十六行疏　執利民之大義。　「民」，庫作「名」。

八葉十六行疏　與紂無者爲敵。雖未交兵。揆度優劣。　○殿本《考證》：與紂無者爲敵，雖未交兵，揆度優劣勝負可見。臣照按：「與紂無者爲敵」句必有舛訛，顧無善本可從，今仍之。

八葉十六行疏　勝負可見。　「負」，魏作「貟」。

八葉十七行疏　令士衆勉力而戰也。　「衆」，永作「衆」。

九葉一行注　言同欲。　「同欲」，阮作「欲同」。

九葉二行注　惡貫已滿。　「惡」，永作「罪」。「滿」，十作「滿」。○山井鼎《考文》：惡貫已滿。〔古本〕「滿」上有「以」字。○阮元《校記甲》：惡貫已滿。「滿」上古本有「以」字，誤。

九葉三行釋文　貫。古亂反。「古」，平作「工」。

九葉四行疏　天下欲畢其命。「畢」，永作「異」。

九葉五行疏　則是逆天之命。「命」上殿、庫無「之」字。

九葉五行疏　是我與紂同罪矣。「紂」，阮作「討」。○阮元《校記甲》：是我與紂同罪矣。「紂」，十行本作「討」，非也。○阮元《校記乙》：是我與討同罪矣。毛本「討」作「紂」，是也。

九葉五行經　予小子夙夜祗懼。「祗」，王、殿、庫作「祇」。

九葉六行經　厎天之罰。「厎」，平、永、閩作「底」。○山井鼎《考文》：厎天之罰。〔古本〕「厎」作「致」。○盧文弨《拾補》：厎天之罰。古本「厎」作「致」。「致」當作「厎」。○阮元《校記甲》：厎天之罰。「厎」，古本作「致」。阮元《校記乙》同。

九葉七行注　祭社曰宜。「祭」，八作「⿱癶二」。

九葉七行注　告文王廟。○山井鼎《考文》：告文王廟。〔古本〕「廟」上有「之」字。○盧文弨《拾補》：告文王廟。古本「王」下有「之」字。○阮元《校記甲》：告文王廟。「廟」上古本有「之」字。

九葉八行注　用汝衆致天罰於紂。○山井鼎《考文》：致天罰於紂。〔古本〕下有「也」字。

九葉八行釋文　類。師祭名。　「名」，纂作「也」。

九葉八行釋文　冢。中勇反。厎。之履反。　「厎」，閩、殿作「底」。

九葉九行疏　釋天引詩云。　「天」，十作「文」。

九葉十一行疏　王制云。天子將出。　「王制」，阮作「毛詩」。

九葉十一行疏　天子將出。類乎上帝。　○浦鏜《正字》：天子将出，類乎上帝。「将出」下禮記有「征」字。○盧文弨《拾補》：天子將出，類乎上帝。禮記「出」下有「征」字。○阮元《校記甲》：類乎上帝。「乎」，纂傳作「于」。下三句同。

九葉十二行疏　若言家内私義。　「義」，單、八、平作「議」。

九葉十三行疏　此以事類告天。　「此」，單作「比」。

九葉十四行疏　故用汝衆致天罰於紂也。　「天」，平作「大」。

九葉十五行注　矜。憐也。　「矜」，十作「矝」。

九葉十五行注　言天除惡樹善與民同。　○山井鼎《考文》：與民同。〔古本〕作「與民同欲也」。○盧文弨《拾補》：言天除惡樹善與民同。古本「同」下有「欲也」二字。○阮元《校記甲》：與民同。古本下有「欲也」二字。阮元《校記乙》同。○《定本校記》：言天除惡樹善與民同。「民」，内野本、神宮本作「入」。「同」下内野本、神宮本、足利本有「欲」字。

九葉十五行釋文　從。才容反。　「從，才容反」，平作「從之，如字」。

九葉十七行注　言今我伐紂。　○《定本校記》：言今我伐紂。「今我」二字，内野本、神宮本、足利本倒。

九葉十七行注　不可違失。　○山井鼎《考文》：不可違失。〔古本〕下有「也」。

泰誓中第二

十葉三行注　既誓而止於河之北。　「於」，阮作「于」。○山井鼎《考文》：止於河之北。〔古本〕「於」作「于」，「北」下有「也」字。「故稱西土」下、「竭日以行惡」下並同。

十葉三行疏　是止舍之名。　「止」，魏、十、永、閩作「上」。

十葉三行疏　穀梁傳亦云。　「穀」，魏作「榖」。

十葉四行疏　一月戊午師渡孟津。　「渡」，永作「度」。

十葉五行疏　未及止舍而先誓之。　「舍」，永作「舎」。

十葉五行疏　是既誓而止於河之北也。　「既」，永作「旣」。

十葉六行疏　過信爲次。　「信」，阮作「宿」。

十葉六行疏　相去纔六日耳。　「纔」，永作「纔」。

十葉八行經　王乃徇師而誓曰。　〇阮元《校記甲》：王乃徇師而誓。「徇」，石經補缺誤作「循」。説文云：徇，疾也。按：依説文當作「徇」。阮元《校記乙》同。〇《定本校記》：王乃徇師而誓曰。「徇」，神田本作「侚」。傳同。

十葉九行注　徇。循也。　「徇」，毛作「狥」。〇盧文弨《拾補》：徇，循也。毛本「徇」從犭，誤。

十葉九行釋文　徇。似俊反。　「似」，殿、庫作「以」。

十葉十行疏　徇。疾也。循。行也。　〇浦鏜《正字》：徇，疾也。循，行也。案：説文作「袀，行示也。循，行順也」。〇《定本校記》：徇，疾也。阮氏云：依説文「徇」當作「侚」。

十葉十一行疏　此誓摠戒衆軍。　「摠」，殿、庫作「總」。

十葉十一行疏　武王國在西偏。　「王」，單作「王」。〇《定本校記》：武王國在西偏。「偏」，〔足利〕八行本誤作「偏」。

十葉十一行疏　故稱西土。　「土」，永作「七」。

十葉十一行經　我聞吉人爲善。惟曰不足。　〇山井鼎《考文》：吉人爲善，惟曰不足。〔古本〕「不」作「弗」。篇内皆同。〇物觀《補遺》：我聞吉人。〔古本〕「聞」作「聽」。〇阮元

《校記甲》：我聞吉人爲善。「聞」，古本作「聽」。阮元《校記乙》同。

十葉十二行注　言吉人竭日以爲善。「竭」，李、纂、岳作「渴」，王、平作「渴」。○浦鏜《正字》：言吉人竭日以爲善。「渴」誤「竭」，下及音義並同。從釋文校。音義「苦曷」誤「巨列」。○盧文弨《拾補》：言吉人渴日以爲善。毛本「渴」作「竭」，譌，下同。案：何休注公羊隱三年傳云：渴，喻急也。此處釋文本作「渴，苦葢反」。今因字譌「竭」，又改釋文音「巨列反」以從之，皆妄人所爲也。「竭日」義何所取乎？○阮元《校記甲》：言吉人竭日以爲善。「竭」，岳本作「渴」，與釋文合，下並同。按：説文：瀫，欲飲也。渴，盡也。竭，負舉也。今人多亂之。此「渴」字本當作「瀫」，從俗作「渴」。盧文弨校釋文以爲當讀如「渴葬」之「渴」，是也。非取渴盡之義，尤不當作負舉之竭。俗本既誤作「竭」，併釋文「渴，苦曷反」改作「竭，巨列反」，謬甚。阮元《校記乙》同。○《定本校記》：言吉人竭日以爲善。「竭」，神田本、内野本、神宮本、中原康隆手鈔本、岳本作「渴」。下皆同。

十葉十三行注　凶人亦竭日以行惡。「竭」，李、纂、岳作「渴」，王、平作「渴」。○《定本校記》：凶人亦竭日以行惡。「行」，内野本、神宮本、中原康隆手鈔本作「爲」。

十葉十三行釋文　竭。巨列反。又苦蓋反。「竭」，纂作「渴」，王、平作「渴」。「巨列」，王作「苦曷」，纂、閩、阮作「苦曷」，魏作「苦曷」，平、永作「苦曷」，十作「若曷」。○山井鼎《考文》：竭，巨列反。經典釋文作「竭，苦曷反」。○阮元《校記甲》：渴，苦曷反。「渴」，十行本、毛本俱作「竭」。「苦曷」，毛本作「巨列」。盧文弨云：此「渴日」當如公羊「渴葬」之「渴」，不當作「竭」。

十葉十四行注　竭日不足。　「竭」，李、纂、岳作「渴」，王、平作「渴」。

十葉十四行注　故曰力行。　○山井鼎《考文》：故曰力行。〔古本〕下有「無度也」三字。○盧文弨《拾補》：故曰力行。古本下有「無度也」三字。○阮元《校記甲》：故曰力行。古本下有「無度也」三字。阮元《校記乙》同。○《定本校記》：故曰力行。神田本無「行」字，内野本、神宮本、足利本、中原康隆手鈔本「行」下有「無度」二字，清原宣賢手鈔本引家本亦有。

十葉十四行經　播棄犂老。　○物觀《補遺》：播棄犂老。〔古本〕「犂」作「黎」。註同。○盧文弨《拾補》：播棄犂老。古本「犂」作「黎」。傳同。○阮元《校記甲》：播棄犂老。「犂」，古本作「黎」。注同。阮元《校記乙》同。○《定本校記》：播棄犂老。「犂」，足利本作「黎」。「老」，神田本作「耇」。

十葉十五行經　昵比罪人。　「比」，魏作「圠」。

十葉十五行注　鮐背之耇稱犂老。　「背」，王作「皆」。○《定本校記》：鮐背之耇稱犂老。「耇」，内野本、神宮本、中原康隆手鈔本作「老」。「犂」，神田本、足利本作「黎」，神宮本作「棃」。「老」字，神田本無。

十葉十五行注　布棄不禮敬。　○山井鼎《考文》：「布棄不禮敬」下、「昵近」下、「逋逃之小人」下，〔古本〕共有「也」字。「以酒成惡」下、「言罪惡深」下、「奉天以愛民」下並同。

十葉十六行注　謂天下逋逃之小人。　「謂」，永作「謂」。

十葉十六行釋文　犂，力私反。又力兮反。　「犂」，魏作「犂」。「兮」，十作「分」。

十葉十七行疏　耇老。壽也。　「耇老」，八作「者左」。

十葉十七行疏　鮐背。老人氣衰。　「鮐」，魏作「鮐」。

十葉十八行疏　皮膚消瘠。　「瘠」，永作「瘠」。

十葉十八行疏　耇。面凍犂色似浮垢也。　「面」，十作「而」。「犂」，單、魏、平、十、阮作「棃」，永作「棃」。○浦鏜《正字》：耇，面凍犂色似浮垢也。「面凍犂」，爾雅疏作「面如凍棃」，此疑。○盧文弨《拾補》：耇面凍棃。毛本「棃」作「犂」，「犂」當作「棃」。下同。爾雅疏作「面如凍梨」。○阮元《校記甲》：耇，面凍犂色似浮垢也。「犂」，十行本作「棃」，下並同，與釋詁疏所引合。○《定本校記》：耇，面凍棃色似浮垢也。「棃」，〔足利〕八行本作「犂」。

十葉十八行疏　面色似犂。　「犂」，單、八、魏、平、十、永、阮作「棃」。

十葉十八行疏　故鮐背之耇稱犂老。　「犂」，單、八、魏、平、十、永、阮作「棃」。

十一葉一行疏　昵。近。釋詁文。　「昵」，單作「眤」。○浦鏜《正字》：昵，近。釋詁文。「昵」，爾雅作「暱」。

十一葉三行釋文　酗。許具反。　「許具」，王、纂、魏、平、十、永、閩、阮作「況付」，殿、庫作「況具」。○山井鼎《考文》：酗，許具反。〔經典釋文〕「許」作「況」。○阮元《校記甲》：酗，況具反。「況具」，葉本、十行本俱作「況付」，毛本作「許具」。

十一葉四行疏　淫酗共文。　「共」，十作「其」。

十一葉六行經　朋家作仇。　「仇」，王作「仇」。

十一葉六行經　無辜籲天。　○山井鼎《考文》：無辜籲天。〔古本〕「無」作「亡」。下皆同。

十一葉七行注　自爲仇怨。　「仇」，王作「仇」，十作「仇」。

十一葉七行注　脅上權命。　「脅」，永作「脅」。

十一葉八行注　民皆呼天告寃無辜。　○《定本校記》：民皆呼天告寃無辜。神田本、内野本、神宮本無「寃」字，清原宣賢手鈔本引家本亦無。

十一葉十行疏　與前人並作仇敵。　「敵」，庫作「敵」。

十一葉十行疏　脅上權命。　「脅」，永作「脅」。

十一葉十一行疏　臣下至罪惡深。　「至」下單、八、魏、平、十、永、阮無「罪」字。○阮元《校記甲》：傳臣下至罪惡深。十行本無「罪」字。

十一葉十三行釋文　辟。必亦反。　○阮元《校記甲》：辟，必亦反。「必」，葉本作「次」，誤。

十一葉十四行注　流毒虐於下國萬民。　○山井鼎《考文》：流毒虐於下國。〔古本〕「流」下有「行」字。○盧文弨《拾補》：流毒虐於下國。古本「流」下有「行」字。○阮元《校記甲》：流毒虐於下國萬民。「流」下古本有「行」字。○《定本校記》：流毒虐於下國萬民。「流」下神田本、内野本、神宫本、足利本、中原康隆手鈔本有「行」字，清原宣賢手鈔本引家本亦有。

十一葉十四行注　言凶害。　○山井鼎《考文》：言凶害。〔古本〕下有「也」字。

十一葉十五行注　命使下退桀命。　○山井鼎《考文》：使下退桀命。〔古本〕「桀」上有「夏」字。○盧文弨《拾補》：使下退夏桀命。毛本脱「夏」字。○阮元《校記甲》：使下退桀命。「桀」上古本有「夏」字。○《定本校記》：使下退桀命。「桀」上内野本、神宫本、足利本、中原康隆手鈔本有「夏」字，清原宣賢手鈔本引家本亦有。

十一葉十六行注　浮。過<。　○山井鼎《考文》：浮，過。〔古本〕下有「也」字。「良善」下同。

十一葉十六行疏　物在水上謂之△浮。　「之」，十、永、閩、阮作「水」。○阮元《校記甲》：物在水上謂之浮。「之」，十行、閩本俱誤作「水」。○阮元《校記乙》：物在水上謂水浮。閩本同。毛本「水」作「之」。案：所改是也。

十一葉十七行疏　關龍逄△引皇圖而諫。　「逄」，單、八、魏、平、要、十、永、毛、殿、庫、阮作「逢」。

十一葉十八行疏　如△吾之有民。　「如」，阮作「由」。

十一葉十八行疏　日亡吾乃亡<桀殺龍逢無剖心之事。　「乃亡」下單、八、魏、平、要、毛、殿、庫有「矣。是桀亦賊虐諫輔，謂已有天命。而云過於桀者，殷本紀云，紂剖比干觀其心」三十字。○浦鏜《正字》：「日亡吾乃亡」下監本脱「矣。是桀亦賊虐諫輔，謂已有天命。而云過于桀者，殷本紀云，紂剖比干觀其心」三十字。○阮元《校記甲》：日亡吾乃亡矣。自此句「矣」字起，至下文「觀其心」止，凡三十字，十行、閩、監俱脱。○阮元《校記乙》：日亡吾乃亡。案：「乃亡」下脱「矣。是桀亦賊虐諫輔，謂已有天命。而云過於桀者，殷本紀云，紂剖比干觀其心」凡三十字。閩本、明監本同。毛本補入，與宋本、岳本合。

十一葉十八行疏　桀殺龍逢無剖心之事。　「逢」，單、八、魏、平、要、十、永、毛、殿、庫、阮作「逄」。○山井鼎《考文》：無剖心之事。宋板「剖」作「割」。○盧文弨《拾補》：桀殺龍逢無割心之事。毛本「割」作「剖」。「剖」當作「割」。○阮元《校記甲》：無剖心之事。「剖」，宋板作「割」，非也。○《定本校記》：桀殺龍逢無剖心之事。「剖」，〔足利〕八行本誤作「割」。

十一葉十八行疏　紂乃詐命於天。　「詐」，要作「責」。

十二葉一行疏　又紂有炮烙之刑。　「烙」，毛作「洛」。○浦鏜《正字》：又紂有炮烙之刑。毛本「烙」誤從水。○盧文弨《拾補》：又紂有炮烙之刑。毛本「烙」作「洛」。案：當作「格」。

十二葉一行疏　又有刳胎斮脛之事。　「斮」，殿、庫作「斮」。

十二葉一行疏　是紂罪過於桀也。　「桀」下毛無「也」字。○物觀《補遺》：紂罪過於桀。宋板「桀」下有「也」字。○浦鏜《正字》：是紂罪過於桀也。毛本「也」字缺。○盧文弨《拾補》：是紂罪過於桀也。毛本脱「也」字。○阮元《校記甲》：是紂罪過於桀。「桀」下毛本缺一字。宋板、十行、閩、監俱有「也」字。

十二葉三行釋文　喪。息浪反。「浪」，平作「亮」。

十二葉三行釋文　長。竹丈反。「長」上平有「之」字。「竹」，王、纂、魏、平、十、永、閩、殿、庫、阮作「丁」。○阮元《校記甲》：之長，丁丈反。「丁」，毛本作「竹」。

十二葉三行疏　一曰。剥。割也。「剥」，毛作「則」。○物觀《補遺》：一曰，則，割也。〔宋板〕「則」作「剥」。○浦鏜《正字》：一曰，剥，割也。「剥」，毛本誤「則」。○盧文弨《拾補》：一曰，剥，割也。毛本「剥」作「則」。「則」當作「剥」。○阮元《校記甲》：一曰，則，割也。「則」，宋板、十行、閩、監俱作「剥」，是也。

十二葉五行疏　即比干是也。「干」，永作「于」。

十二葉六行疏　以殺善人爲惡之大。「善」，單、八、魏、平、十、永、閩、阮作「害」。○阮元《校記甲》：以殺善人爲惡之大。「善」，十行、閩本俱作「害」。○阮元《校記乙》：以殺害人爲惡之大。閩本同。毛本「害」作「善」。

十二葉七行釋文　巳。音紀。「巳」上平有「謂」字。

十二葉九行注　言必誅之。○山井鼎《考文》：言必誅之。〔古本〕「之」作「也」。○阮元《校記甲》：言必誅之。「之」，古本作「也」。

十二葉十行注　當除惡。○山井鼎《考文》：當除惡。〔古本〕下有「也」字。「必克之占」

下、「用德不同」下、「而心德同」下、「少仁人」下並同。

十二葉十二行注　以兵誅紂。必克之占。　○《定本校記》：以兵誅紂，必克之占。神田本、内野本、神宮本、中原康隆手鈔本無「紂」字，清原宣賢手鈔本引家本亦無。

十二葉十二行疏　夢者事之祥。人之精爽先見者也。　毛「夢」作「精」，「精」作「夢」。○物觀《補遺》：精者事之祥，人之夢爽。〔宋板〕「精」作「夢」，「夢」作「精」。○浦鏜《正字》：夢者事之祥，人之精爽先見者也。「夢」「精」字毛本互誤。○盧文弨《拾補》：夢者事之祥，人之精爽先見者也。毛本「夢」作「精」。「精」當作「夢」。毛本「精」作「夢」。「夢」當作「精」。○阮元《校記甲》：精者事之祥，人之夢爽先見者也。宋板、十行、閩、監「精」俱作「夢」，「夢」俱作「精」。○阮元《校記乙》：夢者事之祥，人之精爽先見者也。宋板、閩本、明監本同。毛本「夢」「精」二字互誤。

十二葉十四行疏　夢卜俱合於美。　「夢」，單、八、魏、平、十、永、閩、毛、殿、庫作「夢」。

十二葉十五行疏　武王伐紂。卜龜兆不吉。羣公皆懼。惟太公强之。　「公」，毛作「八」。「强」，八作「強」。○物觀《補遺》：羣八皆懼。〔宋板〕「八」作「公」。○浦鏜《正字》：「武王伐紂」云云至「太公强之」。語見齊世家，作周本紀，誤。「羣公」，毛本誤「羣八」。○阮元《校記甲》：羣八皆懼。「八」，宋板、十行、閩、監俱作「公」。按：「八」字誤。

十二葉十五行疏　太公六韜云。卜戰龜兆焦。筮又不吉。太公曰。枯骨朽蓍。不踰人矣。　「朽」，魏、永作「杇」。○浦鏜《正字》：「六韜云卜戰」云云至「不踰人矣」。案：今六韜無文。惟論衡云：周武王伐紂，卜筮之逆，占曰大凶，太公推蓍蹈龜而曰：枯骨死草，何知吉凶。

十二葉十七行注　平人。凡人也。　「平人」，王、纂作「夷平」，李作「夷人」。○浦鏜《正字》：平人，凡人也。「平人」疑「夷平」之誤。○盧文弨《拾補》：平人，凡人也。浦云上當有「夷平」二字。

十二葉十八行疏　昭二十四年左傳此文。　「四」，要作「二」。○浦鏜《正字》：昭二十四年左傳此文。「左傳」下當脱「引」字。

十二葉十八行疏　服虔杜預以夷人爲夷狄之人。　「服虔杜預」以下永樂本原缺第十一葉。「以」下平無「夷人爲」三字。

十三葉一行疏　即會無華夏人矣。　「會」，魏、要作「曾」。

十三葉二行疏　德。謂用行。　「謂」，庫作「為」。

十三葉三行經　予有亂臣十人。　「亂」下「臣」字石爲旁增小字。○阮元《校記甲》：予有亂臣十人。「臣」字唐石經旁添。石經考文提要云：此文諸經凡四見，此與論語泰伯句同。左傳襄公二十有八年「武王有亂十人」，昭公二十有四年「余有亂十人」，是也。唐石經四見，皆無「臣」字。後人於泰誓、左傳昭公二十有四年、論語皆旁增「臣」字。襄公二十有八年，注復失不增。若云唐石經脱字，不應四見皆同也。經典釋文於論語明出「予有亂十人」，注云：「本或作『亂臣十人』，非。」是增「臣」字，自論語别本始也。阮元《校記乙》同。○《定本校記》：予有亂臣十人。「臣」字唐石經旁添，神田本無，内野本、神宫本、中原康隆手鈔本云：「臣」，衍字。

十三葉四行釋文　太顛。　「顛」，十作「顛」。

十三葉四行釋文　南宫括。　「括」，王、纂、魏、平、岳、十、殿、庫、阮作「适」。○浦鏜《正字》：南宫括。通志堂本作「适」。

十三葉四行釋文　治。直吏反。　「治」上平有「我」字。

十三葉五行疏　釋詁云。　○《定本校記》：釋詁云。「詁」，〔足利〕八行本誤作「註」。

十三葉六行疏　故人數雖少而心德同。　「德」，阮作「能」。

十三葉六行疏　予有亂臣十人。　「有」上庫無「予」字。

十三葉六行疏　其一是婦人。　「是」，毛作「見」。○物觀《補遺》：其一見婦人。〔宋板〕「見」作「是」。○浦鏜《正字》：則十人之内，其一是婦人。「是」，毛本誤「見」。○盧文弨

《拾補》：其一是婦人。毛本「是」作「見」。「見」當作「是」。○阮元《校記甲》：其一見婦人。「見」，宋板、十行、閩、監俱作「是」。按：「見」字誤。

十三葉六行疏　同佐武王欲共滅紂也。「紂」，庫作「紨」。

十三葉七行疏　太公。召公。○阮元《校記甲》：太公召公。纂傳「召公」在「太公」上。阮元《校記乙》同。

十三葉七行疏　閎夭。「閎」，單、八、魏、平、十、阮作「宏」。「夭」，阮作「天」。

十三葉七行疏　南宫括也。「括」，殿、庫作「适」。

十三葉八行注　言紂至親雖多。○《定本校記》：言紂至親雖多。燉煌本、神田本無「言」字。

十三葉九行注　不如周家之少仁人。「人」下岳有「也」字。○岳本《考證》：言紂至親雖多，不如周家之少仁人也。案：殿本、閣本及諸坊本皆無「也」字。以「仁人」二字屬上句讀，義殊難曉。惟岳珂節取疏中一「也」字，連「仁人」二字另作一句讀，解最圓足，并非晉唐閒善本可及。○阮元《校記甲》：不如周家之少仁人。「少」，纂傳作「多」。按：纂傳蓋據朱子論語集注。孫志祖云：論語集注作「多仁人」，蓋沿邢疏之誤。孔氏正義云：「明多惡不如少善。」則爲「少」字無疑。「人」下古本、岳本俱有「也」字。按：岳本讀「不如周家之少」爲一句，「仁人也」爲一句，文義甚明，益知「少」字不當改作「多」。阮元《校記乙》同。

十三葉十二行注　民所惡者天誅之。　○山井鼎《考文》：民所惡者天誅之。〔古本〕作「民之所惡天必誅之」。○盧文弨《拾補》：民所惡者天誅之。古本作「民之所惡天必誅之」。○阮元《校記甲》：民所惡者天誅之。古本作「民之所惡天必誅之也」。○《定本校記》：民所惡者天誅之。燉煌本作「民所惡天誅之」。神田本作「民所惡天誅也」。內野本、神宮本、足利本作「民之所惡天必誅之」。中原康隆手鈔本作「民之所惡者天誅之」。清原宣賢手鈔本引家本作「民所惡者天必誅之」。

十三葉十二行釋文　惡。烏路反。　「惡」上平有「所」字。「惡」，十作「焏」。

十三葉十三行注　巳能無惡于民。　「于」，阮作「於」。

十三葉十三行注　在我教不至。　○山井鼎《考文》：在我教不至。〔古本〕作「在我教之不至也」。○盧文弨《拾補》：在我教不至。古本「教」下有「之」字。○阮元《校記甲》：在我教不至。古本作「在我教之不至也」。

十四葉一行注　比於湯又有光明。　「比」，十、阮作「此」。○阮元《校記甲》：比於湯。「比」，十行本誤作「此」。○阮元《校記乙》：此於湯。毛本「此」作「比」。所改是也。

十四葉一行疏　正義曰。　「正」，毛作「王」。

十四葉五行疏　有鐘鼓曰伐。　「鐘」，魏、十、永、阮作「鍾」。「鼓」，魏作「鼔」。

十四葉六行疏　非如春秋之例無鐘鼓也。　「鐘」，十、永、阮作「鍾」。「鼓」，魏作「鼔」。

十四葉六行經　勗哉夫子。　○盧文弨《拾補》：勖哉夫子。「勖」，從冒從力，作勖、勗竝譌。

十四葉七行注　夫子。謂將士。　○山井鼎《考文》：夫子，謂將士。〔古本〕下有「也」字。○《定本校記》：夫子，謂將士。神田本、内野本、神宮本、中原康隆手鈔本無「謂」字。

十四葉八行注　寧執非敵之志伐之。則克矣。　○山井鼎《考文》：伐之則克矣。〔古本〕「伐」上有「以」字。○盧文弨《拾補》：寧執非敵之志伐之，則克矣。古本「志」下有「以」字。○阮元《校記甲》：寧執非敵之志伐之。「伐」上古本有「以」字。○《定本校記》：寧執非敵之志伐之。「伐」上燉煌本、内野本、神宮本、足利本有「以」字，清原宣賢手鈔本引家本亦有。

十四葉八行釋文　將。子匠反。　「將」上王、纂有「勗，許玉反，下同」六字，魏有「勗，許王反，下同」六字，殿、庫有「勗，許玉反」四字。「將」下，平有「士」字。○山井鼎《考文》：［補脱］勗，許玉反，下同〔據經典釋文〕。［謹按］當在「將，子匠反」上。

十四葉九行疏　宜勉力哉。　「宜」，十作「冝」。

十四葉九行疏　無敢有無畏輕△敵之心。「輕」，魏作「軽」。

十四葉十行疏　寧執守似前人之强△。「强」，八作「强」。

十四葉十行疏　如是乃△可克矣。「乃」，毛作「小」。○物觀《補遺》：小可克矣。〔宋板〕「小」作「乃」。○浦鏜《正字》：如是乃可克矣。「乃」，毛本誤「小」。○盧文弨《拾補》：如是乃可克矣。毛本「乃」作「小」。「小」當作「乃」。○阮元《校記甲》：如是小可克矣。「小」，宋板、十行、閩、監俱作「乃」，是也。

十四葉十一行疏　故令△將士無敢有無畏之心。「令」，阮作「今」。

十四葉十三行疏　恐彼强△多。「强」，八作「强」。

十四葉十四行注　言民畏△紂之虐。○阮元《校記甲》：言民畏紂之虐。「畏」，纂傳作「懼」。

十四葉十四行注　若崩摧△其角。「摧」，魏作「催」。

十四葉十四行注　無所容頭<。○山井鼎《考文》：無所容頭。〔古本〕下有「也」字。「長世以安民」下同。

十四葉十四行釋文　懍△<。力甚反。「懍」下平重「懍」字。「懍」，十作「懷」。

十四葉十八行注　汝同心立功△。「功」，八作「切」。

十四葉十八行注　則能長世以安民△。　○《定本校記》：則能長世以安民。燉煌本、神田本、内野本、神宮本、中原康隆手鈔本無「民」字，清原宣賢手鈔本引家本亦無。

泰誓下第三

十五葉一行　泰誓下第三△　「三」，閩作「二」。

十五葉三行經　時厥明<。　○山井鼎《考文》：時厥明。〔古本〕下有「日」字。○阮元《校記甲》：時厥明。古本下有「日」字。○《定本校記》：時厥明。「明」下内野本、神宮本、足利本有「日」字。

十五葉三行注　是其戊午明日<△。　「日」，八作「月」。○山井鼎《考文》：是其戊午明日。〔古本〕下有「也」字。「重難之義」下、「百夫長已上」下、「所宜法則」下、「天地神明」下並同。

十五葉四行注　百夫長已上△。　「已」，魏作「巳」。

十五葉四行釋文　<令。力政反。　「令」上平有「申」字。

十五葉五行釋文　<長。竹△丈反。　「長」上平有「夫」字。「竹」，王、纂、魏、平、十、永、閩、殿、

庫、阮作「丁」。○阮元《校記甲》：夫長，丁丈反。「丁」，毛本作「竹」。

十五葉五行釋文　巳。音以。「巳」上王、魏、纂有「巳上」二字。

十五葉五行釋文　上。時掌反。「時」，十作「音」。

十五葉六行疏　爲文益詳。「益」，阮作「亦」。

十五葉七行疏　易師卦初六爻辭也。「初」，魏作「𥘉」。

十五葉八行疏　即誓勑賞勸是也。「是」，庫作「事」。

十五葉九行疏　知此衆士。「士」，魏作「丄」。

十五葉十行疏　是百夫長巳上也。「巳」，庫作「以」。

十五葉十一行注　言王所宜法則。「王」，閩作「王」。

十五葉十三行疏　言明白可效。「白」，八作「自」。

十五葉十四行疏　故先標二句於前。「標」，單、魏、永作「摽」。

十五葉十四行經　今商王受。○《定本校記》：今商王受。燉煌本、神田本、内野本、神宮本無「今」字。

十五葉十五行注　輕狎五常之教。「狎」，李作「押」。

十五葉十五行注　侮慢不行。　「侮」，王、岳作「悔」。

十五葉十六行注　大爲怠惰。　「惰」，王作「隋」。

十五葉十六行疏　輕狎至神明。　「至」，八作「至」。

十五葉十七行疏　狎慣忽之。　「慣」，永作「憤」。

十五葉十七行疏　言慣見而忽也。　「也」，單、八、魏、平作「之」。○山井鼎《考文》：言慣見而忽也。宋板「也」作「之」。○盧文弨《拾補》：言慣見而忽之。毛本「之」作「也」。「也」當作「之」。○阮元《校記甲》：言慣見而忽也。「也」，宋板作「之」。

十六葉一行疏　不事上帝神祇。　「祇」，十、永、庫作「祗」。

十六葉一行疏　毋不敬。　「毋」，毛、阮作「毌」。

十六葉三行注　結怨之。　「怨」，殿作「怨」。

十六葉三行經　斮朝涉之脛。剖賢人之心。　○山井鼎《考文》：斮朝涉之脛。〔古本〕「斮」作「斲」。○物觀《補遺》：剖賢人之心。〔古本〕「剖」作「割」。註同。○盧文弨《拾補》：斮朝涉之脛，剖賢人之心。古本「斮」作「斲」，「剖」作「割」。傳同。○阮元《校記甲》：斮朝涉之脛。「斮」，古本作「斲」。又：剖賢人之心。「剖」，古本作「割」。注同。阮元《校記乙》同。

十六葉五行注　酷虐之甚。　○山井鼎《考文》：酷虐之甚。〔古本〕作「言酷虐之甚也」。○阮元《校記甲》：酷虐之甚。古本作「言酷虐之甚也」。○《定本校記》：酷虐之甚。「酷」上神田本、内野本、神宮本、足利本、中原康隆手鈔本有「言」字。

十六葉五行釋文　斮。側略反。又士略反。　○浦鏜《正字》：又士畧切。案：毛氏居正云：「七」作「士」，誤。○阮元《校記甲》：斮，又士略反。「士」，盧本作「七」，云：依毛居正改。

十六葉五行釋文　耐。乃代反。　「代」，十作「伐」。

十六葉六行疏　魚曰斮之。　「曰」，八作「白」。

十六葉六行疏　樊光云。　「樊」，殿、薈作「樊」。

十六葉六行疏　斮。斫也。　「斮」，閩作「斵」。

十六葉八行疏　乃强諫。　「强」，八作「強」。

十六葉九行經　作威殺戮。　○山井鼎《考文》：作威殺戮。〔古本〕「威」作「畏」。下「洪惟作威」同。○盧文弨《拾補》：作威殺戮。古本「威」作「畏」。下「洪惟作威」同。○阮元《校記甲》：作威殺戮。「威」，古本作「畏」。下「作威」同。阮元《校記乙》同。

十六葉九行注　痡。病也。　「痡」，八作「痛」。

十六葉十行注　言害所及遠。　〇山井鼎《考文》：害所及遠。〔古本〕下有「也」字。「反放退之」下同。〇阮元《校記甲》：言害所及遠。「害」，葛本誤作「善」。

十六葉十行釋文　痡。徐音敷。又普吴反。　「又」，王作「文」。「吴」，纂、魏作「胡」。

十六葉十行疏　未必徧及夷狄。　「未」，平作「末」。「必」，十作「及」。

十六葉十一行疏　而云病四海者。　「病」，平作「痡」。「海」，單作「海」。

十六葉十四行經　郊社不修。　「社」，閩作「社」。〇山井鼎《考文》：郊社不修。〔古本〕「不」作「弗」。篇内皆同。

十六葉十四行經　作奇技淫巧以悦婦人。　「技」，李、王、纂、永作「技」。

十六葉十五行注　營卑褻惡事。作過制技巧。　「技」，李、魏、王、纂、永、閩作「技」。〇山井鼎《考文》：作過制技巧。〔古本〕「制」下有「之」字。〇盧文弨《拾補》：營卑褻惡事，作過制技巧。毛本「褻」誤不成字，下同。古本「制」下有「之」字。〇阮元《校記甲》：作過制技巧。「制」下古本有「之」字。

十六葉十六行釋文　技。其綺反。　「技」，魏、王、永作「技」。「綺」，纂作「倚」，永作「紂」。

十六葉十七行疏　與上篇不事上帝神祇遺厥先宗廟不祀。　「事」，阮作「祀」。「祇」，十、永、庫作「祇」。下「不」，庫作「弗」。

十六葉十七行疏　奇技。　「技」，永作「技」。

十六葉十七行疏　謂奇異技能。　「技」，魏、永作「技」。

十六葉十八行疏　二者大同。　○阮元《校記甲》：二者大同。「大」，纂傳作「本」。按：「本」字是也。阮元《校記乙》同。

十六葉十八行疏　但技據人身。　「技」，魏、永、殿作「技」。

十七葉二行釋文　惡。烏路反。　「惡」上平有「天」字。

十七葉四行注　勸勉不怠。　○阮元《校記甲》：勸勉不怠。「勸勉」二字纂傳倒。

十七葉四行釋文　孜。音茲。　「孜」上平有「孜」字。「茲」，殿、庫作「滋」。○物觀《補遺》：孜，音茲。〔經典釋文〕「茲」作「滋」。○阮元《校記甲》：孜孜，音滋。「滋」，十行本、毛本俱作「茲」。

十七葉五行注　武王述古言以明義。　「述」，李、永作「迷」。

十七葉五行注　言非惟今惡紂。　「惡紂」，阮作「紂惡」。

十七葉六行經　乃汝世讎。　○阮元《校記甲》：乃汝世讎。顧炎武曰：石經「世」誤作「誓」。按：今本唐石經「乃汝讎」三字皆係補缺，惟「世」字作「丗」尚係原刻。顧以爲誤作「誓」，非也。阮元《校記乙》同。

十七葉六行注　大作威殺無辜。　「大」，十作「太」，永作「天」。○物觀《補遺》：殺無辜。〔古本〕下有「也」字。

十七葉七行注　明不可不誅。　○《定本校記》：明不可不誅。「誅」，燉煌本、神田本作「罰」，内野本、神宮本作「討」。

十七葉八行注　言紂爲天下惡本。　○山井鼎《考文》：天下惡本。〔古本〕下有「也」字。「成汝君之功」下、「明著岐周」下、「人盡其用」下、「非我父罪」下並同。

十七葉九行經　誕以爾衆士。　「士」，庫作「土」。

十七葉十行釋文　殲。子廉反。　「殲」，十、阮作「纖」。「廉」，平作「簾」。

十七葉十行經　爾衆士其尚迪果毅以登乃辟。　「毅」，纂、永作「毅」。

十七葉十一行注　殺敵爲果。　「敵」，庫作「敵」。

十七葉十一行注　致果爲毅。　「毅」，纂、永作「毅」。

十七葉十一行釋文　毅。牛既反。　「毅」，纂、永作「毅」。「牛」，魏、毛作「午」。○物觀《補遺》：毅，午既反。〔《經典釋文》〕「午」作「牛」。○浦鏜《正字》：牛既切。「牛」，毛本誤「午」。

十七葉十二行疏　致果爲毅。　「毅」，八作「登」，永作「毅」。

十七葉十二行疏　謂果敢。　「謂」，永作「諸」。

十七葉十三行疏　言能果敢以除賊。致此果敢。　「賊」、「致」之間單、八有一空格。

十七葉十三行疏　是名爲毅。　「名」，阮作「各」。

十七葉十三行疏　言能强決以立功。　「立」，永作「力」。

十七葉十七行注　明著岐周。　「岐」，王、平作「岐」，魏作「歧」，李、永作「歧」。○物觀《補遺》：明著岐周。古本、宋板「岐周」作「岐刕」。○盧文弨《拾補》：明著岐周。古本「周」作「刕」。疑「丽」字之誤，古「州」字也。○阮元《校記甲》：明著岐周。「周」，古本、宋板俱作「刕」。盧文弨云：「刕」即「衆」字，從三人。後人不識，妄改爲「周」。按：「㐺」，音吟，非「衆」字也。後人誤會人三爲衆之説，遂以众爲衆。然相沿已久，此「刕」字當如盧説。山井鼎按古文尚書「從」字作「刅」，其例正同。阮元《校記乙》同。○《定本校記》：明著岐周。「周」，神田本誤作「用」，内野本、神宮本、足利本作「州」。

十八葉一行經　惟朕文考無罪。　○山井鼎《考文》：朕文考無罪。〔古本〕「無」作「亡」。下「無良」同。

十八葉一行注　推功於父。　○物觀《補遺》：推功於父。〔古本〕下有「也」字。

十八葉一行注　言文王無罪於天下。　「文」，魏作「丈」。

十八葉三行經　惟予小子無良。　「良」，八作「長」。

十八葉四行疏　言克受乃是文王之功。　○《定本校記》：言克受。「言」疑當作「予」。

十八葉四行疏　非是文王之罪。　○《定本校記》：非是文王之罪。「非」疑當作「似」。

十八葉四行疏　我之無善之致者。　「致」下魏有一字空白。○山井鼎《考文》：我之無善之致。〔古本〕作「我之無善之所致也」。○盧文弨《拾補》：我之無善之所致。「所」字毛本無，古本有。當補。○阮元《校記甲》：我之無善之致。毛氏曰：「善」作「義」，誤。古本作「我之無善之所致也」。○《定本校記》：我之無善之致。「致」上内野本、神宮本、足利本、中原康隆手鈔本有「所」字，清原宣賢手鈔本引家本亦有。

牧誓第四

十八葉八行經　武王戎車三百兩。　「兩」，要作「輛」。

十八葉八行注　百夫長所載。○山井鼎《考文》：百夫長所載。〔古本〕下有「也」字。「皆百夫長」下、「二月四日」下、「早旦」下、「黄金飾斧」下、「屬文王者國名」下並同。

十八葉八行注　車稱兩。「兩」，要作「輛」。

十八葉九行釋文　車。音居。「車」上平有「戎」字。

十八葉十行釋文　古皆尺遮反。「古」，平作「占」。

十八葉十行釋文　從漢始有音居。「從」，魏作「後」。「漢」上殿無「從」字。

十八葉十行釋文　長。竹丈反。「長」上平有「夫」字。「竹」，王、纂、魏、平、永、閩、殿、庫、阮作「丁」。「丈」，永作「文」。

十八葉十行釋文　卒。子忽反。「卒」上平有「步」字。

十八葉十一行經　虎賁三百人。○殿本《考證》：虎賁三百人。臣召南按：孟子言「三千人」，疑此序誤。然孔傳解「戎車三百兩」，既云「戎車百夫長所載」，解此句又云「皆百夫長」，則小序自作「三百人」，與孟子異，非字畫訛也。

十八葉十一行注　若虎賁獸。○阮元《校記甲》：若虎賁獸。史記集解無「獸」字。阮元《校記乙》同。

十八葉十二行釋文　稱。尺證反。　「稱」上平有「士」字。「證」，魏作「正」。

十八葉十三行釋文　牧。如字。徐一音茂。説文作母。　「如」，十、永作「女」。「母」，王、纂、魏、平、十、永、毛、殿、庫、阮作「坶」。○浦鏜《正字》：説文作坶。「坶」，監本誤「母」。

十八葉十四行釋文　在朝歌南七十里。字林音母。　「里」下魏無「字林音母」四字。

十八葉十四行疏　「武王至牧誓○正義曰」至「故云皆百夫長也」。　「王」，毛作「上」。○浦鏜《正字》：「武王」至「長也」。當在上序下。○盧文弨《拾補》：武王至牧誓。毛本「王」作「上」。「上」當作「王」。案：自此至「故云皆百夫長也」當在序「作牧誓」之下。○疏文「武王至牧誓」至「故云皆百夫長也」，定本移至經文「作牧誓」下。《定本校記》：牧誓。此經傳〔足利〕八行本在「牧誓」下，今從殿本、浦氏。

十八葉十五行疏　史敘其事作牧誓。　「誓」下八有「之」字。

十八葉十七行疏　詩云百兩迓之。　○盧文弨《拾補》：詩云百兩迓之。「迓」，詩經作「御」。

十八葉十八行疏　猶履有兩隻。　「履」，單、八、平、魏、要、十、永、閩、殿、阮作「屨」。○浦鏜《正字》：猶屨有兩隻，亦稱爲兩。「屨」誤「履」。○盧文弨《拾補》：猶屨有兩隻。毛本「屨」作「履」。「履」當作「屨」。

十八葉十八行疏　詩云葛屨五兩。　「五」，八作「三」。

十九葉三行疏　又下傳以百夫長爲卒帥。　「帥」，魏、十、永、阮作「師」。○阮元《校記甲》：又下傳以百夫長爲卒帥。「帥」，十行本誤作「師」。○阮元《校記乙》：又下傳以百夫長爲卒師。毛本「師」作「帥」。所改是也。

十九葉四行疏　凡起徒役。　「凡」，永、庫作「几」。

十九葉四行疏　若鄉遂不足。　「鄉」，魏作「郷」。

十九葉四行疏　則徵兵于邦國。　「兵」，庫作「法」。「于」，要作「於」。

十九葉五行疏　則司馬法六十四井爲甸。　「井」，十、永、閩作「非」。

十九葉五行疏　共出長轂一乘。　「轂」，閩作「轂」。

十九葉六行疏　至於臨敵對戰布陳之時。　「陳」，要作「陣」。

十九葉十行疏　當更以虎賁甲士配車而戰。　「甲」，平作「卒」。「士」，閩作「上」。「戰」，八作「載」。

十九葉十行疏　欲摠明三百兩人之大數。　「摠」，要、殿、庫、阮作「總」。「三」，毛作「此」。○浦鏜《正字》：欲總明三百兩人之大數。「三」，毛本誤「此」。○盧文弨《拾補》：欲摠明三百兩人之大數。毛本「三」作「此」。「此」當作「三」。○阮元《校記甲》：欲摠明此百兩人之大數。「此」，十行、閩、監俱作「三」。○阮元《校記乙》：欲揔明三百兩人之大數。閩本、明監本同，毛本「三」作「此」。

十九葉十二行疏　勇士至夫長。「夫」，八作「天」。

十九葉十五行注　二月四日。○浦鏜《正字》：二月四日。「日」，監本誤「目」。後可知者，不出。

十九葉十五行注　昧。冥。爽。明。早旦。李「冥」作「冥」，「旦」下有「也」字。

十九葉十六行釋文　昧音妹。「昧」下平有「爽上」二字。

十九葉十六行釋文　昧爽。謂早旦也。馬云昧。「謂」上纂無「昧爽」二字。「馬云」二字纂在「謂」字上。「早」，十、永、閩作「甲」。○阮元《校記甲》：昧爽，謂早旦也。「早」，十行本作「甲」，非也。

十九葉十六行疏　是克至早旦。「旦」，八作「㫘」。

十九葉十七行疏　春秋主書動事編次爲文。「書」，十作「事」。

十九葉十八行疏　與此甲子。皆言有日無月。○浦鏜《正字》：與此甲子，皆言有日無月。「言」，疑「是」字誤。○《定本校記》：皆言有日無月。浦氏云「言」疑當作「是」。或云「言」字衍。

二十葉一行疏　以曆推而知之也。　「推」，魏作「惟」。

二十葉一行疏　晦。冥也。昧亦晦義。　「昧」上魏有「昧亦晦冥也」五字。

二十葉三行注　癸亥夜陳。　「陳」，魏作「東」。

二十葉三行注　甲子朝誓。　○阮元《校記甲》：甲子朝誓。「誓」下史記集解有「之」字。

二十葉四行釋文　陳。直刃反。　魏無「陳直刃反」四字釋文。「陳」上平有「夜」字。

二十葉六行疏　而鄭玄云。　「鄭」下要無「玄」字。

二十葉七行疏　乃復倒退適野。　「復倒」，單、八、平、十、永、閩作「復到」，阮作「後到」。○阮元《校記甲》：乃復倒退。「倒」，十行、閩本俱作「到」。按：「倒」，古通作「到」。○阮元《校記乙》：乃復到退。閩本同。毛本「到」作「倒」。按：「倒」，古通作「到」。○張鈞衡《校記》：至於郊乃復到退。阮本「復」作「後」。

二十葉八行疏　武成云。癸亥夜陳未畢而雨。　「雨」，平作「兩」。○浦鏜《正字》：武成云，癸亥夜陳未畢而雨。案：癸亥云云出周語。以武成有癸亥陳于商郊之文，而傳引夜雨之事以解俟天休命，故言武成云云，非謂癸亥夜陳未畢而雨爲武成成文也。

二十葉九行經　王左杖黄鉞。　○阮元《校記甲》：王左杖黄鉞。陸氏曰：「鉞」，本又作「戉」。按：作「戉」是也。説文云：戉，大斧也。阮元《校記乙》同。

二十葉九行注　鉞以黄金飾斧。　○浦鏜《正字》：黄鉞以黄金飾斧。脱上「黄」字，從詩疏。○阮元《校記甲》：鉞以黄金飾斧。浦鏜云「鉞」上脱「黄」字，從公劉詩疏校。按：史記集解亦無「黄」字。阮元《校記乙》同。

二十葉十行注　右手把旄。示有事於教。　「示」上八重「旄」字。○山井鼎《考文》：示有事於教。〔古本〕下有「令」字。○盧文弨《拾補》：示有事於教。古本下有「令」字，正義無。○阮元《校記甲》：示有事於教。「教」下，古本、史記集解俱有「令」字。阮元《校記乙》同。○《定本校記》：示有事於教。「示」上〔足利〕八行本衍「旄」字。燉煌本、神田本無「示」字。「教」下内野本、神宮本、足利本、中原康隆手鈔本有「令」字，清原宣賢手鈔本引家本亦有。

二十葉十行注　逖。遠也。　「逖」，十作「逖」。

二十葉十一行釋文　杖。徐直亮反。　「杖」上平有「左」字。

二十葉十一行釋文　鉞。音鉞。本又作戉。　下「鉞」字，纂、魏、平、十、永、閩、毛、殿、庫、阮作「越」。「戉」，王、纂、十、永、閩作「戊」，阮作「戌」。○浦鏜《正字》：音越。監本誤「音鉞」。○張鈞衡《校記》：又作戉。阮本「戉」作「戌」，誤。

二十葉十二行釋文　麾。許危反。　○阮元《校記甲》：麾，許危反。「危」，葉本作「魚」，非也。

二十葉十二行釋文　逖。他歷反。　「逖」，十作「逖」。

二十葉十二行疏　鉞以至苦之。　「鉞」，十、永、阮作「越」。○阮元《校記甲》：傳鉞以至苦之。「鉞」，十行本誤作「越」。○阮元《校記乙》：傳越以至苦之。案：「越」當作「鉞」，轉寫之譌。

二十葉十二行疏　一名天鉞。　「天」，平作「大」。

二十葉十三行疏　鉞。斧也。　○浦鏜《正字》：鉞，斧也。「鉞」，廣雅誤「戉」。

二十葉十四行疏　逖。遠。釋詁文。　「逖」，十作「逖」。○浦鏜《正字》：逖，遠，釋詁文。爾雅「逖」作「逷」。○盧文弨《拾補》：逖，遠，釋詁文。爾雅作「逷」。

二十葉十五行注　同志爲友。　「友」，纂作「犮」。

二十葉十五行注　言志同滅紂。　「滅」，永作「或」。

二十葉十六行注　治事三卿。　○物觀《補遺》：治事三卿。〔古本〕「治」作「理」。○阮元《校記甲》：治事三卿。「治」，古本作「理」。阮元《校記乙》同。○《定本校記》：治事三卿。「治」，内野本、神宮本、足利本、中原康隆手鈔本作「理」。

二十葉十七行注　司空主士。師。　「士」，八、王作「土」。○阮元《校記甲》：司空主土。「土」，葛本誤作「士」。

二十葉十八行疏　今呼治事惟三卿者。　「卿」下要無「者」字。

二十一葉一行疏　是指誓戰者。故不及大宰大宗司寇也。　「指」，毛作「其」。○物觀《補遺》：是其誓戰。宋板「其」作「指」。○浦鏜《正字》：是其誓戰者，故不及太宰太宗司寇也。「太宗」當「大宗」之誤，下脱「伯」字也。○盧文弨《拾補》：是指誓戰，故不及太宰太宗司寇也。毛本「指」作「其」。「其」當作「指」。○阮元《校記甲》：是其誓戰者。「其」，宋板、十行、閩、監俱作「指」，是也。

二十一葉一行疏　故不及大宰大宗司寇也。　上「大」字，單、八、魏、平、要、十、永、閩、毛、阮作「太」。下「大」字，單、八、魏、平、要、十、閩、毛作「太」。

二十一葉一行疏　此御事之文。指三卿而説。　「文」，毛作「大」。○物觀《補遺》：此御事之大。〔宋板〕「大」作「文」。○浦鏜《正字》：此御事之文，指三卿而説。「文」，毛本誤「大」。○盧文弨《拾補》：此御事之文，指三卿而説。毛本「文」作「大」。「大」當作「文」。○阮元《校記甲》：此御事之大。「大」，宋板、十行、閩、監俱作「文」。○阮元《校記乙》：此御事之文。宋板、閩本、明監本同。毛本「文」作「大」。

二十一葉二行注　次。旅。衆也。衆大夫其位次卿。　「次」，魏作「旅」。○物觀《補遺》：衆大夫其位。〔古本〕無「衆」字。○阮元《校記甲》：旅，衆也。衆大夫。古本無下「衆」字。按：史記集解作「旅衆大夫也」。視今本少一「衆」字，而「也」字在「夫」下，文義較順。阮元《校記乙》同。○《定本校記》：衆大夫其位次卿。燉煌本、神田本、内野本、神宮本、足利本無「衆」字。「夫」下神田本有「也」字。

二十一葉三行注　官以兵守門者。　「兵」，平作「與」。○物觀《補遺》：守門者。〔古本〕下有「也」字。○《定本校記》：以兵守門者。燉煌本、神田本、内野本、神宮本無「者」字。

二十一葉四行疏　故以亞次名之。　○《定本校記》：故以亞次名之。「次」，疑當作「旅」。

二十一葉四行疏　謂諸是四命之大夫。　「諸」下單有一字空格。

二十一葉五行疏　在軍有職事者也。　「職」，要作「執」。

二十一葉五行疏　使其屬帥四夷之隸。　「帥」，十、永、閩、阮作「師」。○阮元《校記甲》：使其屬師四夷之隸。「師」，十行、閩本俱誤作「師」。○阮元《校記乙》：使其屬師四夷之隸。閩本同，毛本「飾」作「師」，所改是也。（彙校者案：「飾作師」當作「師作帥」。）

二十一葉六行疏　則守内列。　「則」，平作「門」。

二十一葉六行疏　守之如守王宮。　○《定本校記》：守之如守王宮。「宮」，〔足利〕八行本誤作「官」。

二十一葉七行注　師帥。卒帥。　○阮元《校記甲》：師帥卒帥。兩「帥」字史記集解並作「率」。阮元《校記乙》同。

二十一葉九行疏　長與帥其義同。是千夫長亦可以稱師。　「帥」，平、十作「師」。「師」，單、八、庫作「帥」。○物觀《補遺》：亦可以稱師。〔宋板〕「師」作「帥」。○盧文弨《拾補》：是千夫長亦可以稱帥。毛本「帥」作「師」。「師」當作「帥」。○阮元《校記甲》：亦可以稱師。「師」，宋板作「帥」，是也。阮元《校記乙》同。

二十一葉九行疏　師長卒長。　「師」，十作「帥」。

二十一葉十行經　蜀。羌。髳。　「蜀」，要作「屬」。「髳」，永作「髳」。

二十一葉十一行注　皆蠻夷戎狄屬文王者國名。　「戎」，纂作「戍」。

二十一葉十一行注　羌在西蜀叟。　「蜀」，要作「屬」。「叟」，殿作「叜」。

二十一葉十二行注　盧彭在西北。　「在」，王作「任」。

二十一葉十二行注　庸濮在江漢之南。　「南」下王、纂、魏、毛、殿、庫有「羌，徐起良反。説文云：西戎牧羊人。髳，茂侯反。濮音卜。叟，所求反，又蘇走反」二十八字。○浦鏜《正字》：羌，徐起良切。説文云：西戎牧羊人。髳，茂侯切。濮音卜。叟，所求切，又蘇走切。二十八字監本脱。

二十一葉十四行疏　此八國並非華夏。　「並」，十作「皆」。

二十一葉十四行疏　故西南夷先屬焉。　「夷」，要作「蠻」。

二十一葉十五行疏　顯然可知。孔不説。　「孔」上八、魏、平、要有「故」字。○物觀《補遺》：顯然可知，孔不説。〔宋板〕「孔」上有「故」字。○盧文弨《拾補》：顯然可知，故孔不説。毛本脱「故」字。○阮元《校記甲》：孔不説。「孔」上宋板有「故」字。

二十一葉十七行疏　馬騰劉範謀誅李傕。　「傕」，單、魏、平、永、阮作「催」。

二十一葉十八行疏　巴在蜀之東偏。　○山井鼎《考文》：巴在蜀之東偏。補本「東」作「南」。謹按此係宋板紙脱，後人補入者。下稱補本者放此。○阮元《校記甲》：巴在蜀之東偏。「東」，補本作「南」。阮元《校記乙》同。

二十一葉十八行疏　漢之巴郡所治江州縣也。　「縣」，閩作「縣」。

二十二葉一行疏　文十六年左傳稱庸與百濮伐楚。楚遂滅庸。　「六」，阮作「八」。上「楚」字，毛作「之」。○物觀《補遺》：百濮伐之，楚遂滅庸。〔宋板〕「之」作「楚」。○浦鏜《正字》：左傳稱庸與百濮伐楚。「楚」，毛本誤「之」。○盧文弨《拾補》：左傳稱庸與百濮伐楚。毛本「楚」作「之」。「之」當作「楚」。○阮元《校記甲》：文十六年左傳稱庸與百濮伐之。「之」，宋板、十行、閩、監俱作「楚」。按：「之」字非也。

二十二葉一行疏　是庸濮在江漢之南。「在」，十、永、阮作「西」。○阮元《校記甲》：是庸濮在江漢之南。「在」，十行、閩本俱誤作「西」。○阮元《校記乙》：是庸濮西江漢之南。閩本同。毛本「西」作「在」，所改是也。

二十二葉二行注　稱。舉也。戈。戟。「稱」，永作「穪」。「戟」，李作「戰」。

二十二葉二行注　干楯也。○《定本校記》：干楯。燉煌本、中原康隆手鈔本如此，各本「楯」下有「也」字，與疏標題不合。

二十二葉二行釋文　比。徐扶志毗志二反。「比」，毛作「此」。○山井鼎《考文》：此，徐扶志毗志二反。[正誤]「此」當作「比」。物觀《補遺》：經典釋文「此」作「比」。○浦鏜《正字》：比，徐扶志毗志二切。「比」，毛本誤「此」。

二十二葉三行疏　稱舉至干楯。「干」，毛作「楯」。「楯」下平有「也」字，十有「劉」字。○阮元《校記甲》：傳稱舉至楯楯。「楯楯」，十行、閩、監俱作「干楯」，是也。

二十二葉三行疏　稱。舉。釋言文。　○浦鏜《正字》：稱，舉。釋言文。「稱」，爾雅作「偁」。

二十二葉三行疏　方言云。　「言」下八、要無「云」字。

二十二葉三行疏　戟。楚謂之干。　「干」，單、八、魏、阮作「孑」，十、永作「子」。○浦鏜《正字》：方言云，戟，楚謂之孑。「孑」誤「干」。○盧文弨《拾補》：戟楚謂之孑。毛本「孑」作「干」，譌。○阮元《校記甲》：戟楚謂之干。「干」，十行、纂傳俱作「孑」。按：纂傳引在説命中篇，下同。○阮元《校記乙》：戟楚謂之孑。纂傳同。毛本「孑」作「干」。按：纂傳引在説命中篇，下同。

二十二葉三行疏　吴揚之間謂之戈。　「揚」，平、閩作「楊」。「間」，單作「閒」。

二十二葉四行疏　戈柲六尺有六寸。　「六尺有六寸」，十作「六十有六尺」。

二十二葉四行疏　而云戈者即戟。　○《定本校記》：而云戈者即戟。王氏鳴盛引作「而云戈即戟者」。

二十二葉五行疏　宜舉其長者。　「長」下要無「者」字。

二十二葉五行疏　方言又云。楯。　「楯」，八作「楯」。

二十二葉五行疏　楯。自關而東或謂之楯。　○浦鏜《正字》：楯，自關而東或謂之瞂。「瞂」，音伐。誤「楯」。「楯」，方言作「盾」。○盧文弨《拾補》：楯自關而東或謂之瞂。「楯」，周禮本作「盾」。「瞂」，舊譌「楯」。浦改「瞂」，音伐。○阮元《校記甲》：或謂之楯。浦鏜云「楯」，方言作「瞂」，音伐。誤作「楯」。阮元《校記乙》同。

二十二葉六行疏　關西謂之楯。是干楯爲一也。　「謂」，毛作「爲」。「干」，庫作「十」。下「楯」，八作「楯」，毛作「吴」。○物觀《補遺》：于(干)吴爲一也。〔宋板〕「吴」作「楯」。○浦鏜《正字》：關西謂之楯，是干楯爲一也。毛本「謂」誤「爲」，「干楯」誤「干吴」。○盧文弨《拾補》：關西謂之楯，是干楯爲一也。毛本「謂」作「爲」。「爲」當作「謂」。毛本下「楯」作「吴」。「吴」當作「楯」。○阮元《校記甲》：關西爲之楯。「爲」，十行、閩、監俱作「謂」。按：十行是也。○阮元《校記乙》：是干吴爲一也。「吴」，宋板、十行、閩、監、纂傳俱作「楯」。按：「吴」字非。

二十二葉六行疏　楯則並以扞敵。　「楯」，八作「楯」。「扞」，八作「打」，平作「杆」。

二十二葉七行疏　矛長立之於地。故言立也。　「言立」，毛作「言之」。○浦鏜《正字》：矛長立之於地，故言立也。「言立」，毛本誤「言之」。○盧文弨《拾補》：矛長立之於地，故言立也。毛本下「立」作「之」。「之」當作「立」。○阮元《校記甲》：故言之也。「之」，十行、閩、監、纂傳俱作「立」。按：「之」字誤。

二十二葉七行經　古人有言曰。　○《定本校記》：古人有言曰。燉煌本、神田本無「曰」字。

二十二葉七行經　牝雞無晨。　○山井鼎《考文》：牝雞無晨。〔古本〕「無」作「亡」。

二十二葉八行釋文　牝。頻引反。徐扶忍反。　「頻」，十、永、閩、阮作「類」。「徐」下平有「又」字。○阮元《校記甲》：牝，頻引反，徐又扶忍反。盧文弨云：易坤卦音頻忍反，徐邈扶忍反，又扶死反。此作頻引，譌。又刪去扶死一音，殊闕略也。

二十二葉八行注　喻婦人知外事。　○山井鼎《考文》：喻婦人知外事。〔古本〕無「人」字。○阮元《校記甲》：喻婦人知外事。古本無「人」字。○《定本校記》：喻婦人知外事。神田本、内野本、神宮本、足利本、中原康隆手鈔本無「人」字，清原宣賢手鈔本引家本亦無。

二十二葉九行釋文　索。西各反。　「各」，十作「角」。

二十二葉十行疏　吾離羣而索居。　「居」，毛作「志」。○物觀《補遺》：離羣而索志。〔宋板〕「志」作「居」。○浦鏜《正字》：吾離羣而索居。「居」，毛本誤「志」。○盧文弨《拾補》：吾離羣而索居。毛本「居」作「志」。「志」當作「居」。○阮元《校記甲》：吾離羣而索志。「志」，宋板、十行、閩、監俱作「居」，是也。

二十二葉十一行疏　故索爲盡也。　「盡」，庫作「散」。

二十二葉十一行疏　走曰牝牡。　「牡」，八作「牝」，永作「牝」。

二十二葉十二行疏　家摠貴賤爲文。　「摠」，十作「國」，殿、庫、阮作「總」。「貴」，平作「責」。

二十二葉十三行疏　專用其言。　「其」，八作「紂」。

二十二葉十三行疏　即是奪其政矣。　「奪」，十作「專」。

二十二葉十四行疏　婦人不當知政。　「當」下要無「知」字。

二十二葉十四行疏　是别外内之分。　「外内」，要作「内外」。

二十二葉十四行疏　若使賢如文母。　「母」，永作「毋」。

二十二葉十四行經　今商王受。惟婦言是用。　「受」，十作「命」。「言」下「是」字石爲旁增小字。○阮元《校記甲》：今商王受，惟婦言是用。「是」字，唐石經旁注。按：漢書五行志引此經無「是」字。阮元《校記乙》同。○《定本校記》：惟婦言是用。「是」字唐石經旁添。神田本、内野本、神宫本無。

二十二葉十五行注　妲已惑紂。　「妲」，王作「姐」。

二十二葉十五行注　紂信用之。　○山井鼎《考文》：紂信用之。〔古本〕「之」作「也」。○阮元《校記甲》：紂信用之。「之」，古本作「也」。

二十二葉十五行釋文　妲。丹達反。巳。音紀。　「妲」下平有「巳」字。「巳」，平作「下」。

二十二葉十六行疏　正義曰。晉語云。　「正」，毛作「曰」。○浦鏜《正字》：正義曰，晉語云。毛本「正」作「曰」。「曰」當作「正」。○盧文弨《拾補》：正義曰，晉語云。毛本「正」誤「曰」。○阮元《校記甲》：曰義曰晉語云。按：「曰」乃「正」字之譌。諸本俱不誤。阮元《校記乙》同。

二十二葉十六行疏　殷辛伐有蘇氏。　「辛」，毛作「卒」。○山井鼎《考文》：殷卒伐有蘇氏。正誤「卒」當作「辛」。物觀《補遺》：宋板「卒」作「辛」。○浦鏜《正字》：殷辛伐有蘇氏。毛本「辛」誤「卒」。○盧文弨《拾補》：殷辛伐有蘇氏。毛本「辛」作「卒」。「卒」當作「辛」。○阮元《校記甲》：殷卒伐有蘇氏。「卒」，宋板、十行、閩、監俱作「辛」。按：「卒」非。

二十二葉十七行疏　妲巳所與言者貴之。　「與」，單、八、魏、平、十、毛作「舉」。○浦鏜《正字》：妲巳所譽者貴之。「譽」，監本誤分「與言」二字，毛本誤「舉言」。○盧文弨《拾補》：妲巳所譽者貴之。毛本「譽」誤分作「與言」二字。○阮元《校記甲》：妲巳所舉言者貴之。十行本及毛本俱作「舉言」，閩、監俱作「與」。按：「與言」二字乃「譽」字誤分爲二也，當据列女傳元文正之。十行本及毛本俱作「舉言」，尤誤。○阮元《校記乙》：妲巳所舉言者貴之。閩本、明監本「舉言」作「與言」。按：「與言」乃「譽」字誤分爲二也，當据列女傳元文正之。毛本亦誤。○《定本校記》：妲己所舉言者貴之。浦氏云「舉言」二字當作「譽」。

二十二葉十八行疏　百姓怨望。「怨」，殿作「怨」。

二十二葉十八行疏　妲己曰。「妲」，阮作「姐」。

二十三葉一行疏　妲巳乃笑。「妲」，閩作「姐」。「笑」，單、十作「笑」，永作「笑」。

二十三葉二行經　昬棄厥肆祀弗答。「答」，石、八、李、王、纂、魏、平、岳、十、永、阮作「荅」。

二十三葉二行注　陳。答。當也。「答」，八、李、王、纂、魏、平、十、永、阮作「荅」。

二十三葉三行注　不復當享鬼神。○山井鼎《考文》：「當享鬼神」下、「同母弟」下、「接之以道」下、「典政事」下、「旅進一心」下、「伐謂擊刺」下、「以爲例」下、「奮擊於牧野」下、「西土之義」下，〔古本〕共有「也」字。

二十三葉四行疏　對答。相當之事。故答爲當也。上「答」字，單、八、魏、平、十、永作「荅」，阮作「合」。下「答」字，單、八、魏、平、十、永、阮作「荅」。

二十三葉五行疏　不事神祇。「祇」，單作「秖」，庫、阮作「祗」。

二十三葉六行經　昬棄厥遺王父母弟不迪。○山井鼎《考文》：昬棄厥遺王父母弟不迪。〔古本〕「不」作「弗」。「不廸于六步七步」同。○盧文弨《拾補》：昬棄厥遺王父母弟不迪。

石經「王」作「任」。

二十三葉六行注　祖之昆弟。「祖」，纂作「毋」，魏作「母」。

二十三葉六行注　母弟。同母弟。上「母」字，十作「毋」。

二十三葉七行注　言棄其骨肉。「肉」，魏作「宍」。

二十三葉七行注　不接之以道。「接」，平作「按」。

二十三葉七行疏　父之考爲王父。「考」，平作「者」。

二十三葉十行疏　經先言棄祀棄親者。「祀」，平作「祖」。

二十三葉十行疏　神怒民怨。「怒」，殿作「怒」。

二十三葉十行疏　紂所以亡也。「所」，八作「王」。

二十三葉十一行經　乃惟四方之多罪逋逃。○盧文弨《拾補》：乃惟四方之多罪逋逃。石經「惟」作「維」。

二十三葉十五行釋文　俾。必爾反。使也。「也」下王、纂、魏、平、毛、殿、庫有「徐甫婢反，下同。宄，音軌」九字。○浦鏜《正字》：俾，必爾切，使也。下監本脱「徐甫婢切，下同。宄，音軌」九字。

二十三葉十六行疏　故傳摠言於都邑也。　「摠」，毛、殿、庫、阮作「總」。

二十三葉十八行注　言當旅進一心。　「心」下王、纂、魏、毛有「愆，去虔反」四字釋文，平、殿、庫有「愆，去乾反」四字釋文。○浦鏜《正字》：愆，去虔切。四字監本脱。

二十四葉四行注　伐。謂擊刺。　「刺」，八、李、王、纂、魏、平、十、永、閩、毛、殿、阮作「刺」。

二十四葉四行注　小則四五。　「小」，八、李、王、魏、岳、十、永、阮作「少」，平作「五」。○阮元《校記甲》：小則四五。「小」，岳本、十行、史記集解、纂傳俱作「少」，是也。

二十四葉四行注　多則六七以爲例。　「例」，纂作「列」。

二十四葉四行釋文　勗。許六反。　「六」，王、纂、魏、平作「玉」。○山井鼎《考文》：勗，許六反。經典釋文「六」作「玉」。

二十四葉四行釋文　刺。七亦反。　「刺」，王、纂、魏、平、十、永、閩、毛、殿、阮作「刺」。

二十四葉五行疏　此先呼其人。然後勉之。此既言然。　○浦鏜《正字》：此先呼其人，然後勉之。下「此既言然」四字疑衍。

二十四葉六行疏　各與下句爲目也。　「目」，平作「自」，殿作「日」。

二十四葉六行疏　戈謂擊兵。　「擊」，永作「整」。

二十四葉六行疏　矛謂刺兵。　「刺」，單、平、永、殿作「剌」。

二十四葉六行疏　謂擊刺。　「刺」，單、八、平、十、永、殿、阮作「剌」。

二十四葉八行經　如虎如貔。　「貔」，八作「豼」。

二十四葉八行注　貔。執夷。　「貔」，八作「豼」。

二十四葉九行注　四獸皆猛健。　「健」，王作「徤」。

二十四葉九行注　欲使士衆法之。　「士」，十作「土」。

二十四葉九行注　奮擊於牧野。　「於」，庫作「于」。

二十四葉九行釋文　貔。○彼皮反。　「貔」下王、纂、魏、平、毛、殿、庫有「音毗，羆」三字。○浦鏜《正字》：貔，音毗。羆，彼皮切。監本脱「音毗，羆」三字。

二十四葉十行疏　貔。白狐。　「貔」，八作「豼」。

二十四葉十行疏　其子㲉。　「㲉」，單、魏、平作「㲉」，永作「穀」。

二十四葉十行疏　貔名白狐。　「貔」，八作「豼」。「狐」，魏作「狐」。

二十四葉十一行疏　其子名㲉。　「㲉」，單、魏、平作「㲉」，閩作「㲉」。

二十四葉十一行經　弗迓克奔以役西土。　「土」，閩作「工」。○阮元《校記甲》：弗迓克奔。按：匡謬正俗引此經，「迓」作「御」。又稱徐仙民音「禦」，是徐本亦作「御」。疏云：王肅讀

「御」爲「禦」。則孔氏所據本亦作「御」。葢作「御」者，古文也。作「迓」者，今文也。釋文云：馬作「禦」。史記同。阮元《校記乙》同。○《定本校記》：弗御克奔。「御」，注疏本作「迓」，燉煌本、神田本作「卸」。今定爲「御」。阮氏云：疏云：王肅讀「御」爲「禦」。則孔氏所據本作「御」。

二十四葉十二行釋文　迓。五嫁反。○阮元《校記甲》：迓。段玉裁校本作「御」。

二十四葉十三行釋文　役。馬云爲也。「役，馬云爲也」，王、纂、魏、平作「馬云：役，爲也」。

二十四葉十三行釋文　爲。于僞反。「于」上平有「音」字。「于」，庫作「子」。

二十四葉十三行疏　迓。訓迎也。「迎」，八、平作「迎」。○《定本校記》：御，訓迎也。「御」，各本作「迓」，今正。

二十四葉十四行疏　令彼知我有義也。「令」，魏、平作「今」。

二十四葉十五行疏　奔走去者可不禦止。「可」，單、八、平作「亦」。

二十四葉十六行經　爾所弗勗。○《定本校記》：爾所弗勗。「爾所」二字神田本、内野本、神宮本、足利本、中原康隆手鈔本倒。

二十四葉十七行注　臨敵所安汝不勉。○山井鼎《考文》：臨敵所安汝不勉。〔古本〕「汝」下有「所」字。○盧文弨《拾補》：汝不勉。古本「汝」下有「所」字。○阮元《校記甲》：汝不勉。「汝」下古本有「所」字。

二十四葉十七行注　則於汝身有戮矣。　○山井鼎《考文》：有戮矣。〔古本〕下有「也」字。○《定本校記》：則於汝身有戮矣。「於」上燉煌本、神田本、内野本、神宫本、中原康隆手鈔本有「其」字。

武成第五

二十五葉二行經　武王伐殷。往伐歸獸。　○阮元《校記甲》：武王伐殷，往伐歸獸。陸氏曰：獸，徐始售反。本或作嘼，許救反。匡謬正俗曰：徐仙民音嘼爲始售反。按：武成當篇云：歸馬於華山之陽，放牛於桃林之野。此與序意相承。六畜之字，本作「嘼」。尔疋論牛、馬、羊、豕則在釋畜。論麋、鹿、虎、豹即在釋獸。若武王歸鹿放虎，可言歸獸。所放既是馬牛，當依嘼字本音讀之，不得謂古文省簡，即呼爲獸。堯典「鳥獸孳尾」、「鳥獸毛毨」，旅獒「珍禽奇獸」，皆作「獸」字，何獨武城一篇以「嘼」爲「獸」。斯不然矣。按：作「嘼」者，古文也。作「獸」者，今文也。徐、陸二本皆用古文。今本釋文，開寶所改，非陸氏元本，故録顔氏説以存古文之遺。阮元《校記乙》同。

二十五葉三行注　歸馬牛於△華山桃林之牧地。「於」，王、纂、岳作「于」。

二十五葉四行注　記識殷家政教善事以爲法＜。○山井鼎《考文》：以爲法。〔古本〕下有「也」字。「文事修」下、「成於克商」下、「始伐紂時」下、「周之正月」下、「近死魄」下並同。

二十五葉五行疏　記識殷家美△政善事而行用之。「美」，八作「羙」。

二十五葉六行疏　此序於經于征△伐商。「征」，庫作「政」。

二十五葉六行疏　是往伐也△。○阮元《校記甲》：是往伐也。「伐」，纂傳作「征」。

二十五葉九行疏　正義曰。紂以昏亂而滅△。「滅」，永作「滅」。

二十五葉九行疏　記△識善事以爲治國之法。「記」，十作「託」。

二十五葉十一行疏　體△裁異於餘篇。「體」，平作「所」。

二十五葉十一行疏　自惟一月至受命于△周。「于」，十、永作「予」。

二十五葉十一行疏　史敘伐殷往△反。「往」，永作「住」。

二十五葉十二行疏　及諸侯△大集。「侯」，庫作「候」。

二十五葉十二行疏　述△祖父已△來開建王業之事也△。「述」，十、永作「迷」。「已」，阮作「以」。「事」下平無「也」字。

二十五葉十三行疏　自曰惟有道至無作神羞。「道」，十作「神」。

二十五葉十五行疏　其官臣偃。「其」，殿、阮作「具」，庫作「具」。

二十五葉十五行疏　惟爾有神裁之。「爾」，魏、平作「尔」。

二十五葉十五行疏　蒯聵禱祖云。「蒯」，永作「蒯」。「聵」，殿作「聵」。

二十五葉十六行疏　大命不敢請。「大」，魏作「太」。

二十五葉十七行疏　直是與神之言。「與」，平作「与」。

二十五葉十七行疏　王當有以戒之。「王」，八作「主」。

二十五葉十八行疏　宜應説其除害與民更始。「宜」，閩作「官」。「與」，平作「与」。

二十六葉二行疏　或壞壁得之。「壁」，八作「壁」，永作「壁」。

二十六葉三行疏　但孔此篇首尾具足。「但」，八作「但」。「尾」，永作「尾」。

二十六葉五行疏　故以武成名篇。「成」，十作「城」。

二十六葉七行注　一月周之正月。○《定本校記》：一月周之正月。燉煌本、神田本、内野本、神宮本、中原康隆手鈔本無「之」字。

二十六葉八行注　月二日死魄。「日」下八、李、王、纂、魏、平、岳、毛、庫有「近」字。○山井鼎《考文》：月二日近死魄。謹按正德、嘉、萬三本脱「近」字。○浦鏜《正字》：月二日近死魄。監本脱「近」字。○阮元《校記甲》：近死魄。十行、正德、嘉、萬、閩、葛俱脱「近」字。○阮元《校記乙》：月二日死魄。正、嘉本、萬本、閩本、葛本同。毛本「死魄」上有「近」字，與岳本合。案：此誤脱也。

二十六葉八行釋文　魄。普白反。説文作霸。匹革反。云月始生魄然貌。　「霸」，十作「覇」。○浦鏜《正字》：魄，説文云月始生魄然也。「也」誤「貌」。○阮元《校記甲》：魄，月始生魄然貌。「貌」，盧本依説文改作「也」。

二十六葉九行釋文　近。附近之近。　「近」，「附」上平有「旁」字。

二十六葉九行經　越翼日癸巳。　○山井鼎《考文》：越翼日癸巳。〔古本〕「翼」作「翌」。註同。○盧文弨《拾補》：越翼日癸巳。古本「翼」作「翌」。傳同。○阮元《校記甲》：越翼日癸巳。「翼」，古本作「翌」。注同。

二十六葉十行注　武王以正月三日行自周。　「王」，毛作「王」。「周」，纂作「用」。

二十六葉十行注　二十八日渡孟津。　「二」，王作「一」。○山井鼎《考文》：「渡孟津」下、「其四月」下、「月三日」下、「互言」下、「示不用」下、「修文教」下、「不復乘用」下，〔古本〕共有「也」字。

二十六葉十一行經　**「厥四月哉生明」至「示天下弗服」**。　○浦鏜《正字》：「厥四月哉生明」以下至「示天下弗服」三十七字，蔡傳從朱子定本，移入「萬姓説服」下。

二十六葉十一行注　**其四月**。　○《定本校記》：其四月。燉煌本、神田本、内野本、神宫本、足利本、中原康隆手鈔本重「其」字，清原宣賢手鈔本引家本亦然。

二十六葉十二行注　**始生明**。　○《定本校記》：始生明。「生」上燉煌本、神田本有「月」字，内野本、神宫本云或本有。

二十六葉十二行注　**與死魄互言**。　「與」，李作「与」。

二十六葉十二行釋文　**豐。芳弓反**。　「豐」，永作「豊」。

二十六葉十五行注　**皆非長養牛馬之地**。　「皆」，八作「𣅜」。

二十六葉十七行釋文　**華山在弘農**。　「弘」，王作「恒」，纂作「桓」，魏作「恆」，平、永、阮作「恒」，十、閩作「恒」。○阮元《校記甲》：華山在恒農。「恒」，毛本作「宏」。段玉裁云：「宏」，宋人改作「恒」。按：説詳舜典。

二十六葉十七行釋文　**長。竹丈反**。　「長」上平有「非」字。「竹」，王、纂、魏、平、十、永、閩、殿、庫、阮作「丁」。○阮元《校記甲》：非長，丁丈反。「丁」，毛本作「竹」。

二十六葉十七行釋文　復。扶又反。「復」上平有「不」字。「又」，王作「文」。

二十六葉十七行經　「丁未。祀于周廟」至「大告武成」。○浦鏜《正字》：「丁未，祀于周廟」以下至「大告武成」二十七字，蔡傳從朱子定本移入「受命于周」之下。

二十六葉十七行經　邦甸侯衛駿奔走。執豆籩。「籩」，李、永作「籩」。○阮元《校記甲》：執豆籩。陸氏曰：「豆」，本又作「梪」。

二十六葉十八行注　四月丁未。「月」，十作「円」。

二十七葉一行注　文考文王以上七世之祖。○阮元《校記甲》：七世之祖。「祖」，纂傳作「廟」。阮元《校記乙》同。

二十七葉一行注　皆大奔走於廟執事。「大」，王作「犬」。○山井鼎《考文》：皆大奔走於廟執事。〔古本〕下有「之也」二字。○阮元《校記甲》：皆大奔走於廟執事。古本下衍「之也」二字。

二十七葉二行釋文　豆。本又作梪。「本」下毛無「又」字。○浦鏜《正字》：豆，本又作梪。毛本脱「又」字。○阮元《校記甲》：豆，本又作梪。毛本脱「又」字。

二十七葉二行釋文　上。時掌反。「上」上平有「以」字。

二十七葉二行經　越三日庚戌。　「戌」，八、李、王、魏、平、十、永作「戍」。

二十七葉三行注　望祀山川。　○山井鼎《考文》：「望祀山川」下、「自近始」下、「十五日之後」下、「明一統」下、「以告諸侯」下、〔古本〕共有「也」字。

二十七葉四行注　自近始。　「始」下李有「也」字，王、纂、魏、平、殿、庫有「燔音煩」三字釋文。

二十七葉四行疏　此歷敘伐紂往反祀廟告天時日。　「祀」，阮作「祖」。

二十七葉五行疏　翼日癸巳。　「翼」，要作「翌」。

二十七葉五行疏　于征伐商。　「于」，平作「干」。

二十七葉六行疏　惟戊午王次于河朔是也。　「河」，永作「何」。

二十七葉七行疏　牧誓云。　「誓」上要無「牧」字。「云」，永作「六」。

二十七葉九行疏　越三日庚戌柴望。　「戌」，單、八、魏、平、要、十、永、閩作「戍」。

二十七葉九行疏　漢書律歷志引武成篇云。　「歷」，單、八、魏、閩作「曆」，平、十、永作「曆」。

二十七葉十行疏　若翼日癸巳。　「若」，庫作「越」。「翼」，要作「翌」。

二十七葉十一行疏　越五日甲子。　「甲」，永作「申」。

二十七葉十一行疏　越六日庚戌。　「戌」，單、八、魏、平、要、十、永作「戍」。

二十七葉十一行疏　祀於天位。　「於」，要作「于」。「位」，十作「地」。

二十七葉十二行疏　乃以庶國祀於周廟。　「於」，要、庫作「于」。○浦鏜《正字》：乃以庶國馘祀于周廟。脱「馘」字。○盧文弨《拾補》：乃以庶國馘祀於周廟。「馘」，毛本脱，浦補。

二十七葉十二行疏　與此經不同。　「與」，十作「与」。

二十七葉十三行疏　此本至死魄。　「死」下永有「皈」字。

二十七葉十三行疏　將言武成。　「成」，庫作「城」。

二十七葉十五行疏　望後明死而魄生。　「望」，十作「朢」。

二十七葉十五行疏　律歷志云。　「歷」，單、八、魏、十、永、閩作「曆」，平作「暦」。

二十七葉十七行疏　與下日爲發端。　「與」，十、永作「輿」。「日」，魏作「曰」，平作「自」。

二十七葉十八行疏　正義曰。翼。明。釋言文。　「明」下平無「釋言文」三字。○浦鏜《正字》：翼，明，釋言文。「翼」，爾雅作「翌」。

二十七葉十八行疏　釋宫云。　「宫」，八作「言」。

二十八葉四行疏　而魄死明生互言耳。　「魄」上要無「而」字。○浦鏜《正字》：而魄死明生互言耳。「而」，疑衍字。○盧文弨《拾補》：而魄死明生互言耳。毛本「而」字衍。○阮元《校記甲》：而魄死明生。浦鏜云：「而」，疑衍字。阮元《校記乙》同。○《定本校記》：而魄死明生互言耳。浦氏云「而」字衍。

二十八葉五行疏　車甲釁而藏之府庫。　「車」，十作「申」。「釁」，永作「釁」，殿作「釁」。○浦鏜《正字》：車甲釁而藏之府庫。「釁」，禮記作「衅」，注：釁字也。

二十八葉六行疏　而貫革之射息也。　「革」，永作「韋」。

二十八葉八行疏　山東朝乃見日。　「朝」下魏無「乃」字。

二十八葉九行疏　今弘農華陰縣潼關是也。　「潼」，魏、十、永作「童」。

二十八葉九行疏　指其所住謂之歸。　「住」，魏作「往」。

二十八葉九行疏　據我釋之則云放。　「據」，庫作「澽」。

二十八葉十一行疏　故放之示天下不復乘用。　○山井鼎《考文》：示天下不復乘用。〔宋板〕補本「示」上有「以」字。○盧文弨《拾補》：以示天下不復乘用。「以」字，毛本脱，宋本有。○阮元《校記甲》：示天下不復乘用。「示」上補本有「以」字。

二十八葉十一行疏　易繫辭云。「繫」，平作「擊」。

二十八葉十一行疏　故以服摠牛馬。「摠」，毛、殿、庫作「總」。

二十八葉十三行疏　以下容毁廟也。「毁」，八作「毀」。

二十八葉十三行疏　故經摠云周廟也。「摠」，要、殿、庫作「總」。

二十八葉十四行疏　故云皆大奔走於廟執事也。「走」，毛作「走」。

二十八葉十五行疏　越三日庚戍。「戍」，單、八、平、十、永作「戍」。

二十八葉十五行疏　正義曰召誥云。「誥」，平作「告」。

二十八葉十五行疏　此從丁未數之。「未」，平作「末」。

二十八葉十六行疏　或此三當爲四。由字積與誤。○浦鏜《正字》：或此三當爲四，由字積與誤。「與誤」字疑倒。「字積」謂古「四」字作「亖」，積「三」而成。○盧文弨《拾補》：或此三當爲四，由字積與誤。「與」當作「畫」，古「四」作「亖」，與「三」皆積畫。○阮元《校記甲》：由字積與誤。浦鏜云「與誤」二字疑倒。孫志祖云：「字積」者，即積畫之說。「與誤」者，或誤寫「四」爲「三」也。不必疑倒。○阮元《校記乙》：由字積與誤。浦鏜云「與誤」二字疑倒。孫志祖云：「字積」者，即積畫之説。「與誤」者，或誤寫「四」爲「三」也。非倒。○《定本校記》：由字積與誤。盧氏云：「與」當作「畫」。

二十八葉十六行經　既生魄。庶邦冢君暨百工。受命于周。　「于」，要作「於」。○浦鏜《正字》：既生魄節一十四字蔡傳移入「示天下弗服之」下。

二十八葉十八行注　受政命於周。　「政」，纂作「攻」，魏、十、永作「政」。「於」，要作「于」。

二十八葉十八行釋文　暨。其器反。　「器」，平作「既」。

二十八葉十八行疏　月以望虧。　「月」上要有「四」字，永有「日」字。

二十九葉二行疏　繼生魄言之。　「言之」，要作「之言」。

二十九葉四行疏　今皆受政命於周。　「今」，魏、平作「令」。「於」，庫作「于」。

二十九葉五行疏　顧氏以既生魄謂庚戌已後。　「戌」，單、平、要、十、永、毛作「戍」。「已」，要作「以」。

二十九葉五行疏　但不知庚戌之後幾日耳。　「戌」，單、八、魏、平、要、十、永、毛、庫作「戍」，閩、殿、阮作「戊」。

二十九葉五行經　「王若曰。嗚呼。羣后」至「予小子其承厥志」。　○浦鏜《正字》：「王若曰：嗚呼羣后」至「其承厥志」七十五字蔡傳移入「大告武成」之下。

二十九葉六行注　順其祖業歎美之以告諸侯。　「歎」，李作「歎」。「美」，八作「羙」。

二十九葉七行經　惟先王建邦啓土。　「王」，纂作「三」。

二十九葉七行注　尊祖故稱先王。　○山井鼎《考文》：尊祖故稱先王。〔古本〕作「尊其祖故稱先王也」。○盧文弨《拾補》：尊祖故稱先王。古本「尊」下有「其」字。○阮元《校記甲》：尊祖故稱先王。古本作「尊其祖故稱先王也」。○《定本校記》：尊祖。「祖」上燉煌本、神田本、内野本、神宮本、足利本、中原康隆手鈔本有「其」字，清原宣賢手鈔本引家本亦有。

二十九葉八行疏　昔我先王后稷。　○盧文弨《拾補》：昔我先王后稷。宋本國語作「昔我先王世后稷」。左傳正義引同。此不引「世」字，文略。

二十九葉九行疏　商頌亦以契爲玄王。　「玄」，永作「文」。

二十九葉十行疏　故言建邦啓土。　「土」，永作「士」。「土」下魏、毛有「也」字。○浦鏜《正字》：故言建邦啟土也。監、閩本無「也」字。○阮元《校記甲》：故言建邦啓土也。十行、閩、監俱無「也」字。

二十九葉十一行注　能厚先人之業。　○山井鼎《考文》：先人之業。〔古本〕下有「也」。

二十九葉十一行疏　后稷卒。子不窋立。卒。子鞠陶立。　○浦鏜《正字》：后稷死，子不窋立，卒，子鞠陶立。案：本紀無「陶」字。

二十九葉十二行疏　公劉之後有公非公祖之類。　「非」上單有一空格。○浦鏜《正字》：有公非公祖之類。「公祖」，本紀作「公叔祖」。○盧文弨《拾補》：有公非公祖之類。周本紀「公」下有「叔」字。○《定本校記》：有公非公祖之類。「之」疑當作「叔」。史記云：「亞圉卒，子公叔祖類立。」索隱引皇甫謐云：「公祖，一名組紺諸盩，字叔類。」

二十九葉十三行疏　周道之興。自此之後。　○浦鏜《正字》：周道之興，自此始。「始」誤「之後」二字。○盧文弨《拾補》：周道之興，自此始。毛本「自此始」作「自此之後」，譌。

二十九葉十四行經　至于大王肇基王迹王季其勤王家。　「肇」，八、王、纂、魏、岳、十、永、毛、阮作「肇」。

二十九葉十五行注　大王修德以翦齊商人。　○山井鼎《考文》：以翦齊商人。〔古本〕「翦」作「剪」。○阮元《校記甲》：以翦齊商人。「翦」，古本作「剪」。按：「翦」、「剪」古今字。

二十九葉十五行注　始王業之肇迹。　「肇」，八、李、王、纂、魏、岳、十、永、阮作「肇」。○山井鼎《考文》：始王業之肇迹。謹按〔宋板〕補本本作「肇」，後改作「兆」，不知據何本。○盧文弨《拾補》：始王業之肇迹。正義「肇」作「兆」。○阮元《校記甲》：始王業之肇迹。山井鼎曰：補本本作「肇」，後改作「兆」，不知據何本。按：據疏耳，然可不必。○《定本校記》：始王業之兆迹。燉煌本、神田本、中原康隆手鈔本如此。「兆」，内野本、足利本、注疏本作「肇」，神宮本作「逃」，皆非。

二十九葉十五行注　王季纘統其業。　「纘」，十、永作「績」。○山井鼎《考文》：王季纘統其業。〔古本〕「纘」作「續」。○盧文弨《拾補》：王季纘統其業。古本「纘」作「續」。○阮元《校記甲》：王季纘統其業。「纘」，古本作「續」。○《定本校記》：王季纘統其業。「業」，燉煌本作「緒」，神田本作「功」。

二十九葉十六行注　乃勤立王家。　「勤」，十作「勤」。「家」，阮作「業」。○山井鼎《考文》：乃勤立王家。〔古本〕下有「也」。○張鈞衡《校記》：乃勤立王家。阮本「家」作「業」。

二十九葉十六行釋文　大音太。　「大」下平有「王上」二字。「太」，纂、平作「泰」。○阮元《校記甲》：大王。大，音泰。「泰」，十行本、毛本俱作「太」。

二十九葉十六行釋文　肈。音兆。　「肈」，王、纂、魏、十、永、阮作「肇」。

二十九葉十六行釋文　王迹。于况反。　「于」上王、纂、魏、平有「上」字。「况」，纂作「坈」。

二十九葉十七行疏　實惟大王。　「大」，八、十作「太」。「王」，永作「正」。

二十九葉十七行疏　居岐之陽。　「岐」，魏、平、永作「歧」。

二十九葉十七行疏　是大王翦齊商人。始王業之兆迹也。　○浦鏜《正字》：是大王翦齊商人，始王業之兆迹也。「兆」，毛傳作「肇」。

二十九葉十七行疏　王季修古公之道。諸侯順之。　○浦鏜《正字》：王季修古公之道，諸侯順之。本紀「王季」作「公季」，「道」作「遺」。○盧文弨《拾補》：王季修古公之道。周本紀「王」作「公」，「道」作「遺」。

二十九葉十八行疏　是能纘統大王之業。　「大」，庫作「太」。

二十九葉十八行經　克成厥勳。　「成」，毛作「伐」。○物觀《補遺》：克伐厥勳。〔古本〕「伐」作「成」。○浦鏜《正字》：我文考文王，克成厥勳。「成」，毛本誤「伐」。○岳本《考證》：克成厥勳。汲古閣本「克成」作「克伐」，非。○盧文弨《拾補》：克成厥勳。毛本「成」作「伐」。「伐」當作「成」。○阮元《校記甲》：我文考文王，克伐厥勳。「伐」，古本、唐石經、臨安石經、岳、葛、十行、閩、監俱作「成」，是也。○阮元《校記乙》：我文考文王，克成厥勳。古本、唐石經、臨安石經、岳本、葛本、閩本、明監本並同。毛本「成」誤作「伐」。

三十葉二行注　大當天命。　○《定本校記》：大當天命。「天」，燉煌本、內野本、神宮本、足利本、中原康隆手鈔本作「王」，清原宣賢手鈔本引家本亦然。

三十葉二行注　以撫綏四方中夏。「綏」，李作「緩」。○山井鼎《考文》：以撫綏四方中夏。〔古本〕下有「也」，「綏」作「安」。〔宋板〕補本同。○盧文弨《拾補》：以撫綏四方中夏。古本「綏」作「安」。○阮元《校記甲》：以撫綏四方中夏。「綏」，古本、補本俱作「安」。阮元《校記乙》同。○《定本校記》：以撫綏四方中夏。「綏」，内野本、神宮本、足利本作「安」。

三十葉四行注　是文王威德之大。○山井鼎《考文》：威德之大。〔古本〕下有「者也」二字。○阮元《校記甲》：是文王威德之大。古本下有「者也」二字。

三十葉四行疏　小邦必畏矣。○阮元《校記甲》：小邦必畏矣。「畏」下纂傳有「力」字。

三十葉四行疏　小邦或被棄遺。「被」，永作「彼」。

三十葉六行注　九年而卒。○山井鼎《考文》：九年而卒。〔古本〕作「九年而文王卒」。〔宋板〕補本同。○盧文弨《拾補》：言諸侯歸之，九年而卒。古本「而」下有「文王」二字。○阮元《校記甲》：九年而卒。古本、補本俱作「九年而文王卒」。○《定本校記》：九年而卒。「卒」上内野本、神宮本、足利本、中原康隆手鈔本有「文王」二字，清原宣賢手鈔本引家本亦有。

三十葉六行注　故大統未就。「統」，八、李、纂、魏、平、岳、毛作「業」。○山井鼎《考文》：故大業未就。〔古本〕下有「也」。謹按正德、嘉、萬三本「業」作「統」。○浦鏜《正字》：故大業未就。「業」，監本及葛、閩本作「統」。○盧文弨《拾補》：故大業未就。元本「業」作「統」。○阮元《校記甲》：故大業未就。「業」，葛本、十行、正德、嘉、萬、閩本、纂傳俱作「統」。按：岳本亦作「業」，與疏合。○阮元《校記乙》：故大統未就。葛本、正德本、嘉、萬本、閩本、纂傳同。岳本「統」作「業」，與疏合。毛本依之。

三十葉八行疏　各稱元年。「元」，單作「兀」。

三十葉八行疏　魏惠王有後元年。「惠」，庫作「恵」。○浦鏜《正字》：魏惠王有後元年。案：竹書紀年周顯王三十四年魏惠成王三十六年改元稱「一年」。○盧文弨《拾補》：魏惠王有後元年。案：竹書紀年魏惠成王三十六年改元稱「一年」。

三十葉九行疏　伏生司馬遷韓嬰之徒。「徒」，單作「徒」。

三十葉九行疏　以爲文王受命七年而崩。「七」，十作「匕」。

三十葉十行注　言承文王本意。○山井鼎《考文》：「文王本意」下、「伐紂之時」下、「大川河」下、「山川之辭」下、「無道德」下、「所以爲無道」下，〔古本〕共有「也」字。

三十葉十行經　厎商之罪。　「厎」，永、閩作「底」。○山井鼎《考文》：底商之罪。〔古本〕「底」作「致」。○盧文弨《拾補》：厎商之罪。毛本「厎」作「底」，譌。古本作「致」。○阮元《校記甲》：厎商之罪。「厎」，古本作「致」。阮元《校記乙》同。

三十葉十行經　「厎商之罪」至「罔不率。俾恭天成命」。○浦鏜《正字》：「厎商之罪」以下至「罔不率俾」七十八字蔡傳移入「于征伐商」之下。

三十葉十一行注　致商之罪。○《定本校記》：致商之罪。燉煌本、神田本無「之」字。

三十葉十一行注　謂伐紂之時。　「時」上纂無「之」字。

三十葉十二行釋文　厎。之履反。　「厎」，王、閩作「底」，庫作「厎」。

三十葉十四行疏　故云后土。　「云」，永作「𠫔」。

三十葉十四行疏　昭二十九年左傳。　「二」，魏作「三」。

三十葉十五行疏　戴皇天而履后土。　○浦鏜《正字》：戴皇天而履后土。案：左傳作「君履后土而戴皇天」。○盧文弨《拾補》：戴皇天而履后土。案：傳作「君履后土而戴皇天」。

三十葉十五行疏　彼晉大夫要秦伯。故以地神后土而言之。　○浦鏜《正字》：彼晉大夫要秦伯，故以地神后土而言之。「秦」，監本誤「奏」。

三十葉十六行疏　**周禮大祝云。**　「大」，單、八、魏、平、十、永作「太」。

三十葉十七行疏　**用祭事告行也。**　「事」，庫作「祀」。○阮元《校記甲》：用祭事告行也。「事」，纂傳作「祀」。阮元《校記乙》同。

三十葉十八行注　**告天社山川之辭。**　「社」，王、纂、岳作「地」。○阮元《校記甲》：告天社山川之辭。「社」，岳本作「地」。○阮元《校記乙》：告天社山川之辭。岳本「社」作「地」。○《定本校記》：告天社山川之辭。燉煌本、神田本無「之」字。

三十葉十八行注　**以兵征之也。**　「之」下李、王、纂、岳無「也」字。○阮元《校記甲》：以兵征之也。岳本無「也」字。

三十一葉二行疏　**曲禮説諸侯自稱之辭云。**　「云」，永作「厷」。

三十一葉二行疏　**臨祭祀。**　「臨」，十作「臨」。○阮元《校記甲》：臨祭祀。「祀」，纂傳作「事」。阮元《校記乙》同。

三十一葉二行疏　**蒯聵禱祖。**　「聵」，平作「瞶」，要作「聵」。

三十一葉三行疏　**皆是言已承藉上祖奠享之意。**　「藉」，平作「籍」。○山井鼎《考文》：上祖奠享之意。〔宋板〕補本無「享」字。○盧文弨《拾補》：皆是言已承藉上祖奠享之意。「奠享」疑「基業」。考文云：補宋本無「享」字。○阮元《校記甲》：皆是言已承藉上祖奠享之意。補本無「享」字。

三十一葉三行經　今商王受無道。暴殄天物。　○山井鼎《考文》：今商王受無道，暴殄天物。〔古本〕「無」作「亡」，「殄」作「絶」。○盧文弨《拾補》：暴殄天物。古本「殄」作「絶」。○阮元《校記甲》：暴殄天物。「殄」，古本作「絶」。阮元《校記乙》同。

三十一葉五行釋文　烝。之承反。　「承」，平作「丞」。

三十一葉五行疏　人在其間。　「間」，單作「閒」。

三十一葉六行疏　則天物之言。　○阮元《校記甲》：則天物之言。「言」，纂傳作「害」。阮元《校記乙》同。

三十一葉六行疏　皆謂天下百物。　「皆」，單、八、魏、平、十、永、毛、殿、阮作「普」。○浦鏜《正字》：普謂天下百物云云。「普」，監本誤「皆」。○阮元《校記甲》：普謂天下百物。「普」，閩、監俱作「皆」。阮元《校記乙》同。

三十一葉七行注　天下罪人逃亡者。而紂爲魁主。窟聚淵府藪澤。　○物觀《補遺》：罪人逃亡。〔古本〕「逃亡」作「亡逃」。○山井鼎《考文》：魁主窟聚。[謹按]永懷、萬曆二本「窟」作「窋」。疏放此。○浦鏜《正字》：而紂爲魁主，窟聚淵府藪澤。「窟」，監本誤「窋」，疏同。○盧文弨《拾補》：天下罪人逃亡者，而紂爲魁主，窟聚淵府藪澤。古本「逃亡」倒。永懷本、神廟本「窟」作「窋」，與「窟」同。下竝同。○阮元《校記甲》：天下罪人逃亡者。「逃亡」二字古本倒。又：窟聚。「窟」，葛本、閩、監俱誤作「窋」。疏放此。○阮元《校記乙》：窟聚。葛本、閩本、明監本「窟」誤作「窋」。疏同。○《定本校記》：天下罪人逃亡者。「逃亡」二字燉煌本、神田本、内野本、神宮本、足利本、中原康隆手鈔本倒。

三十一葉八行注　言大姦。「大」，李作「天」。○山井鼎《考文》：言大姦。〔古本〕下有「也」。

三十一葉九行疏　言若蟲獸入窋。「獸」，殿、庫作「之」。○盧文弨《拾補》：言若蟲獸入窟。官本「獸」改「之」。

三十一葉十行疏　史游急就篇云。「游」，八、十、永、閩、阮作「遊」。

三十一葉十一行疏　故言藪澤。「言」，庫作「云」。

三十一葉十一行疏　亡人歸之。「之」，庫作「人」。

三十一葉十二行疏　天下逋逃。「下」，庫作「人」。

三十一葉十三行經　敢祗承上帝以遏亂略。「祗」，永、毛、殿、庫、阮作「祇」。○盧文弨《拾補》：敢祗承上帝。毛本「祗」作「祇」，譌。

三十一葉十四行注　謂太公周召之徒。　「太」，李、永、阮作「大」。○山井鼎《考文》：周召之徒。〔古本〕下有「也」，「召」作「邵」。○阮元《校記甲》：謂太公周召之徒。陸氏曰：「召」本又作「邵」。

三十一葉十五行注　以絶亂路。　「路」，魏作「略」。○山井鼎《考文》：以絶亂路。〔古本〕下有「也」。○《定本校記》：以絶亂路。燉煌本、神田本無「以」字。

三十一葉十五行釋文　遏。烏末反。　「末」，閩作「未」。

三十一葉十五行釋文　召。上照反。本又作邵。　「召。上照反」，平作「周召，上昭反」。「反」下魏無「本又作邵」四字。

三十一葉十五行經　華夏蠻貊。　「貊」，十作「貊」。

三十一葉十六行經　罔不率。　○山井鼎《考文》：罔不率俾。〔古本〕「不」作「弗」。

三十一葉十六行經　俾恭天成命。　「成」，纂作「承」。

三十一葉十六行經　「俾恭天成命」至「天休震動用附我大邑周」。　○浦鏜《正字》：「恭成天命」以下至「大邑周」三十四字蔡傳從程子定本移入「其承厥志」之下。

三十一葉十七行注　及四夷皆相率而使奉天成命。　「天成」，王、魏作「成天」。○物觀《補遺》：奉天成命。〔古本〕下有「也」字。

三十一葉十七行釋文　貊。亡白反。　「貊」，十作「貊」。「白」，纂作「伯」。

三十一葉十七行疏　冕服至成命。　「成」，魏作「天」。

三十一葉十八行疏　對被髮左衽。　「衽」，八、薈作「衽」，永、庫作「袵」。

三十一葉十八行疏　故大國曰夏。　「大」，單作「犬」。

三十一葉十八行疏　言蠻貊則戎夷可知。　「貊」，十作「貊」。

三十二葉一行疏　王言華夏及四夷。　「王」，阮作「也」。

三十二葉一行疏　皆相率而充已。　○浦鏜《正字》：皆相率而充已。「充」疑「從」字誤。○盧文弨《拾補》：皆相率而充已。「充」疑當作「從」。

三十二葉一行疏　欲其共伐紂也。　「共」，十作「其」。

三十二葉一行經　肆予東征。　「予」，王作「于」。

三十二葉二行注　此謂十一年會孟津還時。　「此」，八作「比」。○山井鼎《考文》：此謂十一年會孟津還時。〔古本〕作「此謂十一年會於孟津之時也」。〔宋板〕補本同。○盧文弨《拾補》：此謂十一年會孟津還時。古本「會」下有「於」字，「還時」作「還之時也」。○阮元《校記甲》：此謂十一年會孟津還時。古本、補本俱作「此謂十一年會於孟津之時也」。○阮元《校記乙》同。○《定本校記》：此謂十一年會孟津還時。「會孟津還時」，燉煌本作「會孟津時」，神田本、中原康隆手鈔本作「會於孟津時」，内野本、神宮本、足利本作「會於孟津之時」。

三十二葉二行經　篚厥玄黄。　○山井鼎《考文》：篚厥玄黄。〔古本〕無「厥」字。○盧文弨《拾補》：篚厥玄黄。古本無「厥」字。○阮元《校記甲》：惟其士女，篚厥玄黄。古本無「厥」字。阮元《校記乙》同。

三十二葉三行注　言東國士女。筐篚盛其絲帛。　○山井鼎《考文》：言東國士女筐篚盛其絲帛。〔古本〕無「盛」字。〔宋板〕補本同。〔宋板〕補本「絲」作「綿」。物觀《補遺》：古本作「言東國士女，上筐篚其絲帛」。〔宋板〕補本作「言東國士女，筐篚其綿帛」。○盧文弨《拾補》：筐篚盛其絲帛。古本「筐篚」作「上篚筐」，無「盛」字。○阮元《校記甲》：筐篚盛其絲帛。古本作「上篚筐其絲帛」。補本作「筐篚其綿帛」。按：當作「筐篚其絲帛」。古本之「上」，今本之「盛」，衍字也。古本之「篚筐」，倒字也。補本之「綿」，誤字也。阮元《校記乙》同。○《定本校記》：筐篚盛其絲帛。内野本、神宮本、足利本、中原康隆手鈔本無「盛」字。

三十二葉三行注　奉迎道次。　「次」，王作「欠」。

三十二葉四行注　明我周王爲之除害。　○山井鼎《考文》：「爲之除害」下、「依附我」下，〔古本〕共有「也」。

三十二葉四行釋文　爲于僞反。「于」上平有「之上」二字。

三十二葉四行經　天休震動用附我大邑周。「天」，王作「大」。

三十二葉五行注　天之美應。「美」，八作「美」。

三十二葉五行經　「惟爾有神」至「而萬姓悦服」。○浦鏜《正字》：「惟爾有神」以下至「萬姓説服」一百十二字蔡傳移入「罔不率俾」下。

三十二葉七行注　神庶幾助我渡民危害。「渡」，魏作「度」。○山井鼎《考文》：渡民危害。〔古本〕「民」上有「我」字。○阮元《校記甲》：渡民危害。「民」上古本有「我」字。

三十二葉七行注　無爲神羞辱。「無」，李作「旡」。○山井鼎《考文》：無爲神羞辱。〔古本〕下有「也」。「夜雨止畢陳」下、「會逆距戰」下並同。

三十二葉七行釋文　相息亮反。「息」上平有「予上」二字。

三十二葉七行經　師逾孟津。○顧炎武《九經誤字》：師逾孟津。石經、監本同。釋文「逾」亦作「踰」。今本作「渡」，非。○山井鼎《考文》：師逾孟津。蔡本「逾」作「渡」。○浦鏜《正字》：既戊午，師逾孟津。「逾」，今本作「渡」。案：石經亦作「逾」。○阮元《校記甲》：既戊午，師逾孟津。顧炎武云：石經、監本同。釋文「逾」亦作「踰」。今本作「渡」，非。阮元《校記乙》同。

三十二葉十行釋文　陳直刃反。「直」上平有「于上」二字。「刃」，魏、平作「忍」。○阮元《校記甲》：陳于，上直刃反。毛居正曰：「刃」作「忍」，誤。

三十二葉十行釋文　註同。徐音塵。「註」，阮作「計」。「塵」，魏作「𡒄」。

三十二葉十二行注　無有戰心。「無」，李作「无」。

三十二葉十二行經　攻于後以北。血流漂杵。「血」下八缺「流漂杵」至「天下大」一版。

三十二葉十三行注　前徒倒戈。自攻于後以北走。「于」，纂、岳作「其」。「走」，魏作「起」。○阮元《校記甲》：自攻于後以北走。「于」，岳本作「其」。○《定本校記》：前徒倒戈，自攻于後以北走。燉煌本、内野本、神宫本、中原康隆手鈔本作「前人自攻於後以走」，清原宣賢手鈔本引家本亦然。

三十二葉十三行注　血流漂春杵。「流」，岳作「法」。「春」，十作「春」。○阮元《校記甲》：血流漂春杵。「流」，岳本誤「法」。○阮元《校記乙》：流血漂春杵。宋板「流血」二字倒，是也。○《定本校記》：血流漂春杵。「血流」二字内野本、神宫本、足利本、中原康隆手鈔本倒，清原宣賢手鈔本引家本亦然。

三十二葉十四行釋文　倒。丁老反。○浦鏜《正字》：丁老切。案：毛氏居正云：當云丁耄切。「丁老切」乃倒仆之倒。倒仆却是偃卧其戈於地而不用，則不應云攻于後以北也。

三十二葉十四行釋文　漂。匹妙反。徐敷妙反。又匹消反。　上「匹」字，十、阮作「四」。「匹妙反」下魏無「徐敷妙反」四字。「又」，王作「文」。下「匹」字，十、閩、阮作「四」。○張鈞衡《校記》：漂，匹妙反。阮本「匹」作「四」，誤。「又匹消反」，阮本「匹」作「四」，誤與上同。

三十二葉十四行釋文　杵。昌呂反。　「杵」，永作「朴」。

三十二葉十五行疏　失其本經。　「經」，阮作「絶」。○張鈞衡《校記》：失其本經。阮本「經」作「絶」，誤。

三十二葉十六行疏　得言罔有敵于我師。　「于」，庫作「於」。

三十二葉十七行疏　皆云我大隨以心體國。　「隨」，平作「隋」。

三十二葉十七行疏　自河至畢陳。　「自」，魏作「目」。

三十二葉十八行疏　戊午明日猶誓於河朔。　「於」，要作「于」。

三十二葉十八行疏　癸亥巳陳於商郊。　「於」，要作「于」。

三十三葉一行疏　王軍至鮪水。　「軍」上殿、庫無「王」字。

三十三葉一行疏　膠鬲曰。然願西伯無我欺。　「願」上要無「然」字。○浦鏜《正字》：膠鬲曰：然願西伯無我欺。「曰」，監本誤「日」。

三十三葉二行疏　以甲子日。以是報矣。○浦鏜《正字》：子以是報矣。「子」誤「日」。○盧文弨《拾補》：以甲子子以是報矣。下「子」字毛本作「日」，浦改，當作「子」。

三十三葉二行疏　軍卒皆諫王曰。「王」，平作「主」。○《定本校記》：軍卒皆諫王曰。「卒」疑當作「率」，即「帥」字。吕氏春秋貴因篇云：「軍師皆諫曰：卒病，請休之。」「師」形近「帥」。

三十三葉三行疏　請休之。「之」，魏作「乏」。

三十三葉三行疏　吾已令膠鬲以甲子報。○浦鏜《正字》：吾已令膠鬲以甲子之期報其主矣。脱「之期」二字。

三十三葉三行疏　甲子至于商郊。「于」，庫作「於」。

三十三葉四行疏　故速行也。「速」，阮作「遠」。○張鈞衡《校記》：本期甲子故速行也。阮本「速」作「遠」，誤。

三十三葉四行疏　待天休命。「天」，永作「王」。

三十三葉六行疏　其會如林。「林」，十作「材」。

三十三葉六行疏　本紀云。紂發兵七十萬人。以距武王。「本」，平作「今」。○浦鏜《正字》：周本紀云：紂發兵七十萬人以距武王。脱「周」字。○盧文弨《拾補》：周本紀云：

紂發兵七十萬人以距武王。「周」字毛本脱，浦補。

三十三葉八行疏　流血漂舂杵。甚之言也。孟子云。信書不如無書。　「流血」，平、要、十、永、阮作「血流」。「舂」，十作「春」。○物觀《補遺》：流血漂舂杵。宋板「流血」作「血流」。○盧文弨《拾補》：血流漂舂杵。孟子云：信書不如無書。「血流」毛本倒，依宋、元本乙。前總序疏亦無「盡」字。史通疑古篇同。○阮元《校記甲》：流血漂舂杵。「流血」二字宋板倒，是也。

三十三葉十行疏　是杵爲舂器也。　「舂」，阮作「臼」。

三十三葉十一行注　一著戎服而滅紂。　「著」，李作「着」。

三十三葉十一行注　動有成功。　「功」下王、纂、魏、平、殿、庫有釋文「著，張略反」。○物觀《補遺》：[補脱]著，張略反〔據經典釋文〕。○《定本校記》：動有成功。燉煌本、内野本、神宮本、中原康隆手鈔本無「功」字，清原宣賢手鈔本引家本亦無。

三十三葉十一行經　乃反商政。政由舊。　○浦鏜《正字》：乃反商政，政由舊。七字程子移入「用附我大邑周」之下。

三十三葉十二行注　用商先王善政。　「先」，李作「无」。○阮元《校記甲》：用商先王善政。

毛氏曰：「王」作「上」，誤。

三十三葉十三行經　封比干墓。「干」，閩作「于」。「干」下石本旁增小字「之」。○阮元《校記甲》：釋箕子囚，封比干墓。唐石經「干」下旁增「之」字。「容」下同。阮元《校記乙》同。

三十三葉十三行經　式商容閭。「容」下石本旁增小字「之」。

三十三葉十三行注　皆武王反紂政。○山井鼎《考文》：皆武王反紂政。〔古本〕「反」上有「所以」二字。○盧文弨《拾補》：皆武王反紂政。古本「王」下有「所以」二字。○阮元《校記甲》：皆武王反紂政。「反」上古本有「所以」二字。○《定本校記》：皆武王反紂政。「王」下燉煌本有「所」字，内野本、神宮本、足利本、中原康隆手鈔本有「所以」二字，清原宣賢手鈔本引家本亦然。

三十三葉十三行注　封益其土。「封」，永作「材」。

三十三葉十四行疏　皆武至禮賢。「至」，永作「王」。

三十三葉十八行疏　則俯而憑式。「俯」，十、永作「府」。

三十四葉一行疏　閭。族居里門也。○浦鏜《正字》：閭，族居里門也。案：説文無「族居」二字。○盧文弨《拾補》：閭，族居里門也。「族居」二字，今説文無。

三十四葉四行疏　忻忻休休。「忻忻休休」，八作「所忻休伏」。○《定本校記》：忻忻休休。〔足利〕八行本誤作「所忻休伏」。

三十四葉四行疏　是非天子。「天」，永作「大」。

三十四葉五行疏　故聖人臨衆知之。○浦鏜《正字》：故聖人臨衆不惡而嚴是以知之。脱「不惡而嚴是以」六字。○《定本校記》：故聖人臨衆知之。浦氏云：「衆」下脱「不惡而嚴是以」六字。

三十四葉七行注　皆散發以賑貧民。○山井鼎《考文》：以賑貧民。〔古本〕下有「也」。○盧文弨《拾補》：皆散發以賑貧民。「賑」當作「振」。

三十四葉九行疏　命閎天封比干之墓。「天」，魏作「夭」。

三十四葉九行疏　命南宮括散鹿臺之錢。「括」，殿、庫作「适」。

三十四葉十三行注　施舍已責。「責」，八、李、纂、魏、平、岳、十、永、阮作「債」。○山井鼎《考文》：施舍已責。〔古本〕「責」作「債」。宋板同。○盧文弨《拾補》：施舍已責。古本、宋本、元本「責」皆作「債」。○阮元《校記甲》：施舍已責。「責」，古本、岳本、宋板、十行俱作「債」。按：釋文作「責」。○阮元《校記乙》：施舍已債。古本、岳本、宋板同。毛本「債」作「責」。按：釋文作「責」。「責」、「債」古今字。○《定本校記》：施舍已責。「責」，足利本、岳本、〔足利〕八行本作「儥」，非。

三十四葉十三行注　救乏賙無。　「乏」，李作「之」。○阮元《校記甲》：救乏賙無。陸氏曰：「賙」本亦作「周」。

三十四葉十三行注　所謂周有大賚。　「賚」，閩作「賫」。○山井鼎《考文》：「周有大賚」下，「悅仁服德」下，〔古本〕共有「也」。

三十四葉十三行釋文　賚。力代反。　「賚」，閩作「賫」。

三十四葉十四行釋文　已。音以。責。側界反。賙音周。　「責」，王、纂、魏、十、永、阮作「債」。「側」，魏作「責」。「已，音以。責，側界反」，平作「已債，上音以，下側界反」。「賙」，纂作「賙」。

三十四葉十四行釋文　本亦作周。　「本亦作周」以下至卷末，永爲抄配。

三十四葉十四行疏　左傳成十八年。　「傳」上「左」字八作空白，要無「左」字。

三十四葉十四行疏　晉悼公初立。　「悼」，十作「掉」。

三十四葉十五行疏　已責救乏。　「乏」，單、八、十作「之」。○《定本校記》：已責救之。「之」，閩本作「乏」，是也。

三十四葉十五行疏　以賙急矜無資也。　「賙」，單作「瞷」。

三十四葉十五行疏　杜預以爲施恩惠。　「惠」，庫作「恵」。

三十四葉十六行疏　止逋責也。　「止」，八作「上」。

三十四葉十六行疏　故傳引之以證大賚。　「之」下要無「以證大賚」四字。

三十四葉十六行疏　論語文。　「文」，庫作「云」。

三十四葉十七行疏　是歡喜。　「歡」，魏作「勸」，永作「懽」。

三十五葉二行疏　況其復籍之乎。　「籍」，單作「藉」。○阮元《校記甲》：況其復籍之乎。「籍」，纂傳作「聚」。○《定本校記》：況其復藉之乎。單疏本如此。〔足利〕八行本「藉」作「籍」。

三十五葉二行疏　是悦服之事也。　「服」，永作「復」。

三十五葉二行經　「列爵惟五」至「垂拱而天下治」。　○浦鏜《正字》：「列爵惟五」至終三十八字蔡傳移在「大邑周」之下，而劉原父以爲上有缺文。

三十五葉三行注　即所識政事而法之。　○物觀《補遺》：政事而法之。〔古本〕下有「者」字。○阮元《校記甲》：即所識政事而法之。「法」下古本有「者」字。

三十五葉三行注　公侯伯子男。「公侯」，永作「侯公」。○物觀《補遺》：公侯伯子男。〔古本〕下有「也」字。

三十五葉三行經　分土惟三。「分」，八作「分」。

三十五葉四行注　列地封國　○山井鼎《考文》：列地封國。〔古本〕「列」作「裂」。○盧文弨《拾補》：列地封國。古本「列」作「裂」。○阮元《校記甲》：列地封國。「列」，古本作「裂」。阮元《校記乙》同。○《定本校記》：列地封國。「列」，燉煌本、内野本、神宮本、足利本、中原康隆手鈔本作「裂」，清原宣賢手鈔本引家本亦然。

三十五葉四行注　伯七十里。○山井鼎《考文》：伯七十里。〔古本〕「七」上有「方」字。○阮元《校記甲》：伯七十里。「七」上古本有「方」字。○《定本校記》：伯七十里。「伯」下燉煌本、内野本、神宮本、足利本有「方」字。

三十五葉四行注　子男五十里。○《定本校記》：子男五十里。「男」下燉煌本有「方」字。

三十五葉五行疏　列地至三品。「三」，永作「二」。

三十五葉五行疏　武王於此既從殷法。「此」，庫作「三」。「殷」，庫作「服」。

三十五葉五行疏　未知周公制禮亦然以否。「以」，要作「與」。

三十五葉六行疏　孟子曰。「曰」，要作「云」。

三十五葉六行疏　北宮錡問於孟子曰。「錡」，永作「騎」。

三十五葉六行疏　天子之制。「天」，永作「大」。

三十五葉八行疏　千乘之國。「之」下平無「國」字。

三十五葉九行疏　封疆方五百里。「疆」，永作「彊」。「方」，平作「之」。

三十五葉九行疏　伯三百里。「百」，八作「伯」。○《定本校記》：伯三百里。「百」，〔足利〕八行本誤作「伯」。

三十五葉十行疏　背違禮文。「背」，單、八、魏、永、毛、殿作「皆」，平作「言」。

三十五葉十一行注　居位理事。必任能事。「理」，王、纂作「治」。下「事」字，纂作「士」。○山井鼎《考文》：必任能事。〔古本〕「事」作「士」。○盧文弨《拾補》：居位理事，必任能士。毛本「士」作「事」。「事」當作「士」。○阮元《校記甲》：必任能事。「事」，古本作「士」。○《定本校記》：必任能事。「事」，燉煌本、内野本、神宮本、足利本、中原康隆手鈔本作「士」，清原宣賢手鈔本引家本亦然。

三十五葉十二行注　所重在民及五常之教。○山井鼎《考文》：所重在民。〔古本〕下有「人」字。○盧文弨《拾補》：所重在民。古本「民」下有「人」字。○阮元《校記甲》：所重在民。古本下有「人」字。○《定本校記》：所重在民及五常之教。「民」下燉煌本、内野本、神宮本、足利本、中原康隆手鈔本有「人」字。

三十五葉十三行疏　以重揔下五事。「以」，單、八、平作「此」。「揔」，殿、庫作「總」。

三十五葉十四行疏　相類而別。「類」，永作「類」。

三十五葉十五行疏　録論語者自略之耳。「自」，魏作「同」。

三十五葉十五行注　喪禮篤親愛。「篤」下八有「事」字。○物觀《補遺》：喪禮篤親愛。宋板「篤」、「親」間空一字。○阮元《校記甲》：喪禮篤親愛。宋板「篤」、「親」間空一字。阮元《校記乙》同。

三十五葉十六行注　祭祀崇孝養。○《定本校記》：祭祀崇孝養。「祀」，燉煌本、神宮本作「禮」。

三十五葉十六行釋文　皆聖王所重。○養。羊亮反。「重」下魏無「養，羊亮反」四字釋文。○山井鼎《考文》：聖王所重。〔古本〕下有「也」。

三十五葉十七行注　使天下厚行言。顯忠義。「天」，王作「大」。「言」，八、李、王、纂、魏、岳、永、毛、殿、庫作「信」。○山井鼎《考文》：「厚行信顯忠義」下、「而天下治」下，〔古本〕共有「也」。謹按正德、嘉、萬三本「信」作「言」，似非。○浦鏜《正字》：使天下厚行信，顯忠義。「信」，監本誤「言」。○阮元《校記甲》：使天下厚行信。「信」，葛本、十行、正、嘉、萬、閩俱作「言」。山井鼎曰：似非。按：纂傳作「信」。○阮元《校記乙》：使天下厚行〔言〕。葛本、閩本同。纂傳「言」作「信」。

三十五葉十八行注　所任得人。「任」，李作「在」。

三十六葉一行注　故垂拱而天下治。「故」，十、永、閩、阮作「欲」。○阮元《校記甲》：故垂拱而天下治。「故」，十行、閩、葛俱誤作「欲」。○阮元《校記乙》：欲垂拱而天下治。閩本同。毛本「欲」作「故」。案：「欲」字誤也。

三十六葉一行釋文　任。而鴆反。「任」上平有「所」字，殿、庫有「拱，居勇反」四字。○山井鼎《考文》：補脱拱，居勇反〔據經典釋文〕。謹按當在「任，而鴆反」上。

三十六葉一行釋文　治。直吏反。○阮元《校記甲》：治。盧挍本移在「所任」上。按：經文固有「治」字，然音注而不音經，書中頗有之，或作者偶誤。當仍其舊。

三十六葉二行疏　故美其垂拱而天下治也。「美」，八作「羙」。

尚書註疏卷第十二　漢孔氏傳　唐孔穎達疏

皇明朝列大夫國子監祭酒臣田一儁

奉訓大夫司經局洗馬管司業事臣盛訥等奉

勑重校刊

洪範第六

周書

武王勝殷殺受立武庚。傳 不放而殺。紂自焚也。武庚。紂子。以爲王者後。一名祿父。○勝。商證反。父音甫。以箕子歸作洪範。傳 歸鎬京。箕子作之。○範音范。鎬。胡老反。本又作鄗。武王所都也。疏 武王至洪範○正義曰。武王伐殷。既勝。殺受。立其子武庚爲殷後。以箕子歸鎬京。訪以天道。箕子爲陳天地之大法。敘述其事。作洪範。此惟當言箕子歸耳。乃言殺受立武庚者。序自相顧爲文。上武成序云。武王伐殷。故此言勝之。下微子之命序云。黜殷命。殺武庚。故此言立之。序言此以順上下也。○傳不放至祿父○正義曰。放桀也。湯放桀。此不放而殺之者。紂自焚而死也。殷本紀云。紂兵敗。紂走入。登鹿臺。衣其寶玉衣。赴火而死。武王遂斬紂頭。懸之太白旗。是也。泰誓云。取彼凶殘。則志在於殺也。死猶斬之。則生亦不放。傳據實而言之耳。本紀云。封紂子武庚祿父。以續殷祀。是以爲王者後也。本紀武庚祿父雙言之。伏生尚書傳云。武王勝殷。繼公子祿父。是一名祿父也。鄭云。武庚字祿父。春秋之世。有齊侯祿父。蔡侯考父。季孫行父。父亦是名。未必爲字。故傳言一名祿父。○傳歸至作之○正義曰。上篇云至于豐者。文王之廟在豐。至豐先告廟耳。時王都在鎬。知歸者歸鎬京也。此經文旨異於餘篇。非直問答而已。不是史官敘述。必是箕子既對武王之問，退而自撰其事，故傳特云箕子作之。書傳云：武王釋箕子之囚，箕子不忍周之釋，走之朝鮮。武王聞之，因以朝鮮封之。箕子既受周之封，不得無臣禮，故於十三祀來朝。武王因其朝而問洪範。案此序云勝殷以箕子歸，明既釋其囚，即以歸之，不令其走去而後來朝也。又朝鮮去周，路將萬里，聞其所在，然後封之，受封乃朝，必歷年矣，不得仍在十三祀也。宋世家云既作洪範，武王乃封箕子於朝鮮，得其實也。

洪範

傳 洪，大。範，法也。言天地之大法。

疏 洪範○正義曰：此經開源於首，覆更演說，非復一問一答之勢，必是箕子自爲之也。發首二句，自記被問之年。自王乃言至彝倫攸敘，王問之辭。自箕子乃言至彝倫攸敘，言禹得九疇之由。自初一曰至威用六極，言禹第敘九疇之次。自一五行已下，箕子更條說九疇之義。此條說者，當時亦以對王，更復退而修撰，定其文辭，使成典教耳。○傳洪大至大法。○正義曰：洪，大。範，法。皆釋詁文。

惟十有三祀，王訪于箕子。傳商曰祀，箕子稱祀，不忘本。此年四月歸宗周，先告武成，次問天道。

王乃言曰：嗚呼！箕子，惟天陰騭下民，相協厥居。傳騭，定也。天不言而默定下民，是助合其居，使有常生之資。○陰，默也。馬云：覆也。騭，之逸反。馬云：升也。升猶舉也，舉猶生也。相，息亮反。助也。

我不知其彝倫攸敘。傳言我不知天所以定民之常道理次敘，問何由。○彝，以之反。

疏 惟十至攸敘○正義曰：此箕子陳王問已之年，被問之事。惟文王受命十有三祀，武王訪問於箕子，即陳其問辭。王乃言曰：嗚呼！箕子，此上天不言而默定下民，佑助諧合其安居，使有常生之資。我不知此天之定民常道所以次敘問天意何由也○傳商曰至天道○正義曰商曰祀周曰年釋天文案此周書也泰誓稱年此獨稱祀故解之箕子稱祀不忘本也此篇箕子所作箕子商人故記傳引此篇者皆云商書曰是箕子自作明矣序言歸作洪範似歸即作之嫌在武成之前故云此年四月歸宗周先告武成次問天道以次在武成之後故知先告武成也○傳騭定至之資○正義曰傳以騭即質也質訓爲成成亦定義故爲定也言民是上天所生形神天之所授故天不言而默定下民羣生受氣流形各有性靈心識下民不知其然是天默定也相助也協和也助合其居者言民有其心天佑助之令其諧合其生出言是非立行得失衣食之用動止之宜無不稟諸上天乃得諧合失道則死合道則生言天非徒賦命於人授以形體心識乃復佑助諧合其居業使有常生之資九疇施之於民皆是天助之事也此問答皆言乃者以天道之大沈吟乃問思慮乃答宣八年公羊傳曰乃緩辭也王肅以陰騭下民一句爲天事相協

以下爲民事。註云。陰深也。言天深定下民。與之五常之性。王者當助天和合其居所行天之性。我不知常道倫理所以次敘。是問承天順民何所由。與孔異也。**箕子乃言曰我聞在昔鯀陻洪水汩陳其五行**傳陻塞。汩亂也。治水失道。亂陳其五行。○鯀工本反。陻音因。汩工忽反。行戶更反。**帝乃震怒不畀洪範九疇彝倫攸斁**傳畀與。斁敗也。天動怒鯀。不與大法九疇。疇類也。故常道所以敗。○畀必二反。徐甫至反。註同。斁多路反。徐同路反。敗也。**鯀則殛死禹乃嗣興**傳放鯀至死不赦。嗣繼也。廢父興子。堯舜之道。○殛紀力反。本或作極。音同。**天乃錫禹洪範九疇彝倫攸敘**傳天與禹洛出書。神龜負文而出。列於背。有數至于九。禹遂因而第之。以成九類。常道所以次敘。○錫。星歷反。

【疏】箕子至攸敘。○正義曰。箕子乃言答王曰。我聞在昔。鯀障塞洪水。治水失道。是乃亂陳其五行而逆天道也。天帝乃動其威怒。不與鯀大法九類。天之常道所以敗也。鯀則放殛至死不赦。禹以聖德繼父而興。代治洪水。決道使通。天乃賜禹大法九類。天之常道所以得其次敘。此說其得九類之由也。○傳陻塞至五行。○正義曰。襄二十五年左傳。說陳之伐鄭云。井陻木刊。謂塞其井。斬其木。是陻爲塞也。汩。是亂之意。故爲亂也。水。是五行之一。水性下流。鯀反塞之。失水之性。水失其道。則五行皆失矣。是塞洪水爲亂陳其五行。言五行陳列皆亂也。大禹謨帝美禹治水之功云。地平天成。傳云。水土治曰平。五行敘曰成。水既治。五行序。是治水失道。爲亂五行也。○傳畀與至以敗。○正義曰。畀。與。釋詁文。斁。敗。相傳訓也。以禹得而鯀不得。故爲天動威怒。鯀不與大法九疇。疇是輩類之名。故爲類也。言其每事自相類者有九。九者各有一章。故漢書謂之爲九章。此謂九類。是天之常道。既不得九類。故常道所以敗也。自古以來。得九疇者。惟有禹耳。未聞餘人有得之者也。若人皆得之。鯀獨不得。可言天帝怒鯀。餘人皆不得。獨言天怒鯀者。以禹由治水有功。故天賜之。鯀亦治水而天不與。以鯀禹俱是治水。父不得而子得之。所以彰禹之聖當於天心。故舉鯀以彰禹也。○傳放鯀至之道○正義曰。傳嫌殛謂被誅殺。故辯之云。放鯀至死不赦也。嗣。繼。釋詁文。三代以還。父罪子廢。故云廢父與子。堯舜之道。賞罰各從其實。爲天下之至公也。○傳天與至次叙○正義曰。易繫辭云。河出圖。洛出書。聖人則之。九類各有文字。即是書也。而云天乃錫禹。知此天與禹者。即是洛書也。漢書五行志。劉歆以爲伏羲繫天而王。河出圖。則而畫之。八卦是也。禹治洪水。錫洛書。法而陳之。洪範是也。先達共爲此説。龜負洛書。經無其事。中候及諸緯多説黄帝堯舜禹湯文武受圖書之事。皆云。龍負圖。龜負書。緯候之書。不知誰作。通人討覈。謂僞起哀平。雖復前漢之末。始有此書。以前學者。必相傳此說。故孔以九類是神龜負文而出列於背有數從一而至於九禹見其文遂因而第之。以成此九類法也。此九類陳而行之。常道所以得次敘也。言禹第之者。以天神言語。必當簡要。不應曲有次第。丁寧若此。故以爲禹次第之。禹既第之。當有成法可傳。應人盡知之。而武王獨問箕子者。五行志云。聖人行其道而寶其眞。降及於殷。箕子在父師之位而典之。周既克殷。以箕子歸周。武王親虚己而問焉。言箕子典其事。故武王特問之。其義或當然也。若然大禹既得九類。常道始有次敘。未有洛書之前。常道所以不亂者。世有澆淳。教有疎密。三皇以前無文亦治。何止無洛書也。但既得九類以後。聖王法而行之。從之則治。違之則亂。

初一曰五行。（傳）

故此說常道攸敘攸斁由洛書耳。

九類類一章。以五行爲始。

次二曰敬用五事。（傳）五事在身。用之必敬乃善。

次三曰農用八政。（傳）農厚也。厚用之。政乃成。○農馬云食爲入政之首，故以農名之。**次四曰協用五紀。**傳 協，和也。和天時使得正用五紀。**次五曰建用皇極。**傳 皇，大。極，中也。凡立事當用大中之道。**次六曰乂用三德。**傳 治民必用剛柔正直之三德。**次七曰明用稽疑。**傳 明用卜筮考疑之事。**次八曰念用庶徵，次九曰嚮用五福，威用六極。**傳 言天所以嚮勸人用五福，所以威沮人用六極。此已上禹所第敘。○嚮，許亮反，又許兩反。沮，在汝反。此已上，時掌反。禹所第叙，馬云：從五行已下至六極，洛書文也。漢書五行志以初一已下皆洛書文也。

疏 初一至六極。○正義曰：天所賜禹大法九類者，初一曰五材氣性流行，次二曰敬用在身五種之行

事。次三。曰。厚用接物八品之政教。次四。曰。和用天象
五物之綱紀。次五。曰。立治用大爲中正之道。次六。曰。
治民用三等之德。次七。曰。明用卜筮以考疑事。次八。
曰。念用天時衆氣之應驗。次九。曰。嚮勸人用五福。威
沮人用六極。此九類之事也。○傳農厚至乃成。○正
義曰。鄭玄云。農讀爲醲。則農是醲意。故爲厚也。政施
於民。善不厭深。故厚用之。政乃成也。張晏、王肅皆言
農食之本也。食爲八政之首。故以農言之。然則農用
止爲一食。不兼八事。非上下之例。故傳不然。八政三
德。總是治民。但政是被物之名。德是在己之稱。故分
爲二疇也。○傳協和至五紀。○正義曰。協。和。釋詁文。
天是積氣。其狀無形。列宿四方。爲天之限。天左行。晝
夜一周。日月右行。日遲月疾。周天三百六十五度有
餘。日則日行一度。月則日行十三度有餘。日月行於
星辰。乃爲天之曆數。和此天時。令不差錯。使行得正
用五紀也。日月逆天道而行。其行又有遲疾。故須調
和之。○傳皇大至之道。○正義曰。皇。大。釋詁文。極之
爲中。常訓也。凡所立事。王者所行。皆是無得過與不

及當用大中之道也。詩云。莫匪爾極。周禮以爲民極。論語允執其中。皆謂用大中也。○傳言天至第叙○正義曰。貧弱等六者。皆謂窮極惡事。故目之六極也。福者。人之所慕。皆嚮望之。極者。人之所惡。皆畏懼之。勸。勉也。勉之爲善。沮。止也。止其爲惡。福極皆上天爲之。言天所以嚮望勸勉人用五福。所以畏懼沮止人用六極。自初一曰已下至此六極已上。皆是禹所次第而叙之。下文更將此九類而演說之。知此九者皆禹所第也。禹爲此次者。蓋以五行世所行用。是諸事之本。故五行爲初也。發見於人則爲五事。故五事爲二也。正身而後及人。施人乃名爲政。故八政爲三也。施人之政。用天之道。故五紀爲四也。順天布政。則得大中。故皇極爲五也。欲求大中。隨德是任。故三德爲六也。政雖在德。事必有疑。故稽疑爲七也。行事在於政。得失應於天。故庶徵爲八也。天監在下。善惡必報。休咎驗於時氣。禍福加於人身。故五福六極爲九也。皇極居中者。總包上下。故皇極傳云。大中之道。大立其有中。謂行九疇之義是也。福極處末者。顧氏云前八事俱得。五福歸之。前八事俱失。六極臻之。故福極處末也。發首言初一。其末不言終九者。數必以一爲始。其九非數之終。故從上言次而不言終也。五行不言用者。五行萬物之本。天地百物莫不用之。不嫌非用也。傳於五福六極言天用者。以前並是人君所用。五福六極受之於天。故言天用。傳言此禹所第敘。不知洛書本有幾字。五行志悉載此一章。乃云。凡此六十五字。皆洛書本文。計天言簡要。必無次第之數。上傳云。禹因而第之。則孔以第是禹之所爲。初一曰等二十七字。必是禹加之也。其敬用農用等一十八字。大劉及顧氏以爲龜背先有總三十八字。小劉以爲敬用等亦禹所第敘。其龜文惟有二十字。並無明據。未知孰是。故兩存焉。皇極不言數者。以總該九疇。理兼萬事。非局數能盡故也。稽疑不言數者。以卜五筮二。共成爲七。若舉卜不得兼筮。舉筮不得兼卜。且疑事既衆。不可以數總之故也。庶徵不言數者。以庶徵得爲五休。失爲五咎。若舉休不兼咎。舉咎不兼休。若休咎並言。便爲十事。本是五物。不可言十也。然五福六極。所以善惡皆言者。以沮勸在下。故丁寧明言善惡也。且庶徵雖有休咎。皆以念慮包之。福極嚮威相反。不可一言爲目。故別爲文焉。知五福六極。非各分爲疇。所以共爲一者。蓋以龜文福極相近一處。故禹第之總爲一疇。等行五事。所以福五而極六者。大劉以爲皇極若得。則分散總爲五福。若失。則不能爲五事之主。與五事並列其咎弱。故爲六也。猶詩平王以後。與諸侯並列。同爲國風焉。咎徵有五而極有六者。五徵傳云。皇之不極。厥罰常陰。即與咎徵常雨相類。故以常雨包之爲五也。

一五行。一曰水。二曰火。三曰木。四曰金。五曰土。傳 皆其生數。水曰潤下。火曰炎上。傳 言其自然之常性。○炎。榮鉗反。上時掌反。又如字。下同。木曰曲直。金曰從革。傳 木可以揉曲直。金可以改更。○揉。如酉反。土爰稼穡。傳 種曰稼。斂曰穡。土可以種。可

以歛。潤下作鹹。傳 水鹵所生。○鹹音咸。鹵音魯。炎上作苦。傳
焦氣之味。曲直作酸。傳 木實之性。從革作辛。傳 金之
氣。稼穡作甘。傳 甘味生於百穀。五行以下。箕子所陳。
疏 一五行至作甘○正義曰。此以下。箕子所演陳禹
所第疇名於上。條列說以成之。此章所演。文有三
重。第一言其名次。第二言其體性。第三言其氣味。言
五者性異而味別。各爲人之用。書傳云。水火者。百姓
之所飲食也。金木者。百姓之所興作也。土者。萬物之
所資生也。是爲人用。五行。即五材也。襄二十七年左
傳云。天生五材。民並用之。言五者各有材幹也。謂之
行者。若在天則五氣流行。在地世所行用也。○傳 皆
其生數。○正義曰。易繫辭曰。天一。地二。天三。地四。天
五。地六。天七。地八。天九。地十。此即是五行生成之數。
天一生水。地二生火。天三生木。地四生金。天五生土。
此其生數也。如此則陽無匹。陰無偶。故地六成水。天

七成火。地八成木。天九成金。地十成土。於是陰陽各有四偶而物得成焉。故謂之成數也。易繫辭又曰。天數五。地數五。五位相得而各有合。此所以成變化而行鬼神。謂此也。又數之所起。起於陰陽。陰陽往來在於日道。十一月冬至日南極。陽來而陰往。冬。水位也。以一陽生爲水數。五月夏至日北極。陰進而陽退夏。火位也。當以一陰生爲火數。但陰不名奇。數必以偶。故以六月二陰生爲火數也。是故易說稱乾貞於十一月子。坤貞於六月未。而皆左行。由此也。冬至以及於夏至。當爲陽來。正月爲春木位也。三陽已生。故三爲木數。夏至以及冬至。當爲陰進。八月爲秋。金位也。四陰已生。故四爲金數。三月春之季。四季土位也。五陽已生。故五爲土數。此其生數之由也。又萬物之本有生於無。著生於微。及其成形。亦以微著爲漸。五行先後。亦以微著爲次。五行之體。水最微。爲一。火漸著。爲二。木形實。爲三。金體固。爲四。土質大。爲五。亦是次之宜。大劉與顧氏皆以爲水火木金得土數而成。故水成數六。火成數七。木成數八。金成數九。土成數十。

義亦然也。○傳言其自然之常性。○正義曰。易文言
云。水流濕。火就燥。王肅曰。水之性。潤萬物而退下。火
之性。炎盛而升上。是潤下炎上。言其自然之本性。○
傳木可至改更。○正義曰。此亦言其性也。揉曲直者。
爲器有須曲直也。可改更者。可銷鑄以爲器也。木可
以揉令曲直。金可以從人改更。言其可爲人用之意
也。由此而觀。水則潤下。可用以灌溉。火則炎上。可用
以炊爨。亦可知也。水既純陰。故潤下趣陰。火是純陽。
故炎上趣陽。木金陰陽相雜。故可曲直改更也。○傳
種曰至以斂。○正義曰。鄭玄周禮注云。種穀曰稼。若
嫁女之有所生。然則穡是惜也。言聚蓄之可惜也。共
爲治田之事。分爲種斂二名耳。土上所爲。故爲土性。
上文潤下炎上曲直從革。即是水火木金體有本性。
其稼穡以人事爲名。非是土之本性。生物是土之本
性。其稼穡非土本性也。爰亦曰也。變曰言爰。以見此
異也。六府以土穀爲二。由其體異故也。○傳水鹵所
生。○正義曰。水性本甘。久浸其地。變而爲鹵。鹵味乃
鹹。說文云。鹵。西方鹹地。東方謂之斥。西方謂之鹵。禹

貢云：「海濱廣斥。」是海浸其旁地使之鹹也。月令冬云「其味鹹，其臭朽」是也。上言「曰」者，言其本性；此言「作」者，從其發見。指其體則稱「曰」，致其類即言「作」。下五事庶徵言「曰」、「作」者，義亦然也。○傳「焦氣之味」。○正義曰：火性炎上，焚物則焦，焦是苦氣。月令夏云「其臭焦，其味苦」。苦爲焦味，故云「焦氣之味」也。臭之曰氣，在口曰味。○傳「木實之性」。○正義曰：木生子實，其味多酸，五果之味雖殊，其爲酸一也，是木實之性然也。月令春云「其味酸，其臭羶」是也。○傳「金之氣味」。○正義曰：金之在火，別有腥氣，非苦非酸，其味近辛，故辛爲金之氣味。月令秋云「其味辛，其臭腥」是也。○傳「甘味生於百穀」。○正義曰：甘味生於百穀。穀是土之所生，故甘爲土之味也。月令中央云「其味甘，其臭香」是也。

二、五事：一曰貌，傳容儀。○貌，本亦作䫉。二曰言，傳詞章。三曰視，傳觀正。○視，常止反，徐市止反。四曰聽，傳察是非。五曰思。傳心慮所行。○思，如字，徐息吏反，下同。貌曰恭。傳儼恪。○儼，魚檢反。言曰從。傳是則可從。視曰明。傳必清審。聽曰聰。傳必微諦。○諦，音帝。思曰睿。傳必通於微。○睿，悅歲反。馬云通也。恭作肅，傳心敬。從作乂，傳可以治。明作哲，傳照了。○哲，之舌反。徐之列反，又之世反。聰作謀，傳所謀必成當。○當，丁浪反。睿作聖。傳於事無不通謂之聖。

疏「二五」至「作聖」。○正義曰：此章所演，亦爲三重。第一言其所名，第二言其所用，第三言其所致。貌是容儀，舉身之大名也。言是口之所出，視是目之所見，聽是耳之所聞，思是心之所慮，一人之上有此五事也。貌必須恭，言乃可從，視必當明，聽必當聰，思必當通於微密也。此一重，卽是敬用之事。貌能恭則心肅敬也，言可從則政必治也，視能明則所照哲也，聽能聰則所謀必當也，思通微則事無不通，乃成聖也。此一重，言其所致之事。洪範本體與人主作法。皆據人主爲說。貌總身也。口言之。目視之。耳聽之。心慮之。人主始於敬身。終通萬事。此五事爲天下之本也。五事爲此次者。鄭云此數本諸陰陽。昭明人相見之次也。五行傳曰。貌屬木。言屬金。視屬火。聽屬水。思屬土。五行傳。伏生之書也。孔於太戊桑穀之下云七日大拱。貌不恭之罰。高宗雊雉之下。云耳不聰之異。皆書傳之文也。孔取書傳爲說。則此次之意。亦當如書傳也。木有華葉之容。故貌屬木。言之決斷。若金之斬割。故言屬金。火外光。故視屬火。水內明。故聽屬水。土安靜而萬物生。心思慮而萬事成。故思屬土。又於易東方震爲足。足所以動容貌也。西方兌爲口。口出言也。南方離爲目。目視物也。北方坎爲耳。耳聽聲也。土在內。猶思在心。亦是五屬之義也。○

(傳)察是非○正義曰。此五事皆有是非。論語云。非禮勿視。非禮勿聽。非禮勿言。非禮勿動。又引詩云。思無邪。故此五事皆有是非也。此經歷言五五名。名非善惡之稱。但爲之有善有惡。傳皆以是辭釋之。貌者言其動有容儀也。言者。道其語有辭章也。視者。言其觀正不觀邪也。聽者。受人言察是非也。思者。心慮所行使行得中也。傳於聽云察是非。明五者皆有是非也。所爲者爲正不爲邪也。於視不言視邪正。於聽言察是非。亦所以互相明也。○傳必通於微○正義曰。此一重。言敬用之事。貌戒惰容。故恭爲儼恪。曲禮曰。儼若思。儼是嚴正之貌也。恪敬也。貌當嚴正而莊敬也。言非理則人違之。故言是則可從也。視必明於善惡。故必清徹而審察也。聽當別彼是非。必微妙而審諦也。王肅云。睿通也。思慮苦其不深。故必深思使通於微也。此皆敬用使然。故經以善事明之。鄭玄云。此恭明聽睿行之於我身。其從則是彼人從我。以與上下違者。我是而彼從。亦我所爲不乖刺也。此據人主爲文。皆是人主之事。說命云。接下思恭。視遠惟明。聽德惟聰。即此是也。○傳於事至之聖○正義曰。此一重言所致之事也。恭在貌而敬在心。人有心慢而貌恭。必當緣恭以致敬。故貌恭作心敬也。下從上則國治。故人主言必從。其國可以治也。視能清審。則照了物情。故視明致照晳也。聽聰則知其是非。從其是爲謀必當。故聽聰致善謀也。睿聖俱是通名。聖大而睿小。緣其能通微。事事無不通。因睿以作聖也。鄭玄周禮注云。聖通而先識也。是言識事在於衆物之先。無所不通。以是名之爲聖。聖是智之上。通之大也。此言人主行其小而致其大。皆是人主之事也。鄭玄皆謂其政所致也。君貌恭。則臣禮肅。君言從。則臣職治。君視明。則臣照晳。君聽聰。則臣進謀。君思睿。則臣賢智。鄭意謂此所致皆是君致臣也。案庶徵之意。休徵咎徵皆肅乂所致。若肅乂明聰皆是臣事。則休咎之所致。悉皆不由君矣。又聖大而睿小。若君睿而致臣聖。則臣皆上於君矣。何不然之甚乎。晳字王肅及漢書五行志。皆云。悊。智也。鄭本作晳。則讀爲哲。

三八政。

一曰食。（傳）勤農業。**二曰貨。**（傳）寶用物。**三曰祀。**（傳）敬鬼神以成教。**四曰司空。**（傳）主空土以居民。**五曰司徒。**（傳）主徒衆教以禮義。**六曰司寇。**（傳）主姦盜使無縱。○縱子用反。或作從。音同。七曰賓。傳 禮賓客無不敬。八曰師。傳 簡師所任必良。士卒必練。○卒，子忽反。

疏 三八政至曰師○正義曰。八政者。人主施政教於民。有八事也。一曰食。教民使勤農業也。二曰貨。教民使求資用也。三曰祀。教民使敬鬼神也。四曰司空之官。主空土以居民也。五曰司徒之官。教衆民以禮義也。六曰司寇之官。詰治民之姦盜也。七曰賓。教民以禮待賓客相往來也。八曰師。立師防寇賊以安保民也。八政如此次者。人不食則死。食於人最急。故教爲先也。有食又須衣貨爲人之用。故貨爲二也。所以得食貨。乃是明靈祐之。人當敬事鬼神。故祀爲三也。足衣食。祭鬼神。必當有所安居。司空主居民。故司空爲四也。雖有所安居。非禮義不立。司徒教以禮義。故司徒爲五也。雖有禮義之教。而無刑殺之法。則彊弱相陵。司寇主姦盜。故司寇爲六也。民不往來。則無相親之好。故賓爲七也。寇賊爲害。則民不安居。故師爲八也。此用於民緩急而爲次也。食貨祀賓師。指事爲之名。三卿舉官爲名者。三官所主事多。若以一字爲名。則所掌不盡。故舉官名以見義。鄭玄云。此數本諸其職。先後之宜也。食謂掌民食之官。若后稷者也。貨掌金帛之官。若周禮司貨賄是也。祀掌祭祀之官。若宗伯者也。司空掌居民之官。司徒掌教民之官也。司寇掌詰盜賊之官。賓掌諸侯朝覲之官。周禮大行人是也。師掌軍旅之官。若司馬也。王肅云。賓掌賓客之官也。即如鄭王之說。自可皆舉官名。何獨三事舉官也。八政主以教民。非謂公家之事。司貨賄掌公家貨賄。大行人掌王之賓客。若其事如周禮皆掌王家之事。非復施民之政。何以謂之政乎。且司馬在上。司空在下。今司空在四。司馬在八。非取職之先後也。○傳寶用物。○正義曰。貨者。金玉布帛之總名。皆爲人用。故爲用物。旅獒云。不貴異物賤用物是也。食則勤農以求之。衣則蠶績以求之。但貨非獨衣。不可指言求處。故云得而寶愛之。孝經云。謹身節用。詩序云。儉以足用。是寶物也。○傳主空土以居民。○正義曰。周官篇云。司空掌邦土。居四民。時地利。司徒掌邦教。敷五典。擾兆民。司寇掌邦禁。詰姦慝。刑暴亂。周禮司徒敎以禮義。司寇無縱罪人。其文具矣。○傳簡師至必練○正義曰。經言賓師。當有賓師之法。故傳以禮賓客無不敬。敎民待賓客相往來也。師者。衆之通名。必當選人爲之。故傳言簡師。選人爲師也。所任必良。任良將也。士卒必練。練。謂敎習使知義。若練金使精也。論語以不敎民戰。是謂棄之。是士卒必須練也。

四五紀。一曰歲。傳所以紀四時。

二曰月。傳所以紀一月。

三曰日。傳紀一日。

四曰星辰。傳二十八宿迭見以敘氣節十二辰以紀日月所會。○宿音秀。迭。田節反。見賢遍反。

五曰曆數。傳曆數節氣之度以爲曆。敬授民時。

疏四五紀至曆數。○正義曰。五紀者。五事爲天時之經紀也。一曰歲。從冬至以及明年冬至爲一歲。所以紀四時也。二曰月。從朔至晦。大月三十日。小月二十九日。所以紀一月也。三曰日。從夜半以至明日夜半。周十二辰爲一日。所以紀一日也。四曰星辰。星謂二十八宿昏明迭見。辰謂日月別行。會於宿度。從子至於丑爲十二辰。星以紀節氣早晚。辰以紀日月所會處也。五曰曆數。筭日月行道所歷。計氣朔早晚之數。所以爲一歲之曆。凡此五者。皆所以紀天時。故謂之五紀也。五紀不言時者。以歲月氣節正。而四時亦自正。時隨月變。非曆所推。故不言時也。五紀爲此次者。歲統月。月統日。星辰見於天。其曰曆數總曆四者。故歲爲始。曆爲終也。○傳二十至所會○正義曰。二十八宿布於四方。隨天轉運。昏明迭見。月令十二月皆紀昏旦所中之星。若月令孟春昏參中。旦尾中。仲春昏弧中。旦建星中。季春昏七星中。旦牽牛中。孟夏昏翼中。旦婺女中。仲夏昏亢中。旦危中。季夏昏心中。旦奎中。孟秋昏建星中。旦畢中。仲秋昏牽牛中。旦觜中。季秋昏虛中。旦柳中。孟冬昏危中。旦七星中。仲冬昏東壁中。旦軫中。季冬昏婁中。旦氐中。皆所以敘氣節也。氣節者。一歲三百六十五日有餘。分爲十二月。有二十四氣。一爲節氣。謂月初也。一爲中氣。謂月半也。以彼迭見之星敘此月之節氣也。昭七年左傳。晉侯問士文伯曰。多語寡人辰而莫同。何謂辰。對曰。日月之會是謂辰。會者。日行遲。月行疾。俱循天度而右行。二十九日過半。月行一周天。又前及日而與日會。因謂會處爲辰。則月令孟春日在營室。仲春日在奎。季春日在胃。孟夏日在畢。仲夏日在東井。季夏日在柳。孟秋日在翼。仲秋日在角。季秋日在房。孟冬日在尾。仲冬日在斗。季冬日在婺女。十二會以爲十二辰。辰即子丑寅卯之謂也。十二辰。所以紀日月之會處也。鄭以爲星。五星也。然五星所行。下民不以爲候。故傳不以星爲五星也。○傳曆數至民時。○正義曰。天以積氣無形。二十八宿分之爲限。每宿各有度數。合成三百六十五度有餘。日月右行。循此宿度。日行一度。月行十三度有餘。二十九日過半而月一周與日會。每於一會謂之一月。是一歲爲十二月。仍有餘十一日。爲日行天未周。故置閏以充足。若均分天度以爲十二次。則每次三十度有餘。一次之内。有節氣中氣。次之所管。其度多每月之所統。其日入月朔。參差不及。節氣不得在月朔。中氣不得在月半。故聖人曆數此節氣之度。使知氣所在。既得氣在之日。以爲一歲之曆。所以敬授民時。王肅云。日月星辰所行。布而數之。所以紀度數。是也。歲月日星。傳皆言紀。曆數不言紀者。曆數數上四事爲紀。所紀非獨一事。故傳不得言紀。但成彼四事爲紀。故通數以爲五耳。

五皇極。皇建其有極。傳 大中之道。大立其有中。謂行九疇之義。

斂時五福。用敷錫厥庶民。傳 斂是五福之道。以爲教。用布與衆民。使慕之。

惟時厥庶民于汝極。錫汝保極。傳 君上有五福之教。衆民於君取中。與君以安中之善。言從化。

凡厥庶民。無有淫朋。人無有比德。惟皇作極。傳 民有安中之善。則無淫過朋黨之惡。比周之德。惟天下皆大爲中正。○比。毗志反。註同。

疏五皇極至作極○正義曰。皇。大也。極。中也。施政教。治下民。當使大得其中。無有邪僻。故演之云。大中者。人君爲民之主。當大自立其有中之道。以施教於民。當先敬用五事。以斂聚五福之道。用此爲教。布與衆民。使衆民慕而行之。在上能教如此。惟是其衆民皆效上所爲。無不於汝人君取其中道而行。積久漸以成性。乃更與汝人君以安中之道。言皆化也。若能化如是。凡其衆民。無有淫過朋黨之行。人無有惡相阿比之德。惟皆大爲中正之道。言天下衆民盡得中也。○傳大中至之義○正義曰。此疇以大中爲名。故演其大中之義。大中之道。大立其有中。欲使人主先自立其大中。乃以大中教民也。凡行不迂僻則謂之中。中庸所謂從容中道。論語允執其中。皆謂此也。九疇爲德。皆求大中。是爲善之總。故云謂行九疇之義。言九疇之義皆求得中。非獨此疇求大中也。此大中是人君之大行。故特敘以爲一疇耳。○傳斂是至慕之○正義曰五福生於五事五事得中則福報之斂是五福之道指其敬用五事也用五事得中則各得其福其福乃散於五處不相集聚若能五事皆敬則五福集來歸之普敬五事則是斂聚五福之道以此敬五事爲教布與衆民使衆民勸慕爲之福在幽冥無形可見敬用五事則能致之斂是五福正是敬用五事不言敬用五事以教而云斂是五福以爲教者福是善之見者故言福以勸民欲其慕而行善也汝者箕子汝王也○傳君上至從化○正義曰凡人皆有善性善不能自成必須人君教之乃得爲善君上有五福之教以大中教民衆民於君取中保訓安也既學得中則其心安之君以大中教民民以大中嚮君是民與君皆以大中之善君有大中民亦有大中言從君化也○傳民有至中正○正義曰民有安中之善非中不與爲交安中之人則無淫過朋黨之惡無有比周之德朋黨比周是不中者善多惡少則惡亦化而爲善無復有不中之人惟天下皆大爲中正矣

凡厥庶民有猷有爲有

守。汝則念之。傳 民戢有道。有所爲。有所執守。汝則念録敘之。不協于極。不罹于咎。皇則受之。傳 凡民之行。雖不合於中。而不罹于咎惡。皆可進用。大法受之。○罹。馬力馳反。又來多反。行。下孟反。而康而色。曰予攸好德。汝則錫之福。傳 汝當安汝顏色。以謙下人。人曰我所好者德。汝則與之爵祿。○好。呼報反。下。遐嫁反。時人斯其惟皇之極。傳 不合於中之人。汝與之福。則是人此其惟大之中。言可勉進。無虐煢獨而畏高明。傳 煢單。無兄弟也。無子曰獨。單獨者不侵虐之。寵貴者不枉法畏之。○無虐。馬本作亡侮。煢。岐鬲反。畏。如字。徐云鄭音威。【疏】凡厥至高明。○正義曰。又說用人爲官。使之大中。凡其衆民。有道德。有所爲。有所執守。汝爲人君。則當念錄敘之。用之爲官。若未能如此。雖不合於中。亦不罹於咎惡。此人可勉進。宜以取人大法則受取之。其受人之大法如何乎。汝當和安汝之顔色。以謙下人。彼欲仕者謂汝曰。我所好者德也。汝則與之以福祿。隨其所能。用之爲官。是人庶幾必自勉進。此其惟爲大中之道。又爲君者無侵虐單獨而畏忌高明。高明謂貴寵之人。勿枉法畏之。如是即爲大中矣。○【傳】民戢至敘之。○正義曰。戢。斂也。因上斂是五福。故傳以戢言之。戢文兼下三事。民能斂德行智能。使其身有道德。其才能有所施爲。用心有所執守。如此人者。汝念錄敘之。宜用之爲官也。有所爲。謂藝能也。有執守。謂得善事能守而勿失。言其心正不逆邪也。○【傳】凡民至受之。○正義曰。不合於中。不罹於咎。謂未爲大善。又無惡行。是中人已上。可勸勉有方將者也。故皆可進用。以大法受之。大法謂用人之法。取其所長。棄瑕錄用也。上文人君以大中教民。使天下皆爲大中。此句又令不合於中亦用之者。上文言設教耳。其實天下之大。兆民之衆。不可使皆合大中。且庶官交曠。卽須任人。不可待人盡合大中。然後敘用。言各有爲。不相妨害。○傳汝當至爵祿。○正義曰。安汝顔色。以謙下人。其此不合於中之人。皆人言曰。我所好者德也。是有慕善之心。有方將者也。汝則與之爵祿以長進之。上句言受之。謂始受以此言與爵祿。謂用爲官也。○傳不合至勉進。○正義曰。不合於中之人。初時未合中也。汝與之爵祿。置之朝廷。見人爲善。心必慕之。則是人此其惟大中之道。爲大中之人。言可勸勉使進也。荀卿書曰。蓬生麻中。不扶自直。白沙在涅。與之俱黑。斯言信矣。此經或言時人德。鄭王諸本。皆無德字。此傳不以德爲義。定本無德。疑衍字也。○傳煢單至畏之。○正義曰。詩云。獨行煢煢。是爲單。謂無兄弟也。無子曰獨。王制文。高明與煢獨相對。非謂才高。知寵貴之人位望高也。不枉法畏之。卽詩所謂不畏强禦是也。此經皆是據天子。無陵虐煢獨而畏避高明寵貴者。顧氏亦以此經據人君。小劉以爲據人臣。謬也。**人之有能有爲，使羞其行，而邦其昌。**傳 功能有爲之士。使進其所行。汝國其昌盛。○其行。如字。徐下孟反。**凡厥正人既富方穀。**傳 凡其正直之人。既當以爵祿富之。又當以善道接之。**汝弗能使有好于而家。時人斯其辜。**傳 不能使正直之人。有好於國家。則是人斯其詐取罪而去。**于其無好德，汝雖錫之福，其作汝用咎。**傳 於其無好德之人。汝雖與之爵祿。其爲汝用惡道以敗汝善。○其爲。于僞反。[疏]人之至用咎。○正義曰。此又言用臣之法。人之在位者。有才能有所爲。當褒賞之。委任使進其行。汝國其將昌盛也。凡其正直之人。既以爵祿富之。

又復以善道接之。使之荷恩盡力。汝若不能使正直之人。有好善於汝國家。是人於此。其將詐取罪而去矣。於其無好德之人。謂性行惡者。汝雖與之福。賜之爵祿。但本性既惡。必爲惡行。其爲汝臣。必用惡道以敗汝善。言當任善而去惡。○傳功能至昌盛○正義曰。功能有爲之士。謂其身有才能。所爲有成功。此謂已在朝廷任用者也。使進其行者。謂人之有善。若上知其有能有爲。或以言語勞來之。或以財貨賞賜之。或更任之以大位。如是則其人喜於見知。必當行自進益。人皆漸自修進。汝國其昌盛矣。○傳凡其至接之。○正義曰。凡其正直之人。皆謂臣民有正直者。爵祿所設。正直是與。已知彼人正直。必當授之以官。既當與爵祿富之。又當以善道接之。言其非徒與官而已。又當數加燕賜。使得其歡心也。○傳不能至而去○正義曰。授之以官爵。加之以燕賜。喜於知己。荷君恩德。必進謀樹功。有好善於國家。若雖用爲官。心不委任。禮意疎薄。更無恩紀。言不聽。計不用。必將奮衣而去。不肯久留。故言不能使正直之人有好於國家。

則是人斯其詐取罪而去也○傳於其至汝善○正義曰：無好對有好，有好謂有善也。無好德之人，謂彼性不好德好惡之人也。論語曰：「未見好德如好色者。」傳記言好德者多矣，故傳以好德言之。定本作無惡者，疑誤耳。不好德者，性行本惡，君雖與之爵祿，不能感恩行義，其爲汝臣，必用惡道以敗汝善也。易繫辭云：「无咎者，善補過也。」咎是過之別名，故爲惡耳。

無偏無陂，遵王之義。傳偏不平，陂不正。言當循先王之正義以治民。○陂音祕，舊本作頗，音普多反。

無有作好，遵王之道；無有作惡，遵王之路。傳言無有亂無私好惡，動必循先王之道路。○好，呼報反。惡，烏路反。註同。

無偏無黨，王道蕩蕩。傳言開闢。○闢，婢必反。

無黨無偏，王道平平。傳言辯治。○平平，婢緜反。治，直吏反。

無反無側，王道正直。

傳言所行無反道不正。則王道平直。

會其有極。歸其有極。傳言會其有中而行之。則天下皆歸其有中矣。

疏無偏至有極○正義曰。更言六中之體。爲人君者。當無偏私。無陂曲。動循先王之正義。無有亂爲私好。謬賞惡人。動循先王之正道。無有亂爲私惡。濫罰善人。動循先王之正路。無偏私。無阿黨。王家所行之道。蕩蕩然開闢矣。無阿黨。無偏私。王者所立之道。平平然辯治矣。所行無反道。無偏側。王家之道正直矣。所行得無偏私皆正直者。會集其有中之道而行之。若其行必得中。則天下歸其中矣。言人皆謂此人爲大中之人也。○傳偏不至治民○正義曰。不平謂高下。不正爲邪僻。與下好惡反側。其義一也。偏頗阿黨。是政之大患。故箕子殷勤言耳。下傳云。無有亂爲私好私惡者。人有私好惡。則亂於正道。故傳以亂言之。○傳言會至中矣○正義曰。會謂集會。言人之將爲行也。集會其有中之道而行之。行實得中。則天下皆

萬曆十五年刊

歸其爲有中矣。天下者。大言之。論語云。一日克己復禮。天下歸仁焉。此意與彼同也。曰皇極之敷言是彝是訓于帝其訓。傳 曰者。大其義。言以大中之道布陳言教。不失其常。則人皆是順矣。天且其順而況于人乎。凡厥庶民極之敷言是訓是行以近天子之光。傳 凡其衆民。中心之所陳言。凡順是行之。則可以近益天子之光明。○近。附近之近。曰天子作民父母以爲天下王。傳 言天子布德惠之教。爲兆民之父母。是爲天下所歸往。不可不務。疏 曰皇至下王○正義曰。既言有中矣。爲天下所歸。更美之曰。以大中之道。布陳言教。不使失是常道。則民皆於是順矣。天且其順。而況於人乎。以此之故。

大中爲天下所歸也。又大中之道至矣。何但出於天子爲貴。凡其衆民中和之心。所陳之言。謂以善言聞於上者。於是順之。於是行之。悅於民而便於政。則可近益天子之光明矣。又本人君須大中者更美大之曰。人君於天所子。布德惠之教。爲民之父母。以是之故。爲天下所歸往。由大中之道教使然。言人君不可不務大中矣。

六三德。一曰正直。傳 能正人之曲直。二曰剛克。傳 剛能立事。○克馬云勝也。三曰柔克。傳 和柔能治。三者皆德。平康正直。傳 世平安用正直治之。彊弗友剛克。傳 友順也。世强禦不順。以剛能治之。○禦魚呂反。能治直吏反。燮友柔克。傳 燮和也。世和順。以柔能治之。○燮息協反。沈潛剛克。傳 沈潛謂地。雖柔亦有剛能出金石。高明柔克。

傳 高明謂天。言天爲剛德。亦有柔克。不干四時。喻臣當執剛以正君。君亦當執柔以納臣。**惟辟作福。惟辟作威。惟辟玉食。**傳 言惟君得專威福爲美食。○辟。徐補亦反。玉食。張晏注漢書云。玉食。珍食也。韋昭云。諸侯備珍異之食。**臣無有作福作威玉食。臣之有作福作威玉食。其害于而家。凶于而國。人用側頗僻。民用僭忒。**傳 在位不敦平。則下民僭差。○頗。普多反。僻。匹亦反。僭。子念反。忒。他得反。馬云。惡也。疏 六三德至僭忒。○正義曰。此三德者。人君之德。張弛有三也。一曰正直。言能正人之曲使直。二曰剛克。言剛強而能立事。三曰柔克。言和柔而能治。既言人主有三德。又說隨時而用之。平安之世。用正直治之。強禦不順之世。用剛能治之。和順之世。用柔能治之。既言三德張弛隨時而用。又舉天地之德。以喻君臣之交。地之德。沈深而柔弱矣。而有剛能出金石之物也。天之德。高明剛强矣。而有柔能順陰陽之氣也。以喻臣道雖柔。當執剛以正君。君道雖剛。當執柔以納臣也。既言君臣之交。剛柔遞用。更言君臣之分。貴賤有恒。惟君作福。得專賞人也。惟君作威。得專罰人也。惟君玉食。得備珍食也。爲臣無得有作福作威玉食。言政當一統。權不可分也。臣之有作福作威玉食者。其必害於汝臣之家。凶於汝君之國。言將得罪喪家且亂邦也。在位之人。用此大臣專權之故。其行側頗僻。下民用在位頗僻之故。皆言不信而行差錯。○傳和柔至皆德　○正義曰。剛不恒用。有時施之。故傳言立事。柔則常用以治。故傳言能治。三德爲此次者。正直在剛柔之間。故先言二者。先剛後柔。得其敘矣。王肅意與孔同。鄭玄以爲三德人各有一德。謂人臣也。○傳友順至治之　○正義曰。釋訓云。善兄弟爲友。友是和順之名。故爲順也。傳曰。燮和也。釋詁文。此三德。是王者一人之德。視世而爲之。故傳三者各言世。

世平安。雖時無逆亂。而民俗未和。其下猶有曲者。須在上以正之。故世平安。用正直之德治之。世有强禦不順。非剛無以制之。故以剛能治之。世既和順。風俗又安。故以柔能治之。鄭玄以爲人臣各有一德。天子擇使之。註云。安平之國。使中平守一之人治之。使不失舊職而已。國有不順孝敬之行者。則使剛能之人誅治之。其有中和之行者。則使柔能之人治之。差正之。與孔不同。○傳高明至納臣。○正義曰。中庸云。博厚配地。高明配天。高而明者。惟有天耳。知高明謂天也。以此高明是天。故上傳沈潛謂地也。文五年左傳云。天爲剛德。猶不干時。是言天亦有柔德。不干四時之序也。地柔而能剛。天剛而能柔。故以喻臣當執剛以正君。君當執柔以納臣也。○傳言惟至美食。○正義曰。於三德之下說此事者。以德則隨時而用。位則不可假人。故言尊卑之分。君臣之紀。不可使臣專威福。奪君權也。衣亦不得僭君。而獨言食者。人之所資。食最爲重。故舉言重也。王肅云。辟。君也。不言王者。關諸侯也。諸侯於國得專賞罰。其義或當然也。○傳在位至僭差。○正義曰：此經福威與食，於君每事言辟，於臣則并文而略之也。作福作威謂秉國之權，勇略震主者也。人用側頗僻者，謂在位小臣見彼大臣威福由己，由此之故，小臣皆附下罔上，爲此側頗僻也。下民見此在位小臣秉心僻側，用此之故，下民皆不信，恆爲此僭差也。言在位由大臣，下民由在位，故皆言用也。傳不解家，王肅云：「大夫稱家。」言秉權之臣必滅家，復害其國也。

七，稽疑：擇建立卜筮人，傳：龜曰卜，蓍曰筮。考正疑事，當選擇知卜筮人而建立之。○蓍音尸。

乃命卜筮，傳：建立其人，命以其職。

曰雨，曰霽，傳：龜兆形有似雨者，有似雨止者。○霽，子細反。

曰蒙，傳：蒙，陰闇。○蒙，武工反，徐亡鉤反。

曰驛，傳：氣落驛不連屬。○驛音亦，註同。屬音燭。

曰克，傳：兆相交錯。五者卜筮之常法。

曰

貞曰悔。傳内卦曰貞，外卦曰悔。凡七。傳卜筮之數七。

五占用二衍忒。立時人作卜筮。三人占，則從二人之言。傳立是知卜筮人，使爲卜筮之事。夏殷周卜筮各異。三法並卜，從二人之言，善鈞從衆。卜筮各三人。○占用二。馬云：占筮也。衍，以淺反。

汝則有大疑，謀及乃心，謀及卿士，謀及庶人，謀及卜筮。傳將舉事而汝則有大疑，先盡汝心以謀慮之，次及卿士衆民，然後卜筮以決之。

汝則從，龜從，筮從，卿士從，庶民從，是之謂大同。傳人心和順，龜筮從之，是謂大同於吉。身其康彊，子孫其逢吉。

傳動不違衆。故後世遇吉。○逢，馬云逢大也。汝則從龜從筮從。卿士逆。庶民逆。吉。傳三從二逆。中吉。亦可舉事。卿士從。龜從。筮從。汝則逆。庶民逆。吉。傳君臣不同。決之卜筮。亦中吉。庶民從。龜從。筮從。汝則逆。卿士逆。吉。傳民與上異心。亦卜筮以決之。汝則從。龜從。筮逆。卿士逆。庶民逆。作內吉。作外凶。傳二從三逆。龜筮相違。故可以祭祀冠婚。不可以出師征伐。○冠，官喚反。龜筮共違于人。傳皆逆。用靜吉。用作凶。傳安以守常則吉。動則凶。疏七稽至之言○正義曰：稽疑者，言王者考正疑事，當選擇知卜筮者而建立之，以爲卜筮人。謂立爲卜人筮人之官也。既立其官。乃命以卜筮之職。云。卜兆有五。曰雨兆。如雨下也。曰霽兆。如雨止也。曰雺兆。氣蒙闇也。曰圛兆。氣落驛不連屬也。曰克兆。相交也。筮卦有二重。二體乃成一卦。曰貞。謂內卦也。曰悔。謂外卦也。卜筮兆卦。其法有七事。其卜兆用五。雨霽蒙驛克也。其筮占用二。貞與悔也。卜筮皆就此七者推衍其變。立是知卜筮人。使作卜筮之官。其卜筮必用三代之法。三人占之。若其所占不同。而其善鈞者。則從二人之言。言以此法考正疑事也。○傳龜曰至立之。○正義曰。龜曰卜。蓍曰筮。曲禮文也。考正疑事。當選擇知卜筮人而建立之。建亦立也。復言之耳。鄭王皆以建立爲二。言將考疑事。選擇可立者。立爲卜人筮人。○傳兆相至常法。○正義曰。此上五者。灼龜爲兆。其璺拆形狀有五種。是卜兆之常法也。說文云。霽。雨止也。霽似雨止。則雨似雨下。鄭玄曰。霽如雨止者。雲在上也。雺聲近蒙。詩云。零雨其濛。則蒙是闇之義。故以雺爲兆。蒙是陰闇也。圛即驛也。故以爲兆。氣落驛不連屬。落驛。希疏之意也。雨霽既相對。則蒙驛亦相對。故驛爲落驛。氣不連屬。則雺爲氣連蒙闇也。王肅云。圛。霍驛消滅如雲陰。雺。天氣下地不應。闇冥也。其意如孔言。鄭玄以圛爲明。言色澤光明也。雺者。氣澤鬱鬱冥冥也。自以明闇相對。異於孔也。克。謂兆相交錯。王肅云。兆相侵入。蓋兆爲二拆。其拆相交也。鄭玄云。克者。如雨氣色相侵入。卜筮之事。體用難明。故先儒各以意説。未知孰得其本。今之用龜。其兆横者爲土。立者爲木。斜向徑者爲金。背徑者爲火。因兆而細曲者爲水。不知與此五者同異如何。此五兆不言一曰二曰者。灼龜所遇無先後也。○傳内卦至曰悔。○正義曰。僖十五年左傳云。秦伯伐晉。卜徒父筮之。其卦遇蠱。蠱卦巽下艮上。説卦云。巽爲風。艮爲山。其占云。蠱之貞。風也。其悔。山也。是内卦爲貞。外卦爲悔也。筮法爻從下起。故以下體爲内。上體爲外。下體爲本。因而重之。故以下卦爲貞。貞。正也。言下體是其正。鄭玄云。悔之言晦。晦猶終也。晦是月之終。故以爲終。言上體是其終也。下體言正。以見上體不正。上體言終。以見下體爲始。二名互相明也。○傳立是至三人〇正義曰此經卜五占用二衍忒孔不爲傳鄭玄云卜五占用謂雨霽蒙驛克也二衍忒謂貞悔也斷用從上句二衍忒者指謂筮事王肅云卜五也筮短龜長故卜多而筮少占用二者以貞悔占六爻衍忒者當推衍其爻義以極其意卜五占二其義當如王解其衍忒宜總謂卜筮皆當衍其義極其變非獨筮衍而卜否也傳言立是知卜筮人使爲卜筮之事者言經之此文覆述上句立卜筮人也言三人占是占此卜筮法當有三人周禮太卜掌三兆之法一曰玉兆二曰瓦兆三曰原兆掌三易之法一曰連山二曰歸藏三曰周易杜子春以爲玉兆帝顓頊之兆瓦兆帝堯之兆又云連山虙犧歸藏黄帝三兆三易皆非夏殷而孔意必以三代夏殷周法者以周禮指言一曰二曰不辯時代之名案考工記云夏曰世室殷曰重屋周曰明堂又禮記郊特牲云夏收殷冔周冕皆以夏殷周三代相因明三易亦夏殷周相因之法子春之言孔所不取鄭玄易贊亦云夏曰連山殷曰歸藏與孔同也所言三兆三易必是三代異法故傳

以爲夏殷周卜筮各異。三代異法。三法並卜。法有一人。故三人也。從二人之言者。二人爲善既鈞。故從衆也。若三人之內賢智不等。雖少從賢。不從衆也。善鈞從衆。成六年左傳文。既言三法並卜。嫌筮不然。故又云卜筮各三人也。經惟言三占從二。何知不一法而三占。而知三法並用者。金縢云乃卜三龜。一習吉。儀禮士喪卜葬。占者三人。貴賤俱用三龜。知卜筮並用三代法也。○傳將舉至決之。○正義曰。非有所舉。則自不卜。故云將舉事。事有疑則當卜筮。人君先盡己心以謀慮之。次及卿士衆民。人謀猶不能定。然後問卜筮以決之。故先言乃心。後言卜筮也。鄭玄云。卿士。六卿掌事者。然則謀及卿士。以卿爲首耳。其大夫及士亦在焉。以下惟言庶人。明大夫及士。寄卿文以見之矣。周禮小司寇掌外朝之政。以致萬民而詢焉。一曰詢國危。二曰詢國遷。三曰詢立君。是有大疑而詢衆也。又曰。小司寇以敍進而問焉。是謀及之也。大疑者不要是彼三詢。其謀及則同也。謀及庶人。必是大事。若小事。不必詢於萬民。或謀及庶人在官者耳。小司寇又曰：以三刺斷庶民獄訟之中。一曰訊羣臣，二曰訊羣吏，三曰訊萬民。彼羣臣羣吏分而爲二，此惟言卿士者，彼將斷獄，令衆議然後行刑，故臣與民爲三。其人主待衆議而決之，此則人主自疑，故一人主爲一，又摠羣臣爲一也。○傳人心至於吉○正義曰：人主與卿士庶民皆從，是人心和順也。此必臣民皆從，乃問卜筮，而進龜筮於上者，尊神物，故先言之。不在汝則之上者，卜當有主，故以人爲先。下三事亦然。改卜言龜者，卜是請問之意，吉凶龜占兆告於人，故改言龜也。筮則本是著名，故不須改也。○傳動不至遇吉○正義曰：物貴和同，故大同之吉延及於後。宣三年左傳稱成王定鼎，卜世三十，卜年七百，是後世遇吉。○傳三從至舉事○正義曰：此與下二事皆是三從二逆。除龜筮以外，有汝與卿士庶民，分三者各爲一從二逆，嫌其貴賤有異，從逆或殊，故三者各以有一從爲主，見其爲吉同也。方論得吉，以從者爲主，故次言卿士從，下言庶民從也。以從爲主，故退汝則於下。傳解其意：卿士從者，君臣不同也；庶民從者，民與上異心也。解臣民與君異心。得其筮之意也。不言四從一逆者。吉可知。不假言之也。四從之內。雖龜筮相違亦爲吉。以其從者多也。若三從之內。龜筮相違。雖不如龜筮俱從。猶勝下龜筮相違。二從三逆必知然者。以下傳云。一從三逆。龜筮相違。既計從之多少。明從多則吉。故杜預云。龜筮同卿士之數者。是龜筮雖靈。不至越於人也。上言庶人。又言庶民者。嫌庶人惟指在官者。變人言民。見其同也。民人之賤。得與卿士敵者。貴者雖貴。未必謀慮長。故通以民爲一。令與君臣等也。○傳民與至決之○正義曰。天子聖人。庶民愚賤。得爲識見同者。但聖人生知。不假卜筮。垂教作訓。晦跡同凡。且庶民既衆。以衆情可否。亦得上敵於聖人。老子云。聖人無常心。以百姓心爲心。是也。○傳二從至征伐○正義曰。此二從三逆爲小吉。故猶可舉事。內謂國內。故可以祭祀冠婚。外謂境外。故不可以出師征伐。征伐事大。此非大吉故也。此經龜從筮逆。其筮從龜逆爲吉亦同。故傳言龜筮相違。見龜筮之智等也。若龜筮智等。而僖四年左傳云。筮短龜長者。於時晉獻公欲以驪姬爲夫人。卜既不吉而更令筮之。神靈不以實告。筮之得吉。必欲用之。卜人欲令公舍筮從卜。故曰。筮短龜長。非是龜實長也。易繫辭云。蓍之德圓而神。卦之德方以智。神以知來。智以藏往。然則知來藏往。是爲極妙。雖龜之長。無以加此。聖人演筮爲易。所知豈是短乎。明彼長短之說。乃是有爲言耳。此二從三逆。以汝與龜爲二從耳。卿士庶民。謀有一從。亦是二從。凶吉亦同。故不復設文。同可知也。若然。汝卿士庶民皆逆。龜筮並從。則亦是二從三逆。而經無文者。若君與臣民皆逆。本自不問卜矣。何有龜從筮從之理也。前三從之內。龜筮既從。君與卿士庶民。各有一從以配龜筮。凡有三條。若惟君與卿士從配龜爲一條。或君與庶民從配龜又爲一條。或卿士庶民從配龜又爲一條。若有三條。若筮從龜逆。其事亦然。二從三逆。君配龜從爲一條。於經已具。卿士配龜從爲二條。庶民配龜從爲三條。若筮從龜逆。以人配筮。其事亦同。案周禮筮人。國之大事。先筮而後卜。鄭玄云。於筮之凶則止。何有筮逆龜從。及龜筮俱違者。崔靈恩以爲筮用三代之占。若三占之俱主凶。則止不卜。即鄭注周禮筮凶則止是也。若三占二逆一從凶猶不決。雖有筮逆。猶得更卜。故此有筮逆龜從之事。或筮凶則止而不卜。乃是鄭玄之意。非是周禮經文。未必孔之所取。曲禮云。卜筮不相襲。鄭云。卜不吉則又筮。筮不吉則又卜。是謂瀆龜筮。周禮大卜。小事筮。大事卜。應筮而又用卜。應卜而又用筮。及國之大事。先筮後卜。不吉之後。更作卜筮。如此之等。是爲相襲。皆據吉凶分明。不可重爲卜筮。若吉凶未決於事尚疑者。則得更爲卜筮。僖二十五年。晉侯卜納王得阪泉之兆。曰吾不堪也。公曰筮之遇大有之睽。又哀九年。晉趙鞅卜救鄭。遇水適火。又筮之遇泰之需之類是也。周禮既先筮後卜。而春秋時先卜後筮者。不能依禮故也。

八庶徵

【疏】正義曰。庶。衆也。徵。驗也。王者用九疇爲大中。行稽疑以上爲善政。則衆驗有美惡以爲人主。自曰雨至一極無凶。總言五氣之驗。有美有惡。曰休徵敘美行之驗。曰咎徵。敘惡行之驗。自曰王省至家用平康。言政善致美也。日月歲時至家用不寧。言政惡致咎也。曰雨曰庶民惟星以下。言人君當以常度齊正下民。暘曰燠曰寒曰風曰時。傳 雨以潤物。暘以乾物。煖以長物。寒以成物。風以動物。五者各以其時。所以爲衆驗。○暘音陽。乾音干。煖乃管反。長之丈反。五者來備各以其敘庶草蕃廡。傳 言五者備至。各以次序。則衆草蕃滋廡豐也。○蕃音煩。廡無甫反。徐莫柱反。一極備凶。一極無凶。傳 一者備極。過甚則凶。一者極無。不至亦凶。謂不時失敘。疏 曰雨至無凶。○正義曰。將說其驗。先立其名。五者行於天地之間。人物所以得生成也。其名曰雨。所以潤萬物也。曰暘。所以乾萬物也。曰燠。所以長萬物也。曰寒。所以成萬物也。曰風。所以動萬物也。此是五氣之名。曰時。言五者各以時來。所以爲衆事之驗也。更述時與不時之事。五者於是來皆備足。須風則風來。須雨則雨來。其來各以次序。則衆草木蕃滋而豐茂矣。謂來以時也。若不以時。五者之內。一者備極。過甚則凶。一者極無。不至亦凶。雨多則澇。雨少則旱。是備極亦凶。極無亦凶。其餘四者亦然。○傳雨以至衆驗○正義曰。易說卦云。風以散之。雨以潤之。日以烜之。日。暘也。烜。乾也。是雨以潤物。暘以乾物。風以動物也。易繫辭云。寒往則暑來。暑往則寒來。寒暑相推而歲成焉。是言天氣有寒有暑。暑長物而寒成物也。釋言云。燠。煖也。舍人曰。燠。溫煖也。是燠爲煖。故傳以煖言之。不言暑而言燠者。燠是熱之始。暑是熱之極。涼是冷之始。寒是冷之極。長物舉其始。成物舉其極。理宜然也。五者各以其時而至。所以爲衆事之驗也。所以言時者。謂當至則來。當止則去。無常時也。冬寒夏燠。雖有定時。或夏須漸寒。冬當漸熱。雨足則思暘。暘久則思雨。草木春則待風而長。秋則待風而落。皆是無定時也。不言一曰二曰者。爲其來無先後也。依五事所致爲次。下云休徵咎徵。雨若風若。是其致之次也。昭元年左傳云。天有六氣。陰陽風雨晦明也。以彼六氣。校此五氣。雨暘風文與彼同。彼言晦明。此言寒燠。則晦是寒也。明是燠也。惟彼陰於此無所當耳。五行傳說五事致此五氣云。貌之不恭。是謂不肅。厥罰恒雨。惟金沴木。言之不從。是謂不乂。厥罰恒暘。惟木沴金。視之不明。是謂不哲。厥罰恒燠。惟水沴火。聽之不聰。是謂不謀。厥罰恒寒。惟火沴水。思之不睿。是謂不聖。厥罰恒風。惟木金水火沴土。如彼五行傳言。是雨屬木。暘屬金。燠屬火。寒屬水。風屬土。鄭云。雨木氣也。春始施生。故木氣爲雨。暘金氣也。秋物成而堅。故金氣爲暘。燠火氣也。寒水氣也。風土氣也。凡氣非風不行。猶金木水火非土不處。故土氣爲風。是用五行傳爲說。孔意亦當然也。六氣有陰。五事休咎。皆不致陰。五行傳又曰。皇之不極。厥罰常陰。是陰氣不由五事。别自屬皇極也。蓋立用大中。則陰順時爲休。大之不中。陰恆若爲咎也。○

傳言五至廡豐 ○正義曰。五氣所以生成萬物。正可時來時去。不可常無。常有。故言五者備至。各以次序。

須至則來。須止則去。則衆草百物蕃滋。廡豐也。釋詁文。廡豐茂也。草蕃廡言草滋多而茂盛也。下言百穀用成。此言衆草蕃廡者。舉草茂盛。則穀成必矣。舉輕以明重也。○傳一者至失敘○正義曰。此謂不以時來。其至無次序也。一者備極。過甚則凶。謂來而不去也。一者極無。不至亦凶。謂去而不來也。即下云恒雨若恒風若之類是也。有無相刑。去來正反。恒雨則無暘。恒寒則無燠。恒雨亦凶。無暘亦凶。恒寒亦凶。無燠亦凶。謂至不待時。失次序也。曰休徵。傳敘美行之驗如此則草不茂。穀不成也。○行。下孟反。曰肅時雨若。傳君行敬。則時雨順之。曰乂時暘若。傳君行政治。則時暘順之。○治。直吏反。下政治、治其職同。曰晢時燠若。傳君能照晢。則時燠順之。○晢。之設反。徐音制。又音哲。曰謀時寒若。傳君能謀。則時寒順之。曰聖時風若。傳君能通理。則時風順之。疏曰休徵至風若○正義曰。既言五者次序。覆述次序之事。曰美行致以時之驗。何者是也。曰人君行敬。則雨以時而順之。曰人君政治。則暘以時而順之。曰人君照晢。則燠以時而順之。曰人君謀當。則寒以時而順之。曰人君通聖。則風以時而順之。此則致上文各以其次序庶草蕃廡也。

曰咎徵。傳敘惡行之驗。○咎其九反。

曰狂恆雨若。傳君行狂疾。則常雨順之。

曰僭恆暘若。傳君行僭差。則常暘順之。

曰豫恆燠若。傳君行逸豫。則常燠順之。○豫。羊庶反。徐又音舒。

曰急恆寒若。傳君行急。則常寒順之。

曰蒙恆風若。傳君行蒙闇。則常風順之。疏曰咎徵至風若○正義曰。上既言失次序。覆述失次序之事。曰惡行致備極之驗。何者是也。曰君行狂妄。則常雨順之。曰君行僭差。則常暘順之。曰君行逸豫。則常燠順之。曰君行急燥。則常寒順之。曰君行蒙闇。則常風順之。此卽致上文一極備凶一極無凶也。○傳君行至順之○正義曰。此休咎皆言若者。其所致者皆順其所行。故言若也。易文言云。雲從龍。風從虎。水流濕。火就燥。是物各以類相應。故知天氣順人所行以示其驗也。其咎反於休者。人君行不敬則狂妄。故狂對肅也。政不治則僭差。故僭對乂也。明不照物則行自逸豫。故豫對哲也。心無謀慮則行必急躁。故急對謀也。性不通曉則行必蒙闇。故蒙對聖也。鄭玄以狂爲倨慢。以對不敬故爲慢也。鄭王本豫作舒。鄭云。舉遲也。王肅云。舒。惰也。以對照哲。故爲遲惰。鄭云。急促。自用也。以謀者用人之言。故急爲自用己也。鄭云。蒙。見冒亂也。王肅云。蒙。瞽蒙。以聖是通達。故蒙爲瞽蒙。所見冒亂。言其不曉事。與聖反也。與孔各小異耳。

曰王省惟歲。傳王所省職。兼所總羣吏。如歲兼四時。○省。息井反。**卿士惟月。**傳卿士各有所掌。如月之有别。○别，彼列反。師尹惟日。傳 衆正官之吏。分治其職。如日之有歲月。歲月日時無易。傳 各順常。百穀用成。乂用明。傳 歲月日時無易。則百穀成。君臣無易。則政治明。俊民用章。家用平康。傳 賢臣顯用。國家平寧。日月歲時既易。傳 是三者已易。喻君臣易職。百穀用不成。乂用昏不明。俊民用微。家用不寧。傳 君失其柄。權臣擅命。治闇賢隱。國家亂。疏 曰王省至不寧 ○正義曰。既陳五事之休咎。又言皇極之得失。與上異端。更復言曰。王之省職。兼總羣吏。惟如歲也。卿士分居列位。惟如月也。衆正官之長。各治其職。惟如日也。此王也。卿士也。師尹也。掌事猶歲月日者。言皆無改易。君秉君道。

臣行臣事。則百穀用此而成。歲豐稔也。其治用是而明。世安泰也。俊民用此而章。在官位也。國家用此而平安。風俗和也。若王也。卿士也。師尹也。掌事猶如日月歲者。是已變易。君失其柄。權臣各專恣。百穀用此而不成。歲饑饉也。其治用此昏闇而不明。政事亂也。俊民用此而卑微。皆隱遁也。國家用此而不安泰。時世亂也。此是皇極所致。得中則致善。不中則致惡。歲月日無易。是得中也。既易。是不中也。所致善惡。乃大於庶徵。故於此敘之也。○傳王所至四時○正義曰。下云。庶民惟星。以星喻民。知此歲月日者。皆以喻職事也。於王言省。則卿士師尹亦爲省也。王之所省。職無不兼。所總羣吏。如歲兼四時。下句惟有月日。羣臣無喻時者。但時以統月。故傳以四時言之。言其兼下月日也。○傳衆正至歲月○正義曰。師。衆也。尹。正也。衆正官之吏。謂卿士之下。有正官大夫。與其同類之官爲長。周禮大司樂爲樂官之長。太卜爲卜官之長。此之類也。此等分治其職。屬王屬卿。如日之有歲月。言其有繫屬也。詩稱赫赫師尹。乃謂三公之官。此以師尹爲正官之吏。謂大夫者。以此師尹之文。在卿士之下。畢於卿士。知是大夫。與小官爲長。亦是衆官之長。故師尹之名同耳。鄭云。所以承休徵咎徵言之者。休咎。五事得失之應。其所致尚微。故大陳君臣之象。成皇極之事。其道得。則其美應如此。其道失。則敗德如彼。非徒風雨寒燠而已。是也。

庶民惟星。星有好風。星有好雨。傳 星民象。故衆民惟若星。箕星好風。畢星好雨。亦民所好。○好呼報反。

日月之行則有冬有夏。傳 日月之行。冬夏各有常度。君臣政治。大小各有常法。

月之從星。則以風雨。傳 月經於箕則多風。離於畢則多雨。政教失常以從民欲。亦所以亂。

疏 庶民至風雨。○正義曰。既言大中治民。不可改易。又言民各有心。須齊正之。言庶民之性。惟若星然。星有好風。星有

好雨。以喻民有好善。亦有好惡。日月之行。則有冬有
夏。言日月之行。冬夏各有常道。喻君臣爲政。小大各
有常法。若日月失其常道。則天氣從而改焉。月之行
度失道。從星所好。以致風雨。喻人君政教失常。從民
所欲。則致國亂。故當立用大中以齊正之。不得從民
欲也。○傳星民至所好。○正義曰。星之在天。猶民之
在地。星爲民象。以其象民。故因以星喻。故衆民惟若
星也。直言星有好風。不知何星。故云箕星好風也。畢
星好雨。亦如民有所好也。不言畢星好雨。具於下傳。
○傳日月至常法。○正義曰。日月之行。四時皆有常
法。變冬夏爲南北之極。故舉以言之。日月之行。冬夏
各有常度。喻人君爲政。小大各有常法。張衡蔡邕王
蕃等。說渾天者皆云周天三百六十五度四分度之
一。天體圓如彈丸。北高南下。北極出地上三十六度。
南極入地下三十六度。北極去南極直徑一百二十
二度弱。其依天體隆曲。南極去北極一百八十二度
彊。正當天之中央。南北二極中等之處。謂之赤道。去
南北極各九十一度。春分日行赤道。從此漸北。夏至

赤道之北二十四度。去北極六十七度。去南極一百一十五度。日行黑道。從夏至日以後日漸南。至秋分還行赤道。與春分同。冬至行赤道之南二十四度。去南極六十七度。去北極一百一十五度。其日之行處。謂之黃道。又有月行之道。與日道相近。交路而過。半在日道之裏。半在日道之表。其當交則兩道相合交去極遠處。兩道相去六度。此其日月行道之大略也。王肅云。日月行有常度。君臣禮有常法。以齊其民。○

傳月經至以亂。○正義曰。詩云。月離于畢。俾滂沱矣。是離畢則多雨。其文見於經。經箕則多風。傳記無其事。鄭玄引春秋緯云。月離於箕。則風揚沙。作緯在孔君之後。以前必有此說。孔依用之也。月行雖有常度。時或失道從星。經箕多風。離畢多雨。此天象之自然。以箕爲簸揚之器。畢亦捕魚之物。故耳。鄭以爲箕星好風者。箕東方木宿。風中央土氣。木克土爲妻。從妻所好。故好風也。畢星好雨者。畢西方金宿。雨東方木氣。金克木爲妻。從妻所好。故好雨也。推此則南宮好暘。北宮好燠。中宮四季好寒。以各尚妻之所好故也。

未知孔意同否。顧氏所解，亦同於鄭。言從星者，謂不應從而從，以致此風雨。故喻政教失常以從民欲，亦所以亂也。上云日月之行，此句惟言月者，鄭云不言日者，日之從星，不可見故也。

九五福：一曰壽，傳 百二十年。**二曰富，**傳 財豐備。**三曰康寧，**傳 無疾病。**四曰攸好德，**傳 所好者德福之道。**五曰考終命。**傳 各成其短長之命以自終，不橫夭。○橫，華孟反，又如字。**六極：一曰凶短折，**傳 動不遇吉。短，未六十。折，未三十。言辛苦。○凶，馬云終也。折，時設反，又之舌反。**二曰疾，**傳 常抱疾苦。**三曰憂，**傳 多所憂。**四曰貧，**傳 困於財。**五曰惡，**傳 醜陋。**六曰弱。**傳 尪劣。○尪，烏黃反。

疏 九五福至曰弱。○正義曰：五福者，謂人蒙福祐有五事也。一曰壽，年得長也。二曰富。家豐財貨也。三曰康寧。無疾病也。四曰攸好德。性所好者美德也。五曰考終命。成終長短之命。不橫夭也。六極。謂窮極惡事有六。一曰凶短折。遇凶而橫夭性命也。二曰疾。常抱疾病。三曰憂。常多憂。四曰貧。困乏於財。五曰惡。貌狀醜陋。六曰弱。志力尫劣也。五福六極。天實得爲之。而歷言此者。以人生於世。有此福極。爲善致福。爲惡致極。勸人君使行善也。五福六極。如此次者。鄭云。此數本諸其尤者。福是人之所欲。以尤欲者爲先。極是人之所惡。以尤所不欲者爲先。以下緣人意輕重爲次耳。○傳百二十年○正義曰。人之大期。百年爲限。世有長壽云百二十年者。故傳以最長者言之。未必有正文也。○傳所好至之道○正義曰。人所嗜好。稟諸上天。性之所好。不能自已。好善者或當知善是善。好惡者不知惡之爲惡。是善。故好之無厭。任其所好而觀之。所好者德。是福之道也。好德者。天使之然。故爲福也。鄭云。民皆好有德也。王肅云。言人君所好者道德爲福。洪範以人君爲主。上之所爲。下必從之。人君好德。故民亦好德。事相通也。○傳各成至橫夭○正義曰。成十三年左傳云。民受天地之中以生。所謂命也。能者養之以福。不能者。敗以取禍。是言命之短長。雖有定分。未必能遂其性。不致夭枉。故各成其短長之命以自終。不橫夭者。亦爲福也。○傳動不至辛苦○正義曰。動不遇吉者。解凶也。傳以壽爲百二十年。短者半之爲未六十。折又半爲未三十。辛苦者味也。辛苦之味入口。猶困阨之事在身。故謂殃厄勞役之事爲辛苦也。鄭玄以爲凶短折。皆是夭枉之名。未齔曰凶。未冠曰短。未婚曰折。漢書五行志云。傷人曰凶。禽獸曰短。草木曰折。一曰凶夭是也。兄喪弟曰短。父喪子曰折。並與孔不同。○傳尫劣○正義曰。尫劣並是弱事。爲筋力弱。亦爲志氣弱。鄭玄云。愚懦不毅曰弱。言其志氣弱也。五行傳有致極之文。無致福之事。鄭玄依書傳云。凶短折。思不睿之罰。疾。視不明之罰。憂。言不從之罰。貧。聽不聰之罰。惡。貌不恭之罰。弱。皇不極之罰。反此而云。王者思睿則致壽。聽聰則致富。視明則致康寧。言從則致攸好德。貌恭則致考終命。所以然者。不但行運氣性相感。以義言之。以思睿則無擁。神安而保命故壽。若蒙則不通。殤神夭性。所以短折也。聽聰則謀當。所求而會。故致富。違而失計。故貧也。視明照了。性得而安寧。不明。以擾神而疾也。言從由於德。故好者德也。不從而無德。所以憂耳。貌恭則容儼形美而成性以終其命。容毀。故致惡也。不能爲大中。故所以弱也。此亦孔所不同焉。此福極之文。雖主於君。亦兼於下。故有貧富惡弱之等也。

武王既勝殷。邦諸侯。班宗彝。傳 賦宗廟彝器酒罇賜諸侯。○班。本又作般。音同。**作分器。**傳 言諸侯尊卑。各有分也。亡。○分。扶問反。註同。

疏 武王至分器。○正義曰。武王既以勝殷。制邦國以封有功者爲諸侯。既封爲國君。乃班賦宗廟彝器以賜之。於時有言誥戒勑。史敘其事。作分器之篇。○傳賦宗至諸侯。○正義曰。序云。邦諸侯者。立邦國。封人爲諸侯也。樂記云。封有功者爲諸侯。詩賚序云。大封於廟。謂此時也。釋言云。班。賦也。周禮有司尊彝之官。鄭云。彝。亦尊也。鬱鬯曰彝。彝。法也。言爲尊之法正。然則盛鬯者爲彝。盛酒者爲尊。皆祭宗廟之酒器也。分宗廟彝器酒尊以賦諸侯。既封乃賜之也。○傳言諸至也亡○正義曰。篇名分器。知其篇言諸侯尊卑各有分也。昭十二年左傳。楚靈王云。昔我先王熊繹。與呂伋王孫牟燮父禽父。並事康王。四國皆有分。我獨無。十五年傳曰。諸侯之封也。皆受明器於王室。杜預云。謂明德之分器也。是諸侯各有分也。

亡。

尚書註疏卷第十二

書疏卷十二

尚書注疏彙校卷十二

洪範第六

一葉一行　唐孔穎達疏　「穎」，單作「頴」。

一葉七行經　立武庚。　○物觀《補遺》：立武庚。〔古本〕「庚」作「康」。註同。○阮元《校記甲》：立武庚。「庚」，古本作「康」。注同。非也。阮元《校記乙》同。

一葉八行注　以爲王者後。　○山井鼎《考文》：以爲王者後。〔古本〕「後」上有「之」字。○阮元《校記甲》：以爲王者後。「後」上古本有「之」字。○《定本校記》：以爲王者後。「者」下雲窗叢刻本、内野本、神宫本、足利本有「之」字。

一葉八行注　一名祿父。　○山井鼎《考文》：一名祿父。〔古本〕下有「也」。「箕子作之」下同。

一葉八行釋文　父。音甫。　「父，音甫」，纂、魏、平作「祿父，下音甫」。

一葉九行注　歸鎬京。　○阮元《校記甲》：歸鎬京。陸氏曰：「鎬」，本又作「鄗」。阮元《校記乙》同。

一葉九行釋文　範。音范。「范」，平作「範」。
一葉十行疏　立其子武庚爲殷後。「後」上要無「殷」字。
一葉十一行疏　武王伐殷。「殷」，單、八、魏、平、十、永、閩、阮作「紂」。○物觀《補遺》：武王伐殷。宋板「殷」作「紂」。○盧文弨《拾補》：上武成序云武王伐殷。宋本、元本「殷」作「紂」，不同上序。○阮元《校記甲》：上武成序云武王伐殷。「殷」，宋板、十行、閩本俱作「紂」。○阮元《校記乙》：上武成序云武王伐紂。宋板、閩本同。毛本「紂」作「殷」。
一葉十二行疏　下微子之命序云。「微」，十作「徵」。
一葉十二行疏　序言此以順上下也。「序」，單、八、平、閩、阮作「敘」，魏、十、永作「敍」。
一葉十二行疏　正義曰。放桀也。「義」上八無「正」字，作一字空白。○浦鏜《正字》：放桀也。上當脱「據」字。○盧文弨《拾補》：據放桀也。「據」，毛本脱，浦補。○《定本校記》：放桀也。「放」字疑當重。
一葉十三行疏　紂兵敗。「敗」，十作「敗」。
一葉十三行疏　衣其寶玉衣。「玉」，八作「王」。
一葉十四行疏　懸之太白旗。「太」，魏、十、永作「大」。

一葉十四行疏　取彼凶殘。　「取」，魏作「助」。

一葉十四行疏　傳據實而言之耳。　「據」，十作「豦」。「之」下要無「耳」字。

一葉十五行疏　本紀云。封紂子武庚禄父以續殷祀。　「云」上單、八、魏、平、要有「又」字。○山井鼎《考文》：本紀云。宋板「云」上有「又」字。○盧文弨《拾補》：本紀又云，封紂子武庚禄父。「又」字，毛本脱，宋本有。○阮元《校記甲》：本紀云，封紂子武庚禄父以續殷祀。「云」上宋板有「又」字。

一葉十七行疏　歸至作之。　「歸」下單、八、魏、平、毛有「鎬」字。○阮元《校記甲》：傳歸鎬至作之。十行、閩、監俱無「鎬」字。

一葉十七行疏　正義曰。上篇云至于豐者。　「義」上八無「正」字，作一字空白。「豐」，十作「豊」。

一葉十七行疏　文王之廟在豐。　「豐」，十作「豊」。

一葉十七行疏　至豐先告廟耳。　「豐」，十作「豊」。

一葉十八行疏　知歸者歸鎬京也。　「知」下要無「歸者」二字。

一葉十八行疏　非直問答而已。　「答」，單、八、魏、平、閩、阮作「荅」，十、永作「𣏌」。

二葉一行疏　故傳特云箕子作之。「特」，十作「持」。

二葉二行疏　因以朝鮮封之。「鮮」，阮作「鲜」。

二葉二行疏　故於十三祀來朝。「祀」，閩作「祝」。

二葉四行疏　宋世家云。○浦鏜《正字》：宋世家云云。「宋」，監本誤「朱」。○阮元《校記甲》：宋世家云。「宋」，監本誤作「朱」。

二葉六行注　言天地之大法。○山井鼎《考文》：言天地之大法。〔古本〕下有「之矣也」三字。○阮元《校記甲》：言天地之大法。古本下衍「之矣也」三字。

二葉六行疏　正義曰。「義」上八無「正」字。

二葉七行疏　非復一問一答之勢。「答」，單、八、魏、平作「荅」，永作「沓」。

二葉七行疏　自王乃言至彝倫攸叙。「自」，十作「白」。

二葉八行疏　自箕子乃言至彝倫攸叙。「叙」，平作「敤」。

二葉九行疏　自初一曰至威用六極。「極」，十作「拯」。

二葉十一行經　惟十有三祀。○盧文弨《拾補》：惟十有三祀。毛本「祀」從巳，誤。前後竝同。

二葉十一行經　王訪于箕子。　「王」，平作「玉」。

二葉十一行注　不忘本。　○山井鼎《考文》：「不忘本」下、「次問天道」下，〔古本〕共有「也」。

二葉十二行注　次問天道。　「天」，平作「大」。

二葉十三行經　惟天陰騭下民。　○岳本《考證》：惟天陰騭下民。「騭」，史記宋世家作「定」。

二葉十四行注　天不言而默定下民。　○山井鼎《考文》：默定下民。〔古本〕作「默定天下民也」。○阮元《校記甲》：天不言而默定下民。「默定下民」，古本作「默定天下民也」。

二葉十四行注　是助合其居。　○阮元《校記甲》：是助合其居。孫志祖云：史記集解引此注無「是」字。○《定本校記》：是助合其居。雲窗叢刻本、内野本、神宮本無「是」字，清原宣賢手鈔本引家本亦無。

二葉十四行注　使有常生之資。　○阮元《校記甲》：使有常生之資。「常」，葛本誤作「長」。

二葉十五行釋文　相，息亮反。　四字纂、魏、平作「相協，上息亮反」。

二葉十六行注　言我不知天所以定民之常道理次敘。　「敘」，纂作「序」。

二葉十六行注　問何由。　○山井鼎《考文》：問何由。〔古本〕下有「也」。「亂陳其五行」下同。○阮元《校記甲》：問何由。「問」，纂傳作「間」，誤。

二葉十八行疏　王乃言曰。　「曰」，平作「白」。

三葉一行疏　問天意何由也。　「問」，毛作「周」。○物觀《補遺》：周天意。〔宋板〕「周」作「問」。○浦鏜《正字》：問天意何由也。「問」，毛本誤「周」。○盧文弨《拾補》：問天意何由也。毛本「問」作「周」。「周」當作「問」。○阮元《校記甲》：周天意何由也。「周」，宋板、十行、閩、監俱作「問」。按：「周」字誤。○阮元《校記乙》：問天意何由也。宋板、閩本、明監本同。毛本「問」誤「周」。

三葉二行疏　箕子商人。故記傳引此篇者。皆云商書曰是箕子自作明矣。　「者」，魏作「首」。

三葉三行疏　似歸即作之。　「即」，十作「郎」。

三葉四行疏　正義曰。傳以驚。　「驚」上殿、庫無「傳以」二字。

三葉五行疏　成亦定義。　「成」下要無「亦」字。

三葉五行疏　各有性靈心識。　「各」，永作「名」。

三葉六行疏　恊。和也。　「和」，單、八、魏、毛作「合」。○浦鏜《正字》：恊，合也。「合」，監本誤「和」。○阮元《校記甲》：恊，合也。「合」，十行、閩、監俱作「和」。

三葉八行疏　乃復佑助諧合其居業。「復」，八、要作「得」。○山井鼎《考文》：乃復佑助諧合其居業。〔宋板〕「復」作「得」。○阮元《校記甲》：乃復佑助諧合其居業。「復」，宋板作「得」。阮元《校記乙》同。○《定本校記》：乃復佑助諧合其居業。「復」，〔足利〕八行本誤作「得」。

三葉八行疏　使有常生之資。「生」，要作「主」。

三葉八行疏　此問答皆言乃者。以天道之大。「答」，單、魏、平、阮作「荅」，十、永作「荅」。「大」，十作「夭」。

三葉九行疏　沈吟乃問。「沈」，魏、十、永、閩、庫作「沉」。

三葉九行疏　思慮乃答。「答」，單、八、魏、平、十、阮作「荅」，永作「荅」。

三葉十行疏　言天深定下民。「天」，魏、毛作「大」。○盧文弨《拾補》：言天深定下民。毛本「天」作「大」。「大」當作「天」。○阮元《校記甲》：言大深定下民。「大」，十行、閩、監俱作「天」。按：十行本不誤。

三葉十二行經　鯀陻洪水。汩陳其五行。「汩」，石作「汩」。○盧文弨《拾補》：鯀陻洪水。石經「陻」作「伊」，「洪」作「鴻」。案：説文「陻」作「垔」。下「泊」作「白」，石經亦作「日」。皆省文。

三葉十二行注　**亂陳其五行。**　○阮元《校記甲》：亂陳其五行。史記集解句首有「是」字。按疏云「是乃亂陳其五行」，似宜有「是」字。阮元《校記乙》同。○《定本校記》：亂陳其五行。「亂」上内野本、神宮本、足利本有「是」字，清原宣賢手鈔本引家本亦有。

三葉十三行釋文　**行。户更反。**　「行」上纂、魏、平有「五」字。「更」，王、纂、魏、平、殿、庫作「庚」。○阮元《校記甲》：五行，户庚反。「庚」，十行本、毛本俱作「更」。

三葉十三行經　**帝乃震怒。不畀洪範九疇彝倫攸斁。**　○山井鼎《考文》：帝乃震怒，不畀。〔古本〕「不」作「弗」。「不協于極」、「不罹于咎」、「百穀用不成」同。○岳本《考證》：不畀洪範九疇。案史記「不畀」作「不從」，「洪範九疇」作「鴻範九等」。

三葉十五行注　**故常道所以敗。**　○山井鼎《考文》：常道所以敗。〔古本〕下有「之也」二字。○阮元《校記甲》：故常道所以敗。古本下衍「之也」二字。○《定本校記》：故常道所以敗。内野本、神宮本云：「故」字或本無。

三葉十五行釋文　**畀。必二反。徐甫至反。註同。**　「畀」上纂、魏、平有「不」字。「同」下纂、魏、平、毛、殿、庫有「與也」二字。

三葉十五行釋文　**斁。多路反。徐同路反。敗也。**　「徐同路反」下王無「敗也」二字。

三葉十七行注　**堯舜之道。**　○山井鼎《考文》：堯舜之道。〔古本〕下有「也」字。

三葉十七行釋文　本或作極。　「或」上魏、毛無「本」字。

三葉十八行注　天與禹。洛出書。　○山井鼎《考文》：天與禹，洛出書。〔古本〕「天」下有「乃」字，「書」下有「也」字。「所以次敘」下同。○阮元《校記甲》：天與禹，洛出書。「天」下古本有「乃」字。○《定本校記》：天與禹。「天」下内野本、神宫本、足利本有「乃」字，清原宣賢手鈔本引家本亦有。

三葉十八行注　神龜負文而出。　「負」，李、魏、永作「貟」。

四葉一行注　以成九類。　「九」，永作「几」。

四葉二行注　常道所以次敘。　「敘」，王、纂作「序」。

四葉二行疏　箕子乃言答王曰。　「答」，單、八、魏、平、阮作「荅」，十、永作「沯」。

四葉三行疏　是乃亂陳其五行而逆天道也。　「是」，單作「是」。

四葉四行疏　天乃賜禹。　「賜」，殿、庫作「錫」。

四葉五行疏　井陘木刋。　「木」，毛作「水」。○山井鼎《考文》：井陘水刋。［正誤］「水」當作「木」。物觀《補遺》：宋板「水」作「木」。○浦鏜《正字》：井陘木刋。「陘」，左傳作「堙」。○盧文弨《拾補》：井陘木刋。毛本「木刋」作「水刋」，誤。○阮元《校記甲》：井陘水刋。

「水」，宋板、十行、閩、監俱作「木」。按：作「木」與襄二十五年左傳合。○阮元《校記乙》：井陘木刋。宋板、閩本、明監本同。毛本「木」作「水」。按：作「木」與襄〔二〕十五年左傳合。

四葉六行疏　故爲亂也。「故」，十、永、閩、阮作「欲」。○阮元《校記甲》：故爲亂也。「故」，十行、閩本俱誤作「欲」。○阮元《校記乙》：欲爲亂也。案：「欲」當作「故」，形近之譌。閩本同。毛本不誤。

四葉六行疏　水失其道。○阮元《校記甲》：水失其道。「道」，纂傳作「性」。按：「性」是也。阮元《校記乙》同。

四葉七行疏　大禹謨帝美禹治水之功云。「美」，八、十作「羙」。

四葉八行疏　五行序。「序」，要作「叙」。

四葉八行疏　正義曰。畀。與。釋詁文。○浦鏜《正字》：畀，與，釋詁文。「與」，爾雅作「予」。○阮元《校記甲》：畀，與，釋詁文。孫志祖云：「與」，爾雅作「予」。阮元《校記乙》同。

四葉九行疏　疇是輩類之名。「輩」，永作「軰」。

四葉十行疏　故漢書謂之爲九章。此謂九類。　「之」下魏無「爲」字。上「九」字下平無「章」字。「類」上平無「此謂九」三字。

四葉十三行疏　故辯之云。　「辯」，單、八、魏、平、十、永作「辨」。

四葉十六行疏　劉歆以爲伏羲繫天而王。河出圖。則而畫之。　○浦鏜《正字》：劉歆以爲伏羲繼天而王，受河圖，則而畫之。「繼」誤「繫」。「受河圖」誤「河出圖」。○盧文弨《拾補》：劉歆以爲伏羲繫天而王，河出圖。「繫」、「繼」通。「河出圖」，本作「受河圖」。○阮元《校記甲》：劉歆以爲伏羲繫天而王。浦鏜云：「繼」誤「繫」。阮元《校記乙》同。

四葉十七行疏　龜負洛書。　「負」，魏、平、永作「貟」。

四葉十八行疏　龍負圖。龜負書。　「負圖」，魏、平、永作「貟圖」。「負書」，魏、平作「貟書」。

四葉十八行疏　通人計覈。謂僞起哀平。　「計」，單、八、魏、平、要、十作「討」。○山井鼎《考文》：通人計覈。〔宋板〕「計」作「討」。○浦鏜《正字》：通人討覈，謂僞起哀平。「討」誤「計」。○盧文弨《拾補》：通人討覈，謂僞起哀平。毛本「討」作「計」。「計」當作「討」。○阮元《校記甲》：通人計覈。「計」，宋板、十行俱作「討」。○阮元《校記乙》：通人討覈。宋板同。毛本「討」作「計」。

五葉一行疏　雖復前漢之末。　「末」，平作「未」。

五葉一行疏　故孔以九類是神龜負文而出列於背。　「負」，魏、平、永作「貟」。

五葉六行疏　三皇以前。　「以」，單、八、魏、平、十、永、阮作「已」。

五葉七行疏　故此説常道攸敘攸斁由洛書耳。　「常」，閩作「當」。

五葉七行經　初一。曰五行。次二。曰敬用五事。次三。曰農用八政。次四。曰協用五紀。次五。曰建用皇極。次六。曰乂用三德。次七。曰明用稽疑。次八。曰念用庶徵。次九。曰嚮用五福。威用六極。　○殿本《考證》：協用五紀。「協」，漢志引此經作「叶」。臣召南按：此篇今、古文俱有。今文之本後世不傳，而史記宋世家全載經文，漢書五行志所引五行傳即伏生大傳，而夏侯始昌諸儒又增附之者也。其經文有與古文殊異，並記於此。「次二曰敬用五事」，史記作「二曰五事」。「三曰八政」至「庶徵」皆然。惟「九曰嚮用五福，畏用六極」與古文同，然亦不言「次九」也。漢志則初一、次二、次三云云，並同古文。而「敬用五事」作「羞用五事」，顔注曰「羞，進也」。「乂用三德」作「艾用三德」，顔注曰「艾讀曰乂」。「畏用六極」，與史記同。蘇軾曰：古字「威」、「畏」通用。○岳本《考證》：敬用五事。「敬」，漢書五行志作「羞」。顔師古曰：羞，進也。又：協用五紀。「協」，漢書作「叶」。案：「叶」，古文「協」字也。○盧文弨《拾補》：曰乂用三德。石經「乂」作「艾」，同漢書。

○阮元《校記甲》：初一曰五行。唐石經別起一行，九疇皆然。阮元《校記乙》同。

五葉八行注　以五行爲始。○山井鼎《考文》：「以五行爲始」下、「必敬乃善」下、「政乃成」下、「用五紀」下、「皇大」下、「大中之道」下、「三德」下、「考疑之事」下、「用六極」下、「禹所第敘」下，〔古本〕共有「也」。下註「常性」下、「改更」下同。

五葉十行釋文　農。馬云食爲八政之首。「馬」上王無「農」字。

五葉十二行注　凡立事當用大中之道。「凡」，岳作「几」。

五葉十三行注　治民必用剛柔正直之三德。「治」，八作「始」。○阮元《校記甲》：治民必用剛柔正直之三德。「剛柔正直」，纂傳作「正直剛柔」。

五葉十四行注　明用卜筮考疑之事。○《定本校記》：明用卜筮考疑之事。内野本、神宮本無「之」字。

五葉十六行釋文　嚮。許亮反。又許兩反。「又」，王、魏、平作「一音」。○阮元《校記甲》：嚮，一音許兩反。「一音」二字十行、毛本俱作「又」。

五葉十七行釋文　此巳上。時掌反。禹所第叙。「上」上王無「此巳」二字。「反」下王無「禹所第叙」四字。

五葉十七行釋文　洛書文也。「洛」，平作「雒」。

五葉十七行釋文　皆洛書文也。「洛」，平作「雒」。

五葉十八行疏　五材氣性流行。「材」，平、殿、庫作「行」。○盧文弨《拾補》：五材氣性流行。「材」不當改作「行」。

六葉二行疏　明用卜筮以考疑事。「卜」，阮作「小」。

六葉三行疏　則農是醲意。故爲厚也。○浦鏜《正字》：則農是醲意，故曰厚也。「曰」誤「爲」。

六葉五行疏　總是治民。但政是被物之名。「總」，單、八、魏、平、永、阮作「揔」，十作「摠」。「但」，八作「伹」。

六葉八行疏　乃爲天之曆數。「曆」，八作「歴」。

六葉八行疏　令不差錯。使行得正用五紀也。「令」，八作「今」。「使」下平無「行」字。

六葉九行疏　㊫皇大至之道。「皇」上十、阮無「傳」字。○阮元《校記甲》：傳皇大至之道。十行本脱「傳」字。○阮元《校記乙》：○皇大至之道。案：「○」下誤脱「傳」字。

六葉九行疏　正義曰。皇。大。釋詁文。○浦鏜《正字》：皇，大。釋詁文。案：爾雅無文。

六葉十行疏　當用大中之道也。「當」，阮作「常」。

六葉十行疏　論語允執其中。「執」，單、八作「報」。○《定本校記》：論語允執其中。「執」，單疏本誤作「報」。

六葉十行疏　㊊言天至第叙。「言天」，阮作「信人」。○張鈞衡《校記》：傳言天至第敘。阮本「言天」作「信人」，誤。

六葉十三行疏　言天所以嚮望勸勉人用五福。「望」下單有一字空白。

六葉十三行疏　皆是禹所次第而敘之。「第」，永作「弟」。

六葉十三行疏　下文更將此九類而演説之。「將」，單、八、魏、平、永作「條」，毛作「絛」。○浦鏜《正字》：下文更條此九類而演説之。「條」，閩本作「將」。○盧文弨《拾補》：下文更條此九類而演説之。元本、閩本「條」作「將」，非。○阮元《校記甲》：下文更條此九類而演説之。「條」，十行、閩、監俱作「將」。按：「將」是也。

六葉十四行疏　知此九者皆禹所第也。「第」，永作「弟」。

六葉十六行疏　隨德是任。「任」，十、永作「在」。

六葉十六行疏　政雖在德。「在」，單、八、魏、平作「任」。○山井鼎《考文》：政雖在德。〔宋板〕「在」作「任」。○盧文弨《拾補》：政雖任德，事必有疑。「任」，毛本作「在」，宋本作

「任」。「在」當作「任」。○阮元《校記甲》：政雖在德。「在」，宋板作「任」。

六葉十八行疏　總包上下。「總」，單、八、魏、平、十、永、阮作「摠」。

六葉十八行疏　福極處末者。「末」，十作「未」。

七葉一行疏　其末不言終九者。「末」，十作「未」。

七葉二行疏　天地百物。莫不用之。「用」，庫作「有」。○阮元《校記甲》：天地百物。「百」，纂傳作「萬」。

七葉三行疏　傳言此禹所第敘。「第」，永作「弟」。

七葉五行疏　禹因而第之。「第」，永作「弟」。

七葉五行疏　則孔以第是禹之所爲。「第」，永作「弟」。

七葉六行疏　以爲龜背先有總三十八字。「總」，單、八、魏、平、十、永、阮作「摠」。

七葉六行疏　亦禹所第敘。「第」，永作「弟」。

七葉七行疏　以總該九疇。「總」，單、八、魏、平、十、永、阮作「摠」。

七葉七行疏　非局數能盡故也。「局」，平作「扃」。

七葉八行疏　不可以數總之故也。「總」，單、八、魏、平、十、永、阮作「摠」。

七葉八行疏　庶徵不言數者。「數」，十作「數」。

七葉十二行疏　故禹第之總爲一疇。「第」，永作「弟」。「總」，單、八、魏、十、永、阮作「摠」，平作「惣」。

七葉十二行疏　則分散總爲五福。「總」，單、八、魏、十、永、阮作「摠」，平作「惣」。

七葉十四行疏　五徵傳云。「徵」，單、八、魏、平、十、永、殿、庫、阮作「行」。○山井鼎《考文》：五徵傳云。〔宋板〕「徵」作「行」。○盧文弨《拾補》：五行傳云。毛本「行」作「徵」。「徵」當作「行」。○阮元《校記甲》：五徵傳云。「徵」，宋板、十行俱作「行」。按：「徵」字誤。

七葉十四行經　一五行。○殿本《考證》：一五行。金履祥曰：漢石經無「一」字。餘傳首句並不言疇數。○岳本《考證》：一五行。漢石經無「一」字。餘傳首句並不言疇數。

七葉十六行釋文　上。時掌反。又如字。「掌」，平作「堂」。「又」，永作「人」。

七葉十七行注　木可以揉曲直。金可以改更。「揉」，李作「楺」。○阮元《校記甲》：木可以揉曲直。史記集解作「木可揉使曲直」。阮元《校記乙》同。○《定本校記》：木可以揉曲直，金可以改更。内野本、神宫本無二「以」字。

七葉十八行注　土可以種。　「土」，十作「士」。

八葉一行注　可以歛。　○物觀《補遺》：可以斂。〔古本〕下有「也」字。

八葉一行注　水鹵所生。　「鹵」，十作「卤」。

八葉二行經注　曲直作酸。傳木實之性。從革作辛。　「曲直作」下魏無「酸。傳木實之性。從革作辛」九字。

八葉三行注　金之氣。　「氣」下八、李、王、纂、魏、平、岳、毛有「味」字。○山井鼎《考文》：金之氣味。謹按正德、嘉、萬三本脱「味」字。物觀《補遺》：古本「味」下有「之也」字。○浦鏜《正字》：金之氣味。監本脱「味」字。○岳本《考證》：金之氣味。案殿本及永懷堂本俱無「味」字，惟汲古閣本與此同。○阮元《校記甲》：金之氣味。葛本、十行、正德、嘉、萬、閩本俱脱「味」字。史記集解作「金氣之味」。按：「金氣之味」猶上言「焦氣之味」也。鹹、苦、酸、辛、甘皆以味言，不以氣言。金之氣乃腥也。古本「味」下衍「之也」二字。○阮元《校記乙》：金之氣。葛本、嘉、萬本、閩本同。毛本「氣」下有「味」字。史記集解作「金氣之味」。按：「金氣之味」猶上言「焦氣之味」也。鹹、苦、酸、辛、甘皆以味言，不以氣言。金之氣乃腥也。古本「味」下衍「之也」二字。

八葉三行注　甘味生於百穀。　「穀」，魏作「穀」。

八葉三行注　箕子所陳。　○物觀《補遺》：箕子所陳。〔古本〕下有「之也」二字。○阮元《校記甲》：箕子所陳。古本下衍「之也」二字。

八葉四行疏　一五行至作甘。　「五」下毛無「行」字。○阮元《校記甲》：一五至作甘。「五」下十行、閩、監俱有「行」字。

八葉四行疏　箕子所演陳禹所第疇名於上。　「第」，永作「弟」。

八葉五行疏　各爲人之用。　「各」，平、十、閩、阮作「名」。○阮元《校記甲》：各爲人之用。「各」，十行、閩本俱誤作「名」。○阮元《校記乙》：名爲人之用。閩本同。毛本「名」作「各」。案：所改是也。

八葉六行疏　百姓之所飲食也。　「所」，單、八、魏、平、十、永、閩、阮作「求」。○阮元《校記甲》：百姓之所飲食也。「所」，十行、閩本俱誤作「求」。○阮元《校記乙》：百姓之求飲食也。閩本同。毛本「求」作「所」，與岳本合。「求」字誤也。○《定本校記》：水火者百姓之求飲食也。「求」，監本改作「所」。

八葉九行疏　陰無偶。　「偶」，十、阮作「耦」。

八葉十行疏　於是陰陽各有匹偶而物得成焉。「物」，單作「物」。

八葉十二行疏　五月夏至日比極。陰進而陽退。「比」，十作「比」。○浦鏜《正字》：五月夏至日北極。「北」，監本誤「比」。○阮元《校記甲》：五月夏至日北極，陰進而陽退。「進」，纂傳作「極」。

八葉十四行疏　坤貞於六月未。「未」，十作「末」。

八葉十五行疏　四季土位也。「土」，十作「士」。

八葉十六行疏　著生於微。「著」，阮作「者」。○張鈞衡《校記》：著生於微。阮本「著」作「者」，誤。

九葉一行疏　土成數十。義亦然也。○阮元《校記甲》：土成數十，義亦然也。「亦」，纂傳作「或」。阮元《校記乙》同。

九葉一行疏　潤萬物而退下。「潤」，單作「潤」。

九葉二行疏　㊉傳木可至改更○正義曰。此亦言其性也。「此」上「㊉傳木可至改更○正義曰」，殿、庫作「木可以揉曲直，金可以改更」。

九葉四行疏　故潤下趣陰。「故」，庫作「則」。

九葉五行疏　故可曲直改更也。　「改更」，要作「更改」。

九葉六行疏　言聚蓄之可惜也。　「蓄」，單、八、魏、平、十、永、阮作「畜」。

九葉六行疏　土上所爲。　「上」，平作「主」。

九葉九行疏　東方謂之斥。　○浦鏜《正字》：東方謂之斥。「斥」，説文作「㡿」。○盧文弨《拾補》：東方謂之斥。「斥」，〔説文〕本作「㡿」。

九葉十行疏　上言曰者。　「上」，阮作「土」。○張鈞衡《校記》：上言曰。阮本「上」作「土」，誤。

九葉十二行疏　臭之曰氣。　「臭」，單、八、魏作「嗅」。○山井鼎《考文》：臭之曰氣。〔宋板〕「臭」作「嗅」。○阮元《校記甲》：臭之曰氣。「臭」，宋板作「嗅」。阮元《校記乙》同。

九葉十四行疏　故辛爲金之氣味。　「辛」，魏作「卒」。

九葉十五行疏　月令秋云。其味辛。　「味」，阮作「位」。

九葉十五行疏　㊫甘味生於百穀。　「味」，八作「朱」。

九葉十五行疏　正義曰。甘味生於百穀。穀是土之所生。　上「生」，永作「主」。「土」，單作「上」。

九葉十六行經　一曰貌。　「貌」，十作「貎」。○阮元《校記甲》：二五事，一曰貌。陸氏曰：「貌」，本亦作「䫉」。阮元《校記乙》同。

九葉十六行釋文　貌。本亦作䫉。　王無「貌本亦作䫉」五字。○阮元《校記甲》：貌，本亦作䫉。「䫉」，葉本亦作「貌」，誤。

九葉十七行釋文　視。常止反。徐市止反。　「市」，平作「币」。

九葉十八行注　察是非。　○山井鼎《考文》：「察是非」下、「是則可從」下、「必清審」下、「必微諦」下、「可以治」下、「所謀必成當」下，〔古本〕共有「也」。下註「勤農業」下、「寶用物」下、「以居民」下、「士卒必練」下、「紀四時」下、「紀一月」下並同。

九葉十八行經　貌曰恭。　「貌」，十作「貎」。

十葉一行釋文　儼。魚檢反。　「檢」，毛作「撿」。○山井鼎《考文》：儼，魚檢反。經典釋文「檢」作「簡」。○阮元《校記甲》：儼，魚簡反。「簡」，葉本、十行本、毛本俱作「檢」，是也。○張鈞衡《校記》：儼，魚檢反。阮本上有「○」，此本脱。

十葉二行釋文　諦。音帝。　○張鈞衡《校記》：諦音帝。阮本上有「○」，此本脱。

十葉二行經　思曰睿。　○殿本《考證》：思曰睿。傳必通於微。臣召南按：馬融、王肅、張晏並訓「睿」爲「通」，知「睿」字今古文所同也。乃漢志引此經作「思曰容，容作聖」。注「應劭曰：容，通也，古文作睿」，似字畫異矣。然字義猶同也。乃志引傳曰：「思心者，心思慮也。容，寬也。孔子曰：居上不寬，吾何以觀之哉。」似伏生書作「容」，字畫、字義並與古文不合，未聞先儒有論此者。

十葉三行釋文　睿。悦歲反。　「悦」，平作「兊」。

十葉三行經　明作晢。　「晢」，岳作「哲」。○顧炎武《九經誤字》：明作晢。石經、監本同。書傳會選：「晢，之列反。字與晣同。下當從日，從口非。」○山井鼎《考文》：明作晢。〔古本〕「作」作「曰」。○殿本《考證》：臣照按：「哲」字舊本作「晢」，葢「晢」、「哲」古今字也。「晢」從日從折。晢，明也，故從日而折聲。其作西亦切者，亦明也，從日從析，日則意，而析則聲。後人改日從口，無義。○浦鏜《正字》：明作哲。案：此與下曰哲之哲，石經作「晢」，與「晣」同。下當從日。今俗本下從口，非。○盧文弨《拾補》：明作哲。石經「哲」作「晢」。下「曰哲」同。案：從折字是。○阮元《校記甲》：明作晢。「作」，古本作「曰」，誤。顧炎武曰：石經、監本同。書傳會選：「晢，之列反。字與晣同。下當從日，從口非。」按疏云：王肅及漢書五行志皆云：悊，智也。定本作「晢」，則讀爲哲。段玉裁云：説文日部：晢，昭晣，明也，从日折聲。口部：哲，知也，从口折聲。心部：悊，敬也，从心折聲。三字各有所屬本義，而經傳多相假借。阮元《校記乙》同。

十葉四行釋文　晢。之舌反。徐之列反。　下「之」字，纂、魏、平、十、永、閩、阮作「丁」。○阮元《校記甲》：晢，徐之列反。「之」，十行本作「丁」字。按：「丁」字是也。

十葉四行注　所謀必成當。　「謀」下魏無「必」字。○阮元《校記甲》：所謀必成當。「當」，史記集解作「審」。阮元《校記乙》同。

十葉四行釋文　當。丁浪反。　「當」上魏、平有「成」字。

十葉五行疏　二五至作聖。　「五」下單有「事」字。

十葉七行疏　貌必須恭。言乃可從。　○山井鼎《考文》：言乃可從。〔宋板〕「乃」作「必」。○浦鏜《正字》：貌必須恭，言必可從。下「必」字誤「乃」。○盧文弨《拾補》：貌必須恭，言必可從。毛本下「必」作「乃」。「乃」當作「必」。○阮元《校記甲》：言乃可從。「乃」，宋板作「必」。按：宋板是也。阮元《校記乙》同。○《定本校記》：言必可從。「必」，單疏作「乃」。今從〔足利〕八行本。

十葉八行疏　思必當通於微密也。　「微」，殿作「徵」。

十葉九行疏　則事無不通。　「則」，阮作「別」。

十葉十行疏　貌總身也。　「總」，單、八、魏、十、永、阮作「揔」，平作「惣」。

十葉十一行疏　此五事爲天下之本也。　「本」，十作「木」。

十葉十二行疏　孔於太戊桑穀之下云七日大拱。　○盧文弨《拾補》：孔於大戊桑穀之下。毛本「穀」從禾，誤。

十葉十四行疏　言之決斷。　○阮元《校記甲》：言之決斷。「決斷」二字纂傳倒。

十葉十四行疏　若金之斬割。　○阮元《校記甲》：若金之斬割。「斬」，纂傳作「斷」。

十葉十五行疏　南方離爲目。　「離」，八、平作「离」。

十葉十五行疏　目視物也。　「目」，魏作「月」。

十葉十六行疏　猶思在心。　○阮元《校記甲》：猶思在心。纂傳下有「也」字。

十葉十八行疏　但爲之有善有惡。　「但」，阮作「伹」。

十葉十八行疏　傳皆以是辭釋之。　「皆」下平無「以」字。

十一葉二行疏　㊀傳必通於微○正義曰。此一重。　「此」上「㊀傳必通於微○正義曰」，殿、庫作「必通於微以上」。

十一葉三行疏　儼是嚴正之貌也。　「嚴」，阮作「言」。○張鈞衡《校記》：儼是嚴正之貌也。阮本「嚴」作「言」，誤。

十一葉四行疏　言非理則人違之。　「理」，殿、庫作「禮」。

十一葉五行疏　思慮苦其不深。　「苦」，平作「若」，永作「若」。

十一葉五行疏　故必深思使通於微也。　「故」，單、庫作「故」。

十一葉六行疏　以與上下違者。　「違」，十作「違」。○《定本校記》：以與上下違者。「以」，疑當作「似」。

十一葉六行疏　亦我所爲不乖剌也。　「剌」，單、八、魏、平、十、永、閩、阮作「倒」，毛、殿、庫作「刺」。○物觀《補遺》：不乖剌也。〔宋板〕「剌」作「倒」。○盧文弨《拾補》：亦我所爲不乖剌也。宋、元本「剌」誤作「倒」。○阮元《校記甲》：不乖剌也。「剌」，宋板、十行、閩本俱作「倒」。盧文弨云宋板非。○阮元《校記乙》：不乖倒也。宋板、閩本同。毛本「倒」作「剌」。盧文弨云宋板非。

十一葉七行疏　説命云。接下思恭。　「説命」，平、殿、庫作「太甲」。○殿本《考證》：太甲云，接下思恭，視遠惟明，聽德惟聰。此本太甲文，非説命也。監本誤作「説命」，今改正。○浦鏜《正字》：太甲云，接下思恭云云。「太甲」誤「説命」。○盧文弨《拾補》：説命云，接下思恭云云。「説命」誤，今本已改「太甲」。○《定本校記》：説命云。「説命」，殿本、浦氏改作「太甲」，是也。

十一葉七行疏　㊉於事至之聖○正義曰。此一重。　「此」上「㊉於事至之聖○正義曰」，殿、庫作「於事無不通之謂聖以上」。

十一葉九行疏　從其是爲謀必當。　「從」，平作「銚」。

十一葉十二行疏　鄭玄皆謂其政所致也。　「玄」，單、八、魏、平、十、永、阮作「云」。○山井鼎《考文》：鄭玄皆謂其政所致也。〔宋板〕「玄」作「云」。○盧文弨《拾補》：鄭玄皆謂其政所致也。宋、元本「玄」皆作「云」。○阮元《校記甲》：鄭元皆謂其政所致也。「元」，宋板作「云」。

十一葉十二行疏　則臣禮肅。　「禮」，單作「禮」。

十一葉十三行疏　案庶徵之意。　「意」，單、八、魏作「章」。○山井鼎《考文》：案庶徵之意。〔宋板〕「意」作「章」。○盧文弨《拾補》：案庶徵之章。毛本「章」作「意」。「意」當作「章」。○阮元《校記甲》：案庶徵之意。「意」，宋板作「章」。

十一葉十四行疏　皆肅乂所致。　「乂」，魏作「人」。

十一葉十五行疏　悊。智也。鄭本作哲。則讀爲哲。　「悊」，單、八、魏、平、十、永、閩、阮作「哲」。「鄭」，單、八、魏、平、十、永、阮作「定」。「哲」，平作「哲」。○山井鼎《考文》：悊，智也。〔宋板〕「悊」作「哲」，正德、嘉靖本同。又：鄭本作哲。〔宋板〕「鄭」作「定」。○盧文弨《拾補》：悊，智也，定本作哲。毛本「悊」作「哲」。「哲」當作「悊」。毛本「定」作「鄭」。宋、元本作「定」。「鄭」當作「定」。○阮元《校記甲》：悊，智也。「悊」，宋板、十行、正、嘉、閩本俱作「哲」，非。又：鄭本作哲。「鄭」，宋板、十行俱作「定」，是也。○阮元《校記乙》：哲，智也。宋板、嘉本、閩本同。毛本「哲」作「悊」。○《定本校記》：定本作哲。「哲」，疑當作「哲」。

十一葉十六行注　勤農業。「勤」，李、纂作「懃」。

十一葉十八行注　主姦盜使無縱。「主」，八作「王」。「縱」，李作「縦」。○阮元《校記甲》：主姦盜使無縱。陸氏曰。縱，子用反。或作從，音同。

十二葉一行釋文　縱。子用反。或作從。音同。「從」下王無「音同」二字。

十二葉二行注　簡師所任必良。「任」，十作「任」，永作「在」。

十二葉二行釋文　卒。子忽反。「卒」上纂、魏、平有「士」字。

十二葉三行疏　教民使勤農業也。「勤」，魏作「懃」。

十二葉四行疏　教衆民以禮義也。「禮」，單作「禮」。

十二葉五行疏　食於人最急。故教爲先也。　○山井鼎《考文》：食於人最急，故教爲先也。〔宋本〕「教」作「食」。○浦鏜《正字》：故教爲先也。「教」，疑「食」字誤。○盧文弨《拾補》：故食爲先也。毛本「食」作「教」。「教」當作「食」。○阮元《校記甲》：故教爲先也。「教」，宋板作「食」。按：「教」字非也。阮元《校記乙》同。○《定本校記》：故食爲先也。「食」，單疏作「教」。今從〔足利〕八行本。

十二葉六行疏　故祀爲三也。　「祀」，單作「杞」。

十二葉十行疏　若以一字爲名。　○阮元《校記甲》：若以一字爲名。「字」，纂傳作「事」，是也。阮元《校記乙》同。

十二葉十六行疏　金玉布帛之總名。　「總」，單、八、魏、平、十、永、阮作「揔」。

十二葉十七行疏　衣則蠶績以求之。　「求」，平作「末」。

十三葉三行疏　所任必良。　「任」，平、永作「在」，十作「往」。

十三葉三行疏　士卒必練。　「士」，十作「上」。

十三葉五行注　紀一日。　○山井鼎《考文》：紀一日。〔古本〕作「所以紀一日也」。○盧文弨《拾補》：紀一日。古本上有「所以」二字。○阮元《校記甲》：紀一日。古本作「所以紀一日也」。○《定本校記》：紀一日。「紀」上，雲窗叢刻本、足利本有「所以」二字。內野本、神宫本云：或本有。

十三葉六行注　十二辰以紀日月所會。　「十」，十作「卜」。「以」上李有「所」字。○山井鼎《考文》：「日月所會」下、「敬授民時」下，〔古本〕共有「也」字。下註「九疇之義」下、「言從化」下、「大爲中正」下、「人曰我所好者德」下並同。

十三葉七行注　曆數節氣之度以爲曆。　「節氣」，岳作「氣節」。○阮元《校記甲》：厤數節氣之度。「節氣」二字岳本倒。

十三葉九行疏　大月三十日。　「十」，十作「卜」。

十三葉十行疏　星謂二十八宿昏明迭見。　○浦鏜《正字》：星謂二十八宿昏明迭見。「迭」，監本誤「送」。○阮元《校記甲》：星謂二十八宿昏明迭見。「迭」，監本誤作「送」。

十三葉十一行疏　從子至於丑爲十二辰。　○浦鏜《正字》：從子至於亥爲十二辰。「亥」誤「丑」。○盧文弨《拾補》：從子至於丑爲十二辰。「丑」，浦改作「亥」，似非。

十三葉十一行疏　算日月行道所歷。　「算」，單、八、魏、平、十、永、閩、阮作「筭」。「歷」，單、八、魏、十、永、閩作「曆」。

十三葉十三行疏　五紀爲此次者。　「次」，阮作「節」。

十三葉十四行疏　總曆四者。　「總」，單、八、魏、平、十、永、阮作「揔」。

十三葉十六行疏　季春昏七星中。　「星」上十無「七」字，作一字空缺。

十三葉十六行疏　季夏昏心中。　「心」，庫作「火」。○浦鏜《正字》：月令季夏昏心中。「心」，月令作「火」，即謂大火，心星也。義同。○盧文弨《拾補》：季夏昏心中。月令「心」作「火」，義同。

十三葉十七行疏　仲秋昏牽牛中。旦觜中。　○浦鏜《正字》：仲秋昏牽牛中，旦觜觿中。脱「觿」字。○盧文弨《拾補》：仲秋昏牽牛中，旦觜中。「觜」下毛本脱「觿」字。○阮元《校記甲》：旦觜中。盧文弨云「觜」下宋板有「觿」字，而考文獨未載，未知盧所據。按：有「觿」字是也。月令云：仲秋之月，旦觜觿中。阮元《校記乙》同。

十三葉十七行疏　仲冬昏東壁中。　「壁」，永、閩作「璧」。○浦鏜《正字》：仲春(冬)昏東壁中，旦軫中。「壁」，月令作「辟」。

十三葉十八行疏　一歲三百六十五日有餘。　「一」，殿作「二」。

十三葉十八行疏　一爲節氣。謂月初也。　「謂」，庫作「爲」。

十四葉一行疏　一爲中氣。謂月半也。　「謂」，庫作「爲」。

十四葉一行疏　以彼迭見之星。敘此月之節氣也。　「以」下要無「彼」字。「節」下要無「氣」字。

十四葉二行疏　辰而莫同。何謂辰。對曰。日月之會是謂辰。　「謂」下毛有「也」字。「對」上「辰」字，單、八、魏、平、要、十、永、閩、阮作「也」。○物觀《補遺》：辰，對曰，日月之會。〔宋板〕無「辰」字。○浦鏜《正字》：辰而莫同，何謂也。下衍「辰」字。○盧文弨《拾補》：辰而莫同，何謂辰。毛本「謂」下有「也」字，衍。○阮元《校記甲》：何謂也辰，對曰。宋板、十行、閩本俱無「辰」字。監本有「辰」字，無「也」字。○阮元《校記乙》：何謂也，對曰。宋板、閩本同。明監本「也」作「辰」，毛本「也」下有「辰」字。

十四葉三行疏　季春日在胃。　「胃」，十、阮作「冑」。

十四葉四行疏　仲秋日在角。　「角」下十、永、閩、阮有「季秋日在翼，仲秋日在角」十字。○阮元《校記甲》：仲秋日在角。此下十行、閩本俱衍「季秋日在翼，仲秋日在角」十字。○阮元《校記乙》：仲秋日在角，季秋日在翼，仲秋日在角。案：「季秋」下十字誤衍。

十四葉五行疏　十二會以爲十二辰。　「爲」上要無「以」字。

十四葉五行疏　所以紀日月之會處也。　「處」上要無「會」字。

十四葉七行疏　合成三百六十五度有餘。　「三」，阮作「一」。

十四葉八行疏　二十九日過半而月一周與日會。　「周」上十無「一」字，作一字空缺。

十四葉九行疏　有節氣中氣。　「節」，平作「即」。

十四葉十二行疏　歲月日星。　「月日」，要、毛作「日月」。○物觀《補遺》：歲日月星。〔宋板〕「日月」作「月日」。○浦鏜《正字》：歲月日星，傳皆言紀。「月日」字毛本誤倒。○盧文弨《拾補》：歲月日星。毛本「月日」倒作「日月」，從宋本乙。○阮元《校記甲》：歲日月星。「日月」二字，宋板、十行、閩、監俱倒。按：應作「月日」。

十四葉十五行注　用布與衆民使慕之。　「與」，王作「与」。

十四葉十七行注　與君以安中之善。　「與」，王作「与」。

十四葉十七行經　凡厥庶民。無有淫朋。　○山井鼎《考文》：凡厥庶民，無有淫朋。〔古本〕「無」作「亡」。篇内「無」字皆同。○盧文弨《拾補》：無有淫朋。石經「淫朋」作「涇㓈」。

十五葉一行注　惟天下皆大爲中正。　「惟」，阮作「爲」。

十五葉二行疏　極。中也。　「極」，十作「拯」。

十五葉二行疏　施政教。「施」，十作「湤」。
十五葉五行疏　凡其衆民。「凡」，庫作「几」。
十五葉八行疏　論語允執其中。「執」，平作「埶」。
十五葉八行疏　是爲善之總。「總」，單、八、魏、平、十、永、阮作「揔」。
十五葉九行疏　故特敘以爲一疇耳。「特」，殿作「持」。
十五葉十一行疏　不相集聚。「集聚」，永作「聚集」。
十五葉十二行疏　使衆民勸慕爲之。「使」，庫作「則」。
十五葉十二行疏　無形可見。「形」，魏作「刑」。
十五葉十四行疏　箕子汝王也。「汝」，十作「称」。
十五葉十五行疏　君以大中教民。「中」，十作「小」。
十五葉十六行疏　是民與君皆以大中之善。○《定本校記》：是民與君皆以大中之善。
「皆」字疑衍。
十五葉十六行疏　君有大中。「中」，十作「申」。
十五葉十六行疏　民有至中正。「正」，阮作「止」。

十六葉一行注　**民戢有道。**　○阮元《校記甲》：民戢有道。岳珂九經三傳沿革例云：「戢」字止是一「或」字，傳寫誤作「戢」爾。疏義强釋作「斂戢」之「戢」，此不敢改。阮元《校記乙》同。

十六葉二行注　**汝則念録敘之。**　○物觀《補遺》：念録敘之。〔古本〕下有「也」字。

十六葉二行注　**凡民之行。**　「凡」，八作「几」。

十六葉三行注　**而不罹于咎惡。皆可進用。**　「于」，八、李、王、纂、岳作「於」。「皆」，王、魏作「者」。○《定本校記》：而不罹於咎惡。内野本、神宮本無「惡」字。

十六葉三行釋文　**罹。馬力馳反。**　○阮元《校記甲》：罹。段玉裁云：本作「離」，開寶改之。

十六葉四行釋文　**行。下孟反。**　「行」上纂、魏、平有「之」字。

十六葉五行注　**人曰我所好者德。汝則與之爵禄。**　○盧文弨《拾補》：人曰我所好者德，汝則與之爵禄。古本「德」下有「也」字，「禄」下有「矣」字。○阮元《校記甲》：汝則與之爵禄。古本下有「矣」字。

十六葉六行釋文　**下。遐嫁反。**　「下」下纂、魏、平有「人」字。「嫁」，纂作「稼」。

十六葉六行經　**時人斯其惟皇之極。**　○阮元《校記甲》：時人斯其惟皇之極。正義曰「此經或言『時人德』，鄭、王諸本皆無『德』字。此傳不以德爲義，定本無『德』，疑衍字也」。阮元《校記乙》同。

十六葉八行注　言可勉進。○山井鼎《考文》：「言可勉進」下、「枉法畏之」下，〔古本〕共有「也」。下註「汝國其昌盛」下、「取罪而云」下、「以敗汝善」下、「先王之道路」下、「言開闢」下、「言辯治」下、「王道平直」下並同。

十六葉八行經　無虐煢獨而畏高明。○阮元《校記甲》：無虐煢獨而畏高明。孫志祖云：「煢」，周官大司寇疏引作「惸」。阮元《校記乙》同。

十六葉八行注　無子曰獨。「獨」，十作「獨」。

十六葉九行釋文　煢。岐扃反。畏。如字。徐云鄭音威。「岐」，王、纂、平作「岐」，魏、十作「歧」，永作「歧」。「扃」，魏、平、庫、阮作「扃」。「岐扃反」下魏無「畏，如字，徐云鄭音威」八字。

十六葉十行疏　凡其衆民。「凡」，八作「几」。

十六葉十一行疏　若未能如此。「若」，殿作「苦」。○《薈要》案語：若未能如此。刊本「若」訛「苦」，今改。

十六葉十四行疏　高明謂貴寵之人。　「謂」上魏無「高明」二字。

十六葉十六行疏　謂得善事能守而勿失言其心正不逆邪也。　「得」，八作「將」。

十六葉十七行疏　又無惡行。　「又」，薈作「人」。

十六葉十八行疏　大法謂用人之法。　「大」，平作「太」。

十七葉二行疏　且庶官交曠。即須任人。　「曠」，八作「曠」，平作「曠」。「任」，永作「在」。

十七葉二行疏　不可待人盡合大中。　「待」，十作「侍」。

十七葉三行疏　其此不合於中之人。　「之人」，阮作「人之」。

十七葉三行疏　皆人言曰。我所好者德也。　「皆」，單、八、魏、平、毛、殿、庫作「此」。○浦鏜《正字》：此人言曰，我所好者德也。「此人言」三字疑衍文。「此」，監本誤「皆」。○阮元《校記甲》：此人言曰。「此」，十行、閩、監俱誤作「皆」。浦鏜云：「此人言」三字疑衍。○阮元《校記乙》：皆人言曰。閩本、明監本同。毛本「皆」作「此」。案：浦鏜云：「此人言」三字疑衍。

十七葉四行疏　謂始受以。　「始」，十、永、閩、阮作「治」。「以」，單、八、魏、平、毛、殿、庫作「取」。○浦鏜《正字》：上句言受之，謂始受取。「取」，監本誤「以」。○阮元《校記甲》：謂始受取。「始」，十行、閩本俱誤作「治」。「取」，十行、閩、監俱誤作「以」。○阮元《校記乙》：謂治受以。閩本同。明監本「治」作「始」。毛本「以」改作「取」。

十七葉六行疏　荀卿書曰。「曰」，毛作「云」。○阮元《校記甲》：荀卿書云。「云」，十行、閩、監俱作「曰」。

十七葉六行疏　白沙在涅。「涅」，八作「泥」。

十七葉八行疏　正義曰詩云。獨行煢煢。○浦鏜《正字》：詩云，獨行煢煢。詩作「睘睘」。

十七葉九行疏　即詩所謂不畏强禦是也。○浦鏜《正字》：即詩所謂不畏强禦是也。「强」，詩作「彊」。

十七葉十行疏　謬也。「謬」，永作「謂」。

十七葉十一行注　汝國其昌盛。○《定本校記》：汝國其昌盛。雲窗叢刻本、内野本、神宫本無「昌」字，清原宣賢手鈔本引家本亦無。

十七葉十一行釋文　其行。如字。徐下孟反。「行」上王無「其」字。「下」，纂作「不」。

十七葉十二行注　凡其正直之人。「凡」，李作「几」。

十七葉十三行注　既當以爵禄富之。○《定本校記》：既當以爵禄富之。内野本、神宫本無「以」字，清原宣賢手鈔本引家本亦無。

十七葉十四行注　不能使正直之人。「正」，李作「王」。○《定本校記》：不能使正直之人。雲窗叢刻本、内野本、神宮本無「直之」二字。清原宣賢手鈔本云：家本無「正直之」三字。

十七葉十四行注　有好於國家。「於」，纂、岳作「于」。

十七葉十五行經　于其無好德。○阮元《校記甲》：于其無好德。按疏云：「無好對有好。」又云：「傳記言好德者多矣，故傳以好德言之。」疑孔氏所見之本經無「德」字，至傳乃有之耳。又云：「定本作『無惡』者，疑誤耳。」蓋謂經文「無好」，定本作「無惡」也。阮元《校記乙》同。○《定本校記》：于其無好。雲窗叢刻本、内野本、神宮本如此，清原宣賢手鈔本引家本同。足利本、注疏本「好」下有「德」字。阮氏云：按疏云「無好對有好」，又云「傳記言好德者多矣，故傳以好德言之」。疑孔氏所見之本經無「德」字，至傳乃有之耳。

十七葉十六行注　汝雖與之爵禄。「與」，王作「与」。○山井鼎《考文》：與之爵禄。〔古本〕下有「矣」字。○《定本校記》：汝雖與之爵禄。「之」字雲窗叢刻本、内野本、神宮本無。「禄」字内野本、神宮本作「福」。

十七葉十七行注　其爲汝用惡道以敗汝善。「惡」，李作「悪」。○物觀《補遺》：古本「以敗汝善」下有「之也」字。○阮元《校記甲》：以敗汝善。古本下有「之也」字。

十七葉十七行釋文　其爲。于僞反。　「爲」上王無「其」字。

十八葉二行疏　但本性既惡。　「但」，八作「伹」。

十八葉四行疏　此謂已在朝廷任用者也。　「用」上魏無「任」字。

十八葉六行疏　正義曰。凡其正直之人。　「凡」，魏作「几」。

十八葉六行疏　皆謂臣民有正直者。　「皆」，單、八、魏、平、十、永、阮作「普」。○山井鼎《考文》：皆謂臣民有正直者。〔宋本〕「皆」作「普」。○盧文弨《拾補》：普謂臣民有正直者。毛本「普」作「皆」。「皆」當作「普」。○阮元《校記甲》：皆謂臣民有正直者。「皆」，宋板、十行俱作「普」。

十八葉七行疏　既當與爵禄富之。　「與」，殿、庫作「以」。○盧文弨《拾補》：既當與爵禄富之。「與」、「以」通。

十八葉七行疏　言其非徒與官而已。　「徒」，單作「徒」。

十八葉九行疏　必將奮衣而去。　「奮」，十作「奮」。「衣」，十作「夜」，永作「夜」。○阮元《校記甲》：必將奮衣而去。「衣」，十行本誤作「夜」。

十八葉十行疏　則是人斯其詐取罪而去也。　「斯」，庫作「使」。

十八葉十行疏　有好謂有善也。　「謂」，庫作「為」。

十八葉十一行疏　好惡之人也。　「惡」，平作「悪」。

十八葉十一行疏　未見好德如好色者。　「未」，十作「夫」。

十八葉十一行疏　傳記言好德者多矣。　「記」，庫作「紀」。

十八葉十一行疏　故傳以好德言之。　「傳」上八無「故」字。○《定本校記》：故傳以好德言之。〔足利〕八行本脱「故」字。

十八葉十一行疏　定本作無惡者疑誤耳。　○《定本校記》：定本作無惡者疑誤耳。「惡」，疑當作「德」。

十八葉十二行疏　性行本惡。　「本」，庫作「木」。

十八葉十三行疏　无咎者善補過也。　「无」，單作「無」。「補」，庫作「補」。

十八葉十三行經　無偏無陂。　○顧炎武《九經誤字》：無偏無陂。本作「無頗」。唐明皇改「頗」爲「陂」。宋宣和六年復爲「頗」。今尚仍唐作「陂」。然吕氏春秋引此正作「頗」，而下文有「人用側頗僻」之語。況以古音求之，作「頗」爲協。○山井鼎《考文》：無偏無陂。〔古本〕「陂」作「頗」。○殿本《考證》：「無陂」，史記作「無頗」。臣召南按：經文本作「無偏無頗」，唐玄宗開元中詔改「頗」字爲「陂」，以「頗」與「義」音不協也。唐書藝文志具載其事。

陸氏在唐初，安知後當改「陂」而預爲之音注乎？此條蓋宋開寶中校定釋文所增入者。○浦鏜《正字》：無偏無陂，遵王之義。案：顧氏炎武云：「本作頗，唐明皇改頗爲陂。」蓋不知古人之讀「義」爲「我」，而「頗」之未嘗誤也。王氏應麟云：宣和六年詔洪範復舊文爲「頗」。然監本猶存其故。○岳本《考證》：無偏無陂。「陂」本作「頗」。唐開元中以「義」音不協，詔改「陂」。見唐書藝文志。顧炎武曰：唐明皇改「頗」爲「陂」，宋宣和六年復爲「頗」，今尚仍唐舊。以古音求之，於「頗」爲協。案：今惟史記作「頗」字。○盧文弨《拾補》：無偏無陂。石經「無」作「毋」，下皆同。顧炎武云：「陂本作頗，唐明皇改爲陂。」蓋不知古人之讀「義」爲「俄」，而「頗」之未嘗誤也。王應麟云：宣和六年詔洪範復舊文爲「頗」。然監本猶未改正。○阮元《校記甲》：無偏無陂。陸氏曰：陂，音秘，舊本作頗，音普多反。唐書藝文志：開元十四年，元宗以洪範「無頗」聲不協，詔改爲「無偏無陂」。困學紀聞：宣和六年詔洪範復從舊文，以「陂」爲「頗」。然監本未嘗復舊也。顧炎武曰：吕氏春秋引此正作「頗」，而下文有「人用側頗僻」之語。況以古音求之，作「頗」爲協。按：頗、陂皆以皮爲聲。詩云：「彼澤之陂，有蒲與荷。」「陂」與「荷」爲韻，是「陂」、「頗」同音也。開元之改，非但不知「義」字之古音，并不知「陂」字之古音。乃大和石經恪遵開元之詔，而紹興石經不遵宣和之詔，何也？今惟足利古本尚作「頗」字。又按疏云「無偏私，無陂曲」，又云「偏頗阿黨，是政之大患」。此在孔疏元本必皆作「頗」，後人據今本經文改之，而所改又復不盡耳。又按匡謬正俗卷六引「無偏無陂，遵王之誼」，證「誼」字有「宜」音。此亦本作「頗」而後人改之也。蓋顔氏亦知古韻部分與今不同，「宜」字可以韻「頗」，特未明平仄通協之例，故有此迂論耳。其注漢書亦多類此。阮元《校記乙》同。〇《定本校記》：無偏無陂。「陂」，雲窗叢刻本、内野本、神宫本、足利本作「頗」。

十八葉十四行注　陂不正。〇《定本校記》：陂不正。「陂」，雲窗叢刻本、内野本、神宫本作「頗」。

十八葉十四行注　言當循先王之正義以治民。〇阮元《校記甲》：言當循先王之正義以治民。「循」，史記集解作「修」。阮元《校記乙》同。〇《定本校記》：言當循先王之正義以治民。雲窗叢刻本、神宫本無「之」字。

十八葉十四行釋文　陂。音祕。舊本作頗。音普多反。「普」上魏無「音」字。〇阮元《校記甲》：陂，音秘，舊本作頗，音普多反。按：舊本謂釋文舊本，此李昉、陳鄂等語也。陸氏原書但大書「頗」字，注云「普多反」，與下文「側頗僻」音義同。既依衞包改之，仍存其舊，使後可稽。全書竄易處儻皆依此例，亦未爲不善也。段玉裁説。

十八葉十六行注　言無有亂無私好惡。　下「無」字，李、王、纂、魏、岳、十、永、閩、毛、殿、庫作「爲」。○殿本《考證》：言無有亂爲私好惡。「爲」字監本訛「無」，從舊本改正。○浦鏜《正字》：言無有亂爲私好惡。「爲」，監本誤「無」。○阮元《校記甲》：言無有亂爲私好惡。「爲」，監本誤作「無」。

十八葉十七行釋文　闢。婢必反。　「必」，王、纂、魏、平、殿、庫作「亦」。○山井鼎《考文》：闢，婢必反。〔經典釋文〕「必」作「亦」。○阮元《校記甲》：闢，婢亦反。「亦」，十行本、毛本俱作「必」，非也。

十八葉十八行注　言辯治。　「辯」，魏、平、岳作「辨」。

十八葉十八行釋文　平平。婢緜反。　「平平」，王、魏不重。

十九葉一行注　則王道平直。　「平」，纂作「正」。

十九葉二行注　言會其有中而行之。　「中」上纂無「有」字。

十九葉二行注　則天下皆歸其有中矣。　○山井鼎《考文》：皆歸其有中矣。〔古本〕「矣」上有「也」。下註「曰者，大其義」，〔古本〕下有「也」。○阮元《校記甲》：則天下皆歸其有中矣。「矣」上古本有「也」字。

十九葉五行疏　平平然辯治矣。　「辯」，魏作「辨」。

十九葉七行疏　言人皆謂此人爲大中之人也。　「大」，永作「太」。

十九葉七行疏　傳偏不至治民。　「不」，阮作「下」。○張鈞衡《校記》：傳偏不至治民。阮本「不」作「下」，誤。

十九葉七行疏　不正爲邪僻。　「爲」，單、八、魏、十、永、阮作「謂」。○山井鼎《考文》：不正爲邪僻。〔宋板〕「爲」作「謂」。○盧文弨《拾補》：不正謂邪僻。毛本「謂」作「爲」。「爲」當作「謂」。○阮元《校記甲》：不正爲邪僻。「爲」，宋板、十行俱作「謂」。

十九葉九行疏　傳言會至中矣。　「矣」，八作「之」。○《定本校記》：傳：言會至中矣。「矣」，〔足利〕八行本誤作「之」。

十九葉九行疏　則天下皆歸其爲有中矣。　「下」，阮作「不」。○張鈞衡《校記》：則天下皆歸其爲有中矣。阮本「下」作「不」，與上文交誤。

十九葉十行疏　一日克己復禮。　「日」，單、八作「曰」。

十九葉十二行注　不失其常。　「其」，八、李、王、纂、岳作「是」。○山井鼎《考文》：不失其常。宋板「其」作「是」。○盧文弨《拾補》：不失是常。毛本「是」作「其」，宋本作「是」。「其」當作「是」。○阮元《校記甲》：不失其常。「其」，岳本、宋板俱作「是」。阮元《校記乙》同。

十九葉十二行注　則人皆是順矣。　○山井鼎《考文》：則人皆是順矣。〔古本〕「人」作「民」。○盧文弨《拾補》：則人皆是順矣。古本「人」作「民」。○阮元《校記甲》：則人皆是順矣。「人」，古本作「民」。○《定本校記》：則人皆是順矣。「人」，内野本、神宫本、足利本作「民」。

十九葉十三行注　天且其順而況于人乎。　「于」，庫作「於」。

十九葉十四行注　凡順是行之。　○《定本校記》：凡順是行之。内野本作「順行之」，神宫本作「順之行之」，清原宣賢手鈔本引家本作「順是行之」。

十九葉十五行注　則可以近益天子之光明。　○山井鼎《考文》：天子之光明。〔古本〕下有「也」。下註「能正人之曲直」下、「三者皆德」下並同。

十九葉十五行釋文　近。附近之近。　上「近」字上纂、魏、平有「以」字。

十九葉十六行注　爲兆民之父母。　○《定本校記》：爲兆民之父母。内野本、神宫本無「之」字。

十九葉十八行疏　以大中之道。　「大」，魏作「天」。

二十葉一行疏　何但出於天子爲貴。　「但」，單作「伹」。

二十葉三行疏　人君於天所子。布德惠之教。　「惠」，庫作「恵」。○浦鏜《正字》：人君於天所子，布德惠之教。「於天所子」，疑「爲天之子」誤。

二十葉四行經　六三德。　○盧文弨《拾補》：六三德。石經無「六」字。

二十葉四行注　能正人之曲直。　「直」，王作「直」。○《定本校記》：能正人之曲直。内野本、神宫本無「直」字，清原宣賢手鈔本引家本亦無。

二十葉五行釋文　克。馬云勝也。　「克。馬云」，王作「馬云克」。

二十葉六行注　用正直治之。　○山井鼎《考文》：用正直治之。〔古本〕「之」作「也」。下二「治之」放此。○阮元《校記甲》：用正直治之。「之」，古本作「也」。下二「治之」同。

二十葉六行經　彊弗友剛克。　「友」，王、纂、永作「犮」。

二十葉七行注　友。順也。　「友」，纂、十作「犮」，魏作「及」。

二十葉七行注　世强禦不順。　「强」，八、李、王、纂、平、岳作「彊」。

二十葉七行釋文　能治。直吏反。　「治」上王、殿、庫無「能」字。○阮元《校記甲》：能治，直吏反。盧本移在「禦」上。按：本節傳云「世强禦不順，以剛能治之」，此「治」字當讀平聲，上「柔克」傳云「和柔能治」則去聲，故知當在「禦」上。然下「時暘」傳曰「君行政治」，陸氏云：「治，直吏反，下政治、治其職皆同。」是平、去二聲，古皆通讀，原不甚拘。此處上下三節皆有「治」字，陸舉其中以括上下，不必定在「禦」上。

二十葉八行經　燮友柔克。「友」，纂、永作「犮」。

二十葉九行注　沈潛謂地。○山井鼎《考文》：「沈潛謂地」下、「能出金石」下、「執柔以納臣」下、「則下民僭差」下，〔古本〕共有「也」。下註「而建立之」下、「龜兆形」下、「似雨止者」下、「蒙陰闇」下、「兆相交錯」下並同。

二十葉九行注　能出金石。○阮元《校記甲》：能出金石。毛氏曰：「金」作「全」，誤。

二十葉十行注　高明謂天。○物觀《補遺》：高明謂天。〔古本〕下有「也」字。

二十葉十行注　不干四時。「干」，八作「于」。

二十葉十二行釋文　辟。徐補亦反。「補」，平作「甫」，庫作「補」。○阮元《校記甲》：辟，徐補亦反。「補」，葉本作「甫」。盧文弨云：毛居正謂「甫」當作「補」，後人即以其説改之，非陸氏之舊。案：作「補」是也。

二十葉十三行釋文　玉食。張晏注漢書云。玉食。珍食也。「張」上王無「玉食」二字。下「玉」字，平作「王」。

二十葉十四行經　臣之有作福作威玉食。其害于而家。凶于而國。○阮元《校記甲》：臣之有作福作威玉食，其害于而家，凶于而國。按漢書翟方進傳注，師古引周書洪範云「臣之有作福作威，迺凶于迺國，害于厥躬」。若非熹平石經，即唐初孔傳本如是。阮元《校記乙》同。

二十葉十五行注　在位不敦平。「平」，八作「乎」。○阮元《校記甲》：在位不敦平。「敦」，史記集解作「端」，與疏異。阮元《校記乙》同。

二十葉十五行注　則下民僭差。「則」，永作「側」。

二十葉十六行釋文　僻。匹亦反。「僻」，王作「辟」。

二十葉十六行釋文　忒。他得反。馬云惡也。「他」，魏作「它」。「惡」，魏作「筮」，平作「亦」。

二十葉十七行疏　言剛强而能立事。「强」，單、八、平作「彊」。

二十葉十八行疏　强禦不順之世。「强」，單、八、平作「彊」。

二十一葉一行疏　沈深而柔弱矣。「沈」，魏、十、永、閩、阮作「沉」。

二十一葉二行疏　高明剛强矣。「强」，單、八、平作「彊」。

二十一葉四行疏　爲臣無得有作福作威玉食。「玉」，平作「王」。

二十一葉四行疏　臣之有作福作威玉食者。　「玉」，毛作「王」。

二十一葉五行疏　言將得罪喪家且亂邦也。　「也」，八作「用」。

二十一葉七行疏　正直在剛柔之間。　「間」，單作「閒」。

二十一葉八行疏　友順至治之。　「友」，永作「犮」。

二十一葉八行疏　善兄弟爲友。友是和順之名。　二「友」字，魏、永俱作「犮」。

二十一葉九行疏　傳曰。變。和也。譯詁文。　「曰」，單、八、魏、平、十、閩、阮作「云」。「文」，十、永、阮作「詁」，庫作「詁」。○阮元《校記甲》：變，和也，釋詁文。「文」，十行本誤作「詁」。○阮元《校記乙》：變，和也，釋詁詁。案：下「詁」字當作「文」。

二十一葉十行疏　雖時無逆亂。而民俗未和。　「未」，平作「朮」。「和」，魏作「知」。

二十一葉十行疏　須在上以正之。　「上」，毛作「土」。○物觀《補遺》：在土以正之。〔宋板〕「土」作「上」。○浦鏜《正字》：其下猶有曲者，須在上以正之。「上」，毛本誤「土」。○盧文弨《拾補》：其下猶有曲者，須在上以正之。毛本「上」作「土」。「土」當作「上」。○阮元《校記甲》：須在土以正之。「土」，宋板、十行、閩、監俱作「上」，是也。

二十一葉十行疏　用正直之德治之。　「德」，庫作「道」。

二十一葉十行疏　**世有强禦不順。**　「强」，單、八、平作「彊」。

二十一葉十一行疏　**風俗乂安。**　「乂」，單、八、魏、平、十、永、閩、阮作「又」。

二十一葉十二行疏　**天子擇使之。**　「擇」，庫作「撑」。

二十一葉十三行疏　**則使柔能之人治之差正之。**　○浦鏜《正字》：則使柔能之人治之差正之。疑。　○盧文弨《拾補》：則使柔能之人治之差正之。案：言但「差正之」而已足上句義。

二十一葉十六行疏　**㊝言惟至美食○正義曰。於三德之下説此事者。**　「於三德」上「㊝言惟至美食○正義曰」，殿、庫作「作福作威玉食」。

二十一葉十六行疏　**言惟至美食。**　「至」，永作「正」。

二十二葉二行疏　**勇略震主者也。**　「主」下魏無「者」字。

二十二葉二行疏　**人用側頗僻者。**　「側」，永作「則」。「僻」，庫作「辟」。

二十二葉五行注　**蓍曰筮。**　「蓍」，閩作「簪」。

二十二葉五行注　**考正疑事。**　「正」，平作「止」。

二十二葉六行注　**建立其人。**　「人」，十作「乂」。

二十二葉七行經　**曰雨。曰霽。曰蒙。曰驛。曰克。**　○殿本《考證》：曰雨，曰霽，曰㠓，曰驛，曰克。史記作「曰雨，曰濟，曰涕，曰霧，曰克」。周禮太卜注引此作「曰雨，曰濟，曰圛，曰蟊，曰尅」。○岳本《考證》：曰雨，曰霽，曰蒙，曰驛，曰克。史記作「曰雨，曰濟，曰涕，曰霧，曰克」。周禮太卜註作「曰雨，曰濟，曰圛，曰蟊，曰尅」。與此互異。○阮元《校記甲》：曰蒙，曰驛。孫志祖云：案經文本作「雺」、「圛」，而傳讀爲「蒙」、「驛」耳。孔疏猶作「雺」、「圛」，且云「雺聲近蒙」、「圛即驛也」可證。經文之作「雺」、「圛」矣，不知何時徑改經爲「蒙」、「驛」，沿誤至今，幸疏中字多不及全改，後之學者猶可尋求是正也。按：改作「蒙」、「驛」，在唐天寶、開寶時，説詳段玉裁尚書撰異。阮元《校記乙》同。○《定本校記》：曰雺。「雺」，各本作「蒙」，今據疏正。又：曰圛。雲窗叢刻本、内野本、神宮本、足利本如此。注疏本「圛」作「驛」，非。

二十二葉七行注　龜兆形有似雨者。○盧文弨《拾補》：龜兆形。古本「形」下有「也」字。

二十二葉八行釋文　蒙。武工反。徐亡鉤反。「鉤」，平作「鈎」。○阮元《校記甲》：蒙。段玉裁云：「雺」，開寶中改作「蒙」。

二十二葉八行注　氣落驛不連屬。「落」，十、永、阮作「洛」。「不」，李作「相」。○阮元《校記甲》：氣落驛不連屬。「落」，十行本誤作「洛」。○阮元《校記乙》：氣洛驛不連屬。案：「洛」，當作「落」，各本皆不誤，此特寫者脱艹頭耳。

二十二葉九行釋文　驛。音亦。註同。屬。音燭。　「註」，平作「江」。「同」下王無「屬，音燭」三字。○阮元《校記甲》：驛。段玉裁云：「圛」，開寶中改作「驛」。

二十二葉九行注　五者卜筮之常法。　「筮」，八、李、纂、魏、平、岳、十、永、阮作「兆」，王作「北」。○山井鼎《考文》：五者卜筮之常法。〔古本〕「筮」作「兆」，宋板同。〔古本〕「法」下有「也」。○「卜筮之數」下、「卜筮各三人」下、「大同於吉」下、「後世遇吉」下、「中吉」下、「亦可舉事」下、「亦中吉」下、「出師征伐」下、「動則凶」下，並同。○殿本《考證》：五者卜筮之常法。臣召南按：「筮」字當作「兆」，各本俱誤。雨、霽、蒙、圛、克，與筮無涉也。○岳本《考證》：五者卜兆〔之〕常法。案：「卜兆」，諸本並作「卜筮」，非。蓋雨、霽、蒙、驛、克，與筮無涉耳。○盧文弨《拾補》：五者卜兆之常法。「兆」，毛本作「筮」，古本、宋本、元本皆作「兆」。「筮」當作「兆」。○阮元《校記甲》：五者卜筮之常法。「筮」，古本、岳本、宋板、十行、纂傳俱作「兆」，是也。

二十二葉十行經　曰悔。　「悔」，魏、平作「晦」。

二十二葉十行注　外卦曰悔。　「悔」，魏、平作「晦」。

二十二葉十行經注　凡七。傳卜筮之數。七五。占用二。　「數」下八、李、王、纂、魏、平、岳、十、永、閩、毛、殿、庫、阮無「七」字。「五」上石、八、李、王、纂、魏、平、岳、十、永、閩、毛、殿、庫、阮有「卜」字。（彙校者案：監本「卜」誤「七」，且誤入傳文。）○浦鏜《正字》：卜五，占用二。「卜」，監本誤「七」。○阮元《校記甲》：卜五。監本脱「卜」字。按：上傳「卜筮之數」，監本「數」下有「七」字，即此經「卜」字之誤也。阮元《校記乙》同。

二十二葉十三行注　夏殷周卜筮各異。「異」，平作「用」。

二十二葉十三行注　善鈞從衆。「鈞」，魏作「鈎」。

二十二葉十四行釋文　占用二。馬云。占。筮也。衍。以淺反。王「馬云」上無「占用二」三字，「筮也」下無「衍，以淺反」四字。

二十二葉十五行注　將舉事而汝則有大疑。「汝」，魏、平作「從」。

二十二葉十八行注　是謂大同於吉。○《定本校記》：是謂大同於吉。雲窗叢刻本、内野本、神宫本無「謂」字，清原宣賢手鈔本引家本亦無。

二十二葉十八行經　子孫其逢吉。「逢」，閩、庫作「逄」。

二十三葉一行釋文　逢。馬云逢大也。「馬」上王無「逢」字，閩、庫「逢」作「逄」。「云」下「逢」字閩作「逄」，殿、庫無「逢」字。「大」，平作「犬」。

二十三葉二行經　卿士逆。庶民逆。「士」，十、永作「人」。

二十三葉二行注　三從二逆。「三」，八作「二」。

二十三葉五行經　筮逆。「逆」，魏作「從」。

二十三葉六行經　卿士逆。庶民逆。「民」，十、永作「士」。

二十三葉七行注　不可以出師征伐。○《定本校記》：不可以出師征伐。内野本、神宫本無「以」字。

二十三葉九行疏　「疏」七稽至之言○正義曰」至「知卜筮並用三代法也」。「疏」七稽至之言○正義曰」至「知卜筮並用三代法也」一段疏文，《定本》在孔傳「卜筮各三人」下。○《定本校記》：汝則有大疑。此經傳（足利）八行本在疏「七稽疑至之言」上。今移。

二十三葉九行疏　七稽至之言。「稽」下單、八有「疑」字。

二十三葉九行疏　言王者考正疑事。「王」，平作「三」。

二十三葉十行疏　云。卜兆有五曰雨兆。○《定本校記》：云，卜兆有五。「云」字疑譌，待攷。

二十三葉十三行疏　卜筮皆就此七者推衍其變。「推」，魏作「惟」。

二十三葉十三行疏　而其善鈞者。「鈞」，魏、十、永作「鈎」。

二十三葉十四行疏　言以此法考正疑事也。「以」上魏無「言」字。

二十三葉十四行疏　龜曰卜。蓍曰筮。曲禮文也。○浦鏜《正字》：龜曰卜，蓍曰筮，曲禮文也。曲禮「曰」作「爲」，「蓍」〔作〕「筴」。○盧文弨《拾補》：龜曰卜，蓍曰筮，曲禮文也。案：儀禮士冠禮疏亦不作「龜爲卜，筴爲筮」。

二十三葉十六行疏　㊕兆相至常法○正義曰。此上五者。「此」上「㊕兆相至常法○正義曰」，殿、庫作「兆相交錯，五者卜筮之常法者」。

二十三葉十六行疏　其璺拆形狀有五種。「璺」，阮作「璺」。「拆」，魏、十、永、閩作「折」。

二十三葉十七行疏　鄭玄曰。「曰」，庫作「云」。

二十三葉十七行疏　零雨其濛。則蒙是闇之義。「濛」，阮作「蒙」。「蒙」，單、八、魏、十、阮作「濛」，平作「濛」，永作「濛」。○山井鼎《考文》：則蒙是闇之義。〔宋板〕「蒙」作「濛」。○盧文弨《拾補》：則蒙是闇之義。宋本、元本「蒙」作「濛」。○阮元《校記甲》：則濛是闇之義。「濛」，宋板、十行俱作「濛」。○阮元《校記乙》：則濛是闇之義。宋板同。毛本「濛」作「濛」。○《定本校記》：則濛是闇之義。「濛」，閩本改作「蒙」，似是。

二十四葉一行疏　圛。霍驛消減如雲陰。○浦鏜《正字》：圛，霍驛消滅如雲陰。「滅」誤

「減」。

二十四葉二行疏　氣澤鬱鬱冥冥也。　「冥冥」，平作「冥冥」。

二十四葉三行疏　王肅云兆相侵入。　「肅」，平作「粛」。

二十四葉三行疏　其拆相交也。　「拆」，閩作「折」。

二十四葉四行疏　今之用龜。　「今」，平作「仐」。

二十四葉四行疏　斜向徑者爲金。背徑者爲火。　○孫詒讓《校記》：「向徑」、「背徑」兩「徑」字，左〔傳哀九年〕疏並作「經」，疑此字誤。

二十四葉五行疏　因兆而細曲者爲水。　○山井鼎《考文》：因兆而細曲者爲水。〔宋板〕「細」作「紐」。○盧文弨《拾補》：因兆而紐曲者爲水。毛本「紐」作「細」。「細」當作「紐」。○阮元《校記甲》：因兆而細曲者爲水。「細」，宋板作「紐」。阮元《校記乙》同。○孫詒讓《校記》：左傳哀九年正義亦作「細」，宋板誤。○《定本校記》：因兆而細曲者爲水。「細」，〔足利〕八行本作「紐」，非。

二十四葉六行疏　傳内卦至曰悔。　「悔」，十、永作「晦」。

二十四葉九行疏　二名互相明也。　「名」，平作「各」。

二十四葉十一行疏　二行忒者。「忒」下要無「者」字，有「謂貞悔也」四字。

二十四葉十一行疏　卜五也。「卜」，要作「下」。「也」，單、八、魏、平、要、毛、殿、庫作「者」。○浦鏜《正字》：卜五者，筮短龜長，故卜多而筮少。「者」，監本誤「也」。○阮元《校記甲》：王肅云，卜五者。「者」，十行、閩、監俱誤作「也」。○阮元《校記乙》：王肅云，卜五也。閩本、明監本同。毛本「也」作「者」。案：所改是也。

二十四葉十二行疏　宜總謂卜筮。「總」，單、八、魏、平、十、永、阮作「摠」，閩作「揔」。

二十四葉十三行疏　非獨筮衍而卜否也。「卜」，永作「下」。「否」，平作「占」。

二十四葉十四行疏　是占此卜筮法當有三人。「此」，單作「此」。

二十四葉十四行疏　太卜掌三兆之法。一曰玉兆。「卜」，平作「小」。「三」，十、永、閩、阮作「二」。「玉」，平作「王」。○阮元《校記甲》：周禮大卜掌三兆之法。「三」，十行、閩本俱誤作「二」。○阮元《校記乙》：周禮大卜掌一兆之法。閩本同。毛本「一」作「三」，是也。

二十四葉十五行疏　杜子春以爲玉兆。「玉」，平作「王」。

二十四葉十五行疏　又云連山虙犧。「虙」，平作「宓」。「犧」，十、永作「㼩」。

二十四葉十七行疏　夏收。殷哻。周冕。「哻」，單、魏、十作「哻」。○浦鏜《正字》：夏收，殷哻，周冕。禮記作「周弁，殷哻，夏收」。○盧文弨《拾補》：夏收，殷㝵，周冕。禮記作「周弁，殷冔，夏收」。

二十五葉一行疏　故傳以爲夏殷周卜筮各異。　「異」，阮作「以」。○浦鏜《正字》：故傳以爲夏殷周云云。「周」，監本誤「同」。○阮元《校記甲》：故傳以爲夏殷周卜筮各異。「周」，監本誤作「同」。

二十五葉一行疏　從二人之言者。二人爲善既鈞。　二「二」字，平俱作「三」。○《定本校記》：二人爲善既鈞。「二」疑當作「三」。

二十五葉三行疏　故又云卜筮各三人也。　「三」，閩作「二」。

二十五葉三行疏　乃卜三龜。　「三」，單作「二」。

二十五葉四行疏　儀禮士喪卜葬。　「士」，魏作「亡」。

二十五葉五行疏　事有疑則當卜筮。　「卜」，阮作「十」。

二十五葉五行疏　次及卿士衆民。人謀猶不能定。　「士」，十、永、阮作「主」。「衆」下魏有「庶」字。「定」，十作「完」。○阮元《校記甲》：次及卿士衆民。「士」，十行本誤作「主」。○阮元《校記乙》：次及卿主衆民。案：「主」當作「士」，形近之譌。

二十五葉六行疏　六卿掌事者。　「掌」，永作「黨」。

二十五葉九行疏　謀及庶人。　○《定本校記》：謀及庶人。「庶」，〔足利〕八行本誤作「衆」。

二十五葉十行疏　以三刺斷庶民獄訟之中。　「刺」，單、魏、平、要、十、永、阮作「剌」。

二十五葉十行疏　一曰訊羣臣。　「訊」，單作「訙」。

二十五葉十行疏　二曰訊羣吏。　「吏」，十作「使」。

二十五葉十行疏　三曰訊萬民。　「訊」，平作「訹」。

二十五葉十一行疏　故一人主爲一。　「一人」，單、八、要作「以人」。○山井鼎《考文》：故一人主爲一。〔宋板〕上「一」作「以」。○盧文弨《拾補》：故以人主爲一。「以」，毛本作「一」，宋本作「以」。「一」當作「以」。○阮元《校記甲》：故一人主爲一。上「一」字宋板作「以」，是也。

二十五葉十二行疏　又摠羣臣爲一也。　「摠」，要、殿、庫作「總」。

二十五葉十四行疏　吉凶龜占兆告於人。　「於」，阮作「以」。○張鈞衡《校記》：兆告於人。阮本「於」作「以」，誤。

二十五葉十四行疏　故改言龜也。　「龜」，平作「龜」。

二十五葉十五行疏　(傳)動不至遇吉。　「遇」，十、永、阮作「逢」，閩作「逄」。○阮元《校記甲》：傳動不至遇吉。「遇」，十行、閩本俱作「逢」。按：注作「遇」。○阮元《校記乙》：傳動不至逢吉。案：「逢」當作「遇」，毛本不誤。

二十五葉十六行疏　(傳)三從至舉事○正義曰。此與下二事。「此」上「(傳)三從至舉事○正義曰」，殿、庫作「三從二逆中吉者」。

二十五葉十六行疏　有汝與卿士庶民。「士」上要無「卿」字。

二十五葉十六行疏　分三者各爲一從二逆。「各」，八、要作「名」。○《定本校記》：分三者各爲一從二逆。〔足利〕八行本「各」誤作「名」，「一」誤作「三」。

二十六葉三行疏　一從三逆。「一」，單、八、魏、平、要、殿、庫作「二」。○山井鼎《考文》：以下傳云：一從三逆。〔宋板〕「一」作「二」。○盧文弨《拾補》：以下傳云：二從三逆。毛本「二」作「一」。「一」當作「二」。○阮元《校記甲》：以下傳云：一從三逆。「一」，宋板作「二」，是也。阮元《校記乙》同。

二十六葉五行疏　令與君臣等也。「令」，閩作「今」。

二十六葉六行疏　但聖人生知。「但」，阮作「伹」。

二十六葉七行疏　亦得上敵於聖人。老子云。「人」，單、八、魏、平、十、永、阮作「故」。○山井鼎《考文》：亦得上敵於聖人。〔宋板〕「人」作「故」，屬下句。○盧文弨《拾補》：以衆情可否，亦得上敵於聖，故老子云。當以「聖」絶句。毛本「故」作「人」。「人」當作「故」。○阮元《校記甲》：亦得上敵於聖人。「人」，宋板、十行俱作「故」，屬下句。○阮元《校記乙》：亦得上敵於聖，故老子云。宋本同。毛本「故」作「人」，屬上讀。

二十六葉七行疏　正義曰。此二從三逆爲小吉。　「二」上殿、庫無「此」字。

二十六葉八行疏　故可以祭祀冠婚。　「冠」，單作「冦」。○《定本校記》：故可以祭祀冠婚。「冠」，單疏本誤作「冦」。

二十六葉八行疏　征伐事大。　「事」上魏無「征伐」二字。

二十六葉十行疏　於時晉獻公欲以驪姬爲夫人。　「欲」，要作「將」。

二十六葉十行疏　卜既不吉而更令筮之。　「卜」，永作「下」。「令」，十、永、閩作「今」。

二十六葉十行疏　神靈不以實告。筮之得吉。　「告」，魏作「吉」。「之」，單、八、魏、平、要、十、永、阮作「而」。○山井鼎《考文》：筮之得吉。〔宋板〕「之」作「而」。○盧文弨《拾補》：筮而得吉。毛本「而」作「之」。「之」當作「而」。○阮元《校記甲》：筮之得吉。「之」，宋板、十行俱作「而」。

二十六葉十一行疏　卜人欲令公舍筮從卜。　「令」，永作「今」。

二十六葉十二行疏　是爲極妙。　「爲」，庫作「謂」。

二十六葉十三行疏　卿士庶民。謀有一從。　「謀」，單、八、魏、平、十、永、阮作「課」。○山井鼎《考文》：卿士庶民，謀有一從。〔宋板〕「謀」作「課」。○盧文弨《拾補》：卿士庶民，課有一從。毛本「課」作「謀」。「謀」當作「課」。○阮元《校記甲》：謀有一從。「謀」，宋板、十行俱作「課」。○阮元《校記乙》：課有一從。宋板同。毛本「課」作「謀」。

二十六葉十六行疏　或卿士庶民從配龜又爲一條。若有三條。　「士」上要無「卿」字。「若」，單、八、魏、平、要、十、永、閩、毛、殿、庫、阮作「凡」。○浦鏜《正字》：凡有三條。「凡」，監本誤「若」。

二十六葉十八行疏　案周禮筮人。國之大事。　○浦鏜《正字》：案周禮筮人，國之大事云云。「筮」，周禮作「簭」，後引者並同。○盧文弨《拾補》：案周禮筮人。「筮」，〔周禮〕本作「簭」。

二十六葉十八行疏　先筮而後卜。　「後」，薈作「從」。

二十七葉一行疏　若三占之俱主凶。則止不卜。　「凶」上單、八、要無「主」字。「主」，平作「三」。「止」，平作「上」。○山井鼎《考文》：若三占之俱主凶，則止不卜。〔宋板〕無「主」字。○盧文弨《拾補》：若三占之俱凶，則止不卜。毛本「俱」下「主」字衍。○阮元《校記甲》：若三占之俱主凶。宋板無「主」字。阮元《校記乙》同。○《定本校記》：若三占之俱凶。「占」，〔足利〕八行本誤作「古」。

二十七葉一行疏　**即鄭注周禮筮凶則止是也。**　「止」，永作「正」。

二十七葉二行疏　**非是周禮經文。**　「非」，平作「於」。「禮」，十作「礼」。

二十七葉三行疏　**是謂瀆龜筮。**　「瀆」，殿作「瀆」。○孫詒讓《校記》：龜筮。「筮」當從曲禮注作「策」。

二十七葉四行疏　**周禮大卜。小事筮。大事卜。**　「大」，單、八、魏、平、要、十、永、閩、阮作「太」。○浦鏜《正字》：周禮大卜，小事筮，大事卜。「小事」，毛本誤「卜事」。

二十七葉五行疏　**則得更爲卜筮。**　「卜」，平作「小」。

二十七葉六行疏　**曰。吾不堪也。公曰筮之。**　○浦鏜《正字》：公曰，吾不堪也。「公」字誤在「也」字下。○盧文弨《拾補》：曰吾不堪也，公曰筮之。「公」字當依傳在上「曰」字上。此並「曰」字可省。

二十七葉六行疏　**遇大有之睽。**　「睽」，平、要、庫作「暌」。

二十七葉六行疏　**又哀九年。**　「又」，永作「乂」。

二十七葉六行疏　遇水適火。　「適」，魏作「適」。

二十七葉七行疏　不能依禮故也。　「能」下要無「依」字。

二十七葉七行疏　正義曰。　「正」上單有「八庶徵」三字。○阮元《校記甲》：正義曰。按：疏首疑脱「八庶徵」三字。阮元《校記乙》同。○《定本校記》：八庶徵。此三字各本脱，今從單疏。

二十七葉八行疏　則衆驗有美惡以爲人主。　「美」，平作「羙」。「主」，庫作「上」。○《定本校記》：以爲人主。此句疑有譌，待攷。

二十七葉八行疏　自曰雨至一極無凶。　「一」，永作「二」。○張鈞衡《校記》：至二極。阮本「二」作「一」，誤。

二十七葉九行疏　摠言五氣之驗。　「摠」，毛、殿、庫作「總」。

二十七葉十一行經　曰暘。　「暘」，王作「暘」。

二十七葉十一行注　暘以乾物煖以長物。　「暘」，王作「暘」。「煖」，李、王、岳作「燠」。○山井鼎《考文》：煖以長物。〔古本〕「煖」作「燠」，宋板同。○盧文弨《拾補》：燠以長物。「燠」，毛本作「煖」，古本、宋本作「燠」。「煖」當作「燠」。○阮元《校記甲》：煖以長物。「煖」，古本、岳本、宋板俱作「燠」。按：史記集解亦作「煖」。疏云：「燠、煖爲一，故傳以煖言之。」是疏亦作「煖」也。阮元《校記乙》同。○《定本校記》：煖以長物。「煖」，〔足利〕八行本作「燠」。岳本、雲窗叢刻本、内野本、神宮本、足利本同。案：作「燠」不與疏合，今從十行本。

二十七葉十二行注　寒以成物。「寒」，永作「塞」。

二十七葉十二行注　五者各以其時。「時」，永作「昧」。○《定本校記》：五者各以其時。雲窗叢刻本、内野本、神宮本無「其」字。

二十七葉十三行注　所以爲衆驗。○山井鼎《考文》：衆驗。〔古本〕下有「也」。

二十七葉十三行釋文　暘。音陽。乾。音干。煖。乃管反。長。之丈反。「暘」，王作「暘」。下「音」字，永作「首」。「干」下王無「煖，乃管反」四字。「長」上纂、魏、平有「以」字。「之」，王、纂、魏、平、十、閩、殿、庫作「丁」，永作「下」。「丈」，十作「文」。

二十七葉十三行經　五者來備。○山井鼎《考文》：五者來備。〔古本〕「者」下有「是」字。○盧文弨《拾補》：五者來備。考文云：古本「者」下有「是」字。文弨案：困學紀聞云：「五者」，史記云「五是」，李雲謂之「五氏」，荀爽謂之「五韙」。章懷注雲傳引史記亦作「是」，云與「氏」古字通。然則古本必本作「是」字，而轉録者翻以今本改之，後校者又以「是」字注其旁，疑而未定，非謂下有「是」字也。他皆類此。○阮元《校記甲》：五者來備。

王應麟云：「五者」，史記作「五是」，而今本史記仍作「者」，蓋元明以來刊本之誤也。七經孟子考文云：古本「者」下有「是」字。蓋或據史、漢、箋「是」字於「者」字之旁，而轉寫者因增諸「者」字之下，致不可通。説詳尚書撰異。阮元《校記乙》同。○《定本校記》：五者來備。「者」下雲窗叢刻本、内野本、神宮本、足利本有「是」字。

二十七葉十四行注　各以次序。　「序」，王、岳作「叙」。○阮元《校記甲》：各以次序。「序」，岳本、纂傳俱作「叙」。

二十七葉十四行注　則衆草蕃滋。廡。豐也。　「衆」，纂作「庶」。「豐」，平作「豊」。○山井鼎《考文》：則衆草蕃滋。〔古本〕「草」下有「物」字。○盧文弨《拾補》：則衆草蕃滋。廡，豐也。古本「草」下有「物」字。○阮元《校記甲》：則衆草蕃滋。廡，豐也。「草」下古本有「物」字，史記集解有「木」字。按疏釋經云：「衆草木蕃滋而豐茂。」則當有「木」字。又釋注云：「衆草百物蕃滋廡豐。」則當有「百物」二字。「滋廡」二字，史記集解倒。阮元《校記乙》同。○《定本校記》：則衆草蕃滋廡豐。「草」下雲窗叢刻本、内野本、神宮本、足利本有「物」字，清原宣賢手鈔本引家本亦有。「豐」下各本有「也」字，與疏標題不合，今從内野本、神宮本。

二十七葉十五行釋文　廡。無甫反。徐莫柱反。　「無」，王作「无」。「柱」，殿、庫作「杜」。○山井鼎《考文》：廡，無甫反。徐莫柱反。〔經典釋文〕「柱」作「杜」。○浦鏜《正字》：廡，徐莫杜切。「杜」誤「柱」。案：毛氏居正云「莫」當作「勿」。○阮元《校記甲》：廡，徐莫杜反。「杜」，葉本、十行本、毛本俱作「柱」。

二十七葉十五行經　一極無。凶。　○物觀《補遺》：一極無，凶。〔古本〕「無」作「亡」。

二十七葉十六行注　謂不時失敘。　「不」，纂作「失」。「敘」，王、纂作「序」。○山井鼎《考文》：不時失敘。〔古本〕下有「也」。下註「美行之驗」下同。○阮元《校記甲》：謂不時失敘。史記集解作「謂其不時失敘之謂也」，似誤。阮元《校記乙》同。

二十七葉十七行疏　五者行於天地之間。　「天」，永作「夭」。「間」，單作「閒」。

二十八葉二行疏　過甚則凶。　「甚」，十、永、閩作「其」。

二十八葉三行疏　雨少則旱。是備極亦凶。　「旱」，八作「早」。○盧文弨《拾補》：是極備亦凶。「極備」二字舊倒。

二十八葉四行疏　易繫辭云。　「繫」，十作「繋」。

二十八葉八行疏　暘久則思雨。　「雨」，毛作「兩」。○浦鏜《正字》：暘久則思雨。「雨」，毛本誤「兩」。○盧文弨《拾補》：暘久則思雨。毛本「雨」作「兩」。「兩」當作「雨」。

二十八葉十二行疏　是謂不乂。厥罰恒暘。　○浦鏜《正字》：是謂不乂，厥罰恒暘。「暘」，漢書作「陽」。

二十八葉十三行疏　是謂不晢。厥罰恒燠。惟木沴火。　「晢」，要作「哲」。「木」，單、八、魏、平、要、永、殿、庫作「水」。○浦鏜《正字》：是謂不晢，厥罰恒燠，惟水沴火。「水」誤「木」。「晢」、「燠」，原文作「悊」、「奧」。○盧文弨《拾補》：惟水沴火。毛本「水」作「木」，譌。○阮元《校記甲》：惟木沴火。浦鏜云：「水」誤「木」。按：浦是也。阮元《校記乙》同。

二十八葉十三行疏　思之不睿。　○盧文弨《拾補》：思之不睿。「思」下〔漢書五行傳〕本有「心」字。「睿」，〔漢書五行傳〕本作「容」。

二十八葉十三行疏　厥罰恒風。惟木金水火沴土。　「恒」，單作「恒」。○浦鏜《正字》：惟金木水火沴土。「金木」字誤倒。○盧文弨《拾補》：惟金木水火沴土。「金木」舊倒。○《定本校記》：惟木金水火沴土。浦氏云「木金」二字倒。

二十八葉十四行疏　風屬土。　「土」，魏作「士」。

二十八葉十五行疏　風。土氣也。　「氣」下永無「也」字。

二十八葉十五行疏　凡氣非風不行。猶金木水火非土不處。「凡」，庫作「几」。平「不」作「木」，「水」作「入」。

二十八葉十六行疏　故土氣爲風。「土」，十作「士」。

二十八葉十七行疏　則陰順時爲休。「則」下魏有「大中則」三字。

二十八葉十八行疏　不可常無常有。「有」上平無「常」字。

二十九葉一行疏　釋詁文。廡豐。茂也。「詁」，平作「話」，庫作「詁」。○浦鏜《正字》：釋詁文，廡、茂，豐也。「茂豐」字誤倒。「文」當「云」字誤。「廡」，爾雅作「蕪」。○盧文弨《拾補》：釋詁云，廡、豐，茂也。毛本「云」作「文」。「文」當作「云」。○阮元《校記甲》：釋詁文，廡、豐，茂也。浦鏜云「文」當「云」字誤，是也。阮元《校記乙》同。○《定本校記》：釋詁文。浦氏云：「文」當「云」字誤。

二十九葉二行疏　傳一者至失敘○正義曰。此謂不以時來。「此」上「傳一者至失敘○正義曰」，殿、庫作「不時失敘者」。

二十九葉三行疏　謂來而不去也。「來」，永作「来」。

二十九葉三行疏　即下云恒雨若恒風若之類是也。「下」，阮作「卜」。

二十九葉四行疏　有無相刑。○阮元《校記甲》：有無相刑。按：「刑」疑「形」字誤。阮元《校記乙》同。○《定本校記》：有無相刑。阮氏云：「刑」疑「形」字誤。

二十九葉五行疏　如此則草不茂。「不」，魏作「木」。

二十九葉五行注　敘美行之驗。「美」，十作「羙」。

二十九葉六行釋文　行。下孟反。「行」上纂有「美」字，平有「羙」字。

二十九葉六行經　曰肅。時雨若。「雨」，阮作「寒」。○張鈞衡《校記》：曰肅，時雨若。阮本「雨」作「寒」，誤。

二十九葉七行經　時暘若。「暘」，王作「暘」。

二十九葉七行注　君行政治。○阮元《校記甲》：君行政治。史記集解無「行」字，與疏合。阮元《校記乙》同。○《定本校記》：君行政治。雲窗叢刻本、内野本、神宮本、足利本無「行」字，清原宣賢手鈔本引家本亦無。

二十九葉七行注　則時暘順之。「暘」，王作「暘」。

二十九葉七行釋文　治。直吏反。下政治治其職同。「直」，十、永作「真」。「下政治治其職」，王作「下治其政治」，纂作「治其職」，魏作「下政治其職」。「職」下魏、平、十、永、閩、殿、庫、阮有「皆」字。「同」，十、永作「何」。

二十九葉七行經　曰晢△。時燠若。　「晢」，岳作「哲」。○顧炎武《九經誤字》：曰晢，时燠若。石經、監本同。書傳會選：「晢，之列反，字與晣同。下當從日，從口非。」

二十九葉八行注　君能照△晢。則時燠△順之。　「燠」，八、王、魏、平作「煖」。○山井鼎《考文》：則時燠。宋板「燠」作「煖」。○盧文弨《拾補》：君能照晢，則時燠順之。宋本「燠」作「煖」。下「常燠」同。○阮元《校記甲》：則時燠順之。「燠」，宋板、史記集解俱作「煖」。○《定本校記》：君能照晢。内野本、神宫本無「能」字。

二十九葉八行釋文　晢。之設反。徐音制。又音晢。　「設」，平作「舌」。「設」下十、永、閩無「反」字。纂無「晢，之設反。徐音制，又音晢」十字。

二十九葉十行疏　「疏曰休徵至風若○正義曰」至「此則致上文各以其次序庶草蕃廡也」。

「疏曰休徵至風若○正義曰」至「此則致上文各以其次序庶草蕃廡也」一段疏文，八在孔傳「則常風順之」下。○《定本校記》：曰咎徵。此經傳，〔足利〕八行本在「疏曰休徵至風若」上。今從十行本。

二十九葉十三行疏　此則致上文各以其次序△。庶草蕃廡也。　「序」，單、平、阮作「敘」，八、魏、十、永作「叙」。

二十九葉十三行注　敘惡行之驗。○山井鼎《考文》：惡行之驗。〔古本〕下有「也」。

二十九葉十四行注　君行狂疾。「狂」，纂作「往」。「疾」，八、李、王、纂、魏、平、岳作「妄」。○山井鼎《考文》：君行狂疾。〔古本〕「疾」作「妄」，宋板同。○盧文弨《拾補》：君行狂疾。「疾」，當從正義作「妄」。○阮元《校記甲》：君行狂疾。「疾」，古本、岳本、宋板、史記集解俱作「妄」，與疏合。阮元《校記乙》同。

二十九葉十四行注　則常雨順之。○山井鼎《考文》：常雨順之。〔古本〕下有「也」。

二十九葉十五行注　則常暘順之。「暘」，李作「暘」，王作「晹」。

二十九葉十五行經　曰豫。○殿本《考證》：曰豫。史記、漢志作「舒」。

二十九葉十五行注　則常燠順之。「燠」，八、李、王、纂、魏、平、岳作「煖」。○山井鼎《考文》：常燠順之。宋板「燠」作「煖」。○阮元《校記甲》：則常燠順之。「燠」，岳本、宋板、史記集解俱作「煖」。

二十九葉十六行注　則常寒順之。○山井鼎《考文》：常寒順之。〔古本〕下有「也」。「常風順之」下同。

二十九葉十七行注　君行蒙闇。○阮元《校記甲》：君行蒙闇。按：稽疑章之「蒙」與此章之「蒙」，史記俱作「霧」，集解引此傳「蒙闇」即作「霧闇」，則孔本此經亦作「雺」明矣。或疑疏引「王肅云：蒙，瞽蒙」，似此經不當作「雺」。然古字音同皆相假借，前既以「雺」爲「濛」，此何妨以「雺」爲「矇」。薛季宣書古文訓洪範兩「雺」字俱作「蒙」，非也。阮元《校記乙》同。

二十九葉十七行疏　**曰咎徵至風若。**　「徵」，阮作「之」。

三十葉一行疏　**則常煖順之。**　「煖」，殿、作「燠」，庫作「燠」。

三十葉一行疏　**曰君行急燥。**　「燥」，單、八、魏、平、十、永、閩、庫、阮作「躁」。○阮元《校記甲》：曰君行急燥。「燥」，十行、閩本俱作「躁」，是也。

三十葉一行疏　**此即致上文一極備凶一極無凶也。**　「即」下永無「致」字。

三十葉二行疏　**此休咎皆言若者。**　「休」，十、永、阮作「故」。○阮元《校記甲》：此休咎皆言若者。「休」，十行本誤作「故」。○阮元《校記乙》：此故咎皆言若者。毛本「故」作「休」。「故」字誤也。

三十葉二行疏　**其所致者皆順其所行。**　「行」，八作「行」。

三十葉三行疏　**易文言云。**　「文」，平作「又」。

三十葉三行疏　**火就燥。**　「就」，魏作「[illegible]」。

三十葉五行疏　故豫對哲△也。　「哲」，要作「哲」。

三十葉五行疏　以對不△敬故爲慢也。　○《定本校記》：以對不敬。「不」字疑譌，待攷。

三十葉六行疏　鄭王本豫作舒。鄭云。舉△。遲也。　「舉」，庫作「舒」。

三十葉六行疏　以對照哲△。　「哲」，要作「哲」。

三十葉七行疏　所見冒△亂。　「冒」，平作「冒」。

三十葉八行注　兼所總△羣吏。　「總」，王、八、纂、魏、平、岳作「揔」。

三十葉九行注　如歲兼四時<。　○山井鼎《考文》：「歲兼四時」下、「月之有別」下，〔古本〕共有「也」。

三十葉九行釋文　省。息△井反。　「息」，王、魏、平作「悉」。○山井鼎《考文》：省，息井反。〔經典釋文〕「息」作「悉」。○阮元《校記甲》：省，悉井反。「悉」，十行本、毛本俱作「息」。

三十葉十行注　如月之<有別。　「之」下纂有「各」字。

三十葉十行釋文　別。彼△列反。　○阮元《校記甲》：別，彼列反。毛居正曰：「彼」作「方」，誤。

三十葉十一行注　如日之有歲月<。　○山井鼎《考文》：日之有歲月。〔古本〕下有「之也」二字。○阮元《校記甲》：如日之有歲月。古本下有「之也」二字。

三十葉十一行注　各順常<。　○山井鼎《考文》：「各順常」下、「則政治明」下、「國家亂」

下，〔古本〕共有「也」。下註「亦民所好」下、「亦所以亂」下並同。

三十葉十二行注　歲月日時無易。　「無」，王作「无」。

三十葉十二行注　君臣無易。　「無」，王作「无」。

三十葉十五行經　乂用昏不明。　「不」下纂有「不」字。

三十葉十七行疏　兼總羣吏。　「總」，單、八、魏、平、十、永、阮作「摠」。

三十葉十七行疏　卿士分居列位。　「居」，平作「君」。

三十葉十八行疏　言皆無改易。　○《定本校記》：言皆無改易。「言」疑當作「是」。

三十一葉一行疏　歲豐稔也。　「豐」，十作「豊」。「稔」下永無「也」字。

三十一葉一行疏　世安泰也。　「世」，平作「出」。

三十一葉三行疏　皆隱遁也。　「皆」，魏作「能」。

三十一葉六行疏　於王言省。　「王」，單作「王」。

三十一葉六行疏　所總羣吏。　「總」，單、八、平、十、永、阮作「摠」，魏作「揔」。

三十一葉七行疏　言其兼下月日也。　「月日」，庫作「日月」。

三十一葉七行疏　正義曰師。　「義」，魏作「歲」。

三十一葉八行疏　與其同類之官爲長。○《定本校記》：與其同類之官爲長。「長」，〔足利〕八行本誤作「是」。

三十一葉八行疏　周禮大司樂爲樂官之長。太卜爲卜官之長。「大司」，平作「太司」。「太卜」，單、八，要作「大卜」。

三十一葉十四行注　畢星好雨。○浦鏜《正字》：畢星好雨。案疏云：「不言畢星好雨，具於下傳。」此有者，當是後人增入。○盧文弨《拾補》：畢星好雨，亦民所好。據正義，本無「畢星好雨」句。○阮元《校記甲》：箕星好風，畢星好雨。浦鏜云：按疏云：「不言畢星好雨，具於下傳。」此有者，當是後人增入。阮元《校記乙》同。○《定本校記》：箕星好風。「風」下各本有「畢星好雨」四字，今删。浦氏云：案疏云：「不言畢星好雨，具於下傳。」此有者，當是後人增入。

三十一葉十五行注　君臣政治。大小各有常法。「大小」，八、李、王、纂、魏、平、岳、十、永、閩、阮作「小大」。○物觀《補遺》：政治，大小。〔古本〕「大小」作「小大」，宋板同。○盧文弨《拾補》：君臣政治，小大各有常法。毛本「小大」作「大小」，從古本、宋本乙。○阮元《校記甲》：大小各有常法。「大小」二字，古、岳、葛本、宋板、十行、閩本、纂傳俱倒，與疏合。○《定本校記》：君臣政治。雲窗叢刻本、内野本、神宮本無「臣」字。又：小大各有常法。

「小大」二字内野本、神宮本倒。

三十一葉十七行注　亦所以亂。　○《定本校記》：亦所以亂。内野本、神宮本無「亦」字。

三十一葉十八行疏　既言大中治民。不可改易。　○浦鏜《正字》：既言大中治民，不可改易。「改」字監本誤。

三十二葉一行疏　小大各有常法。　「各」，十、阮作「名」。○張鈞衡《校記》：各有常法。阮本「各」作「名」，誤。

三十二葉三行疏　故當立用大中以齊正之。　「當」，阮作「常」。

三十二葉五行疏　畢星好雨。　○《定本校記》：畢星好雨。「雨」，〔足利〕八行本誤作「南」。

三十二葉六行疏　張衡蔡雍王蕃等。　「雍」，單、八、要、殿、庫作「邕」。○山井鼎《考文》：蔡雍。〔宋板〕「雍」作「邕」。○盧文弨《拾補》：張衡、蔡雍、王蕃等。宋本「雍」作「邕」。○阮元《校記甲》：張衡、蔡雍、王蕃等説渾天者。「雍」，宋板作「邕」，是也。

三十二葉七行疏　説渾天者皆云周天三百六十五度四分度之一。　「者」，要作「也」。

三十二葉八行疏　北極去南極。直徑一百二十二度弱。　「北極去南極」，單、八、魏、平、要、十、永、阮作「南極去北極」。○山井鼎《考文》：北極去南極。〔宋板〕作「南極去北極」。○盧文弨《拾補》：北極去南極，直徑一百二十二度弱。「北極去南極」，宋本「北」與「南」互易。○阮元《校記甲》：北極去南極，直徑一百二十二度弱。「北極去南極」，宋板、十行俱作「南極去北極」。○阮元《校記乙》：南極去北極，直徑一百二十二度弱。毛本「南」、「北」二字互易。

三十二葉九行疏　南北二極中等之處。謂之赤道。　「北」，毛作「極」。○物觀《補遺》：南極二極。〔宋板〕「南極」作「南北」。○浦鏜《正字》：南北二極中等之處，謂之赤道。「北」，毛本誤「極」。○盧文弨《拾補》：南北二極中等之處，謂之赤道。毛本「北」作「極」，譌。○阮元《校記甲》：南極二極中等之處。「南極」，宋板、十行、閩、監俱作「南北」。按：宋本不誤。

三十二葉九行疏　去南北極各九十一度。　「一」，平作「二」。

三十二葉十行疏　夏至赤道之北二十四度。　○浦鏜《正字》：夏至行赤道之北二十四度。脱「行」字。○盧文弨《拾補》：夏至行赤道之北二十四度。毛本脱「行」字。

三十二葉十行疏　去北極六十七度。　「北」，十作「比」。

三十二葉十行疏　日行黑道。　「行」，單作「仃」。

三十二葉十一行疏　去南極六十七度。　「十」，八作「卜」。

三十二葉十一行疏　去北極一百一十五度。　「北」上「去」字魏作「云」，永無「去」字。

三十二葉十二行疏　交路而過。　「路」，單、八、要作「絡」。○山井鼎《考文》：交路而過。〔宋板〕「路」作「絡」。○盧文弨《拾補》：交絡而過。毛本「絡」作「路」。「路」當作「絡」。○阮元《校記甲》：交路而過。「路」，宋板作「絡」，是也。○阮元《校記乙》：交路而過。宋本「路」作「絡」，是也。閩本、明監本、毛本並誤。

三十二葉十三行疏　日月行有常度。君臣禮有常法。以齊其民。　「法」上要無「度君臣禮有常」六字。「齊」，要作「濟」。

三十二葉十四行疏　俾滂沱矣。　「沱」，單、八、平作「沲」。

三十二葉十四行疏　是離畢則多雨。　「多」上要無「則」字。

三十二葉十四行疏　其文見於經。經箕則多風。　「於」，庫作「于」。「經」下魏不重「經」字。

三十二葉十五行疏　鄭玄引春秋緯云。　「引」，殿、庫作「則」。

三十二葉十五行疏　孔依用之也。　「用」，永作「周」。

三十二葉十五行疏　月行雖有常度。　「雖」，平作「唯」。

三十三葉一行疏　未知孔意同否。　「未」，十、永作「去」。

三十三葉二行疏　上云日月之行。　「上」，單作「土」。

三十三葉三行注　百二十年。　○山井鼎《考文》：「百二十年」下、「財豐備」下、「無疾病」下、「福之道」下、「不横夭」下〔古本〕共有「也」字。

三十三葉五行注　不横夭。　「横」，王、魏作「撗」。

三十三葉五行釋文　横。華孟反。　「横」，王作「撗」，魏作「撗」。

三十三葉六行注　動不遇吉。　○山井鼎《考文》：動不遇吉。〔古本〕「動」上有「凶」字。

謹按　極是。○盧文弨《拾補》：動不遇吉。古本句上有「凶」字。○阮元《校記甲》：動不遇吉。「動」上古本有「凶」字。按：此謬説也。疏云：「動不遇吉者，解凶也。」然則正義本無「凶」字。

三十三葉六行注　折未三十言辛苦。　「三」，毛作「二」。○山井鼎《考文》：「言辛苦」下、「多所憂」下、「困於財」下，〔古本〕共有「也」。○物觀《補遺》：折未二十。〔古本〕「二」作「三」，宋板同。○浦鏜《正字》：短未六十，折未三十。「三十」，毛本誤「二十」。○盧文弨《拾補》：折未三十。毛本「三」作「二」。「二」當作「三」。○阮元《校記甲》：折未二十。「二」，古、岳、葛本、宋板、十行、閩、監、纂傳俱作「三」。○阮元《校記乙》：折未三十。古本、岳本、葛本、宋板、閩本、明監本、纂傳同。毛本「三」作「二」。

三十三葉七行釋文　凶。馬云終也。折。時設反。又之舌反。「時」，殿、庫作「持」。「又」，王、魏、平作「一音」，十、永、閩、阮作「音」。「凶，馬云終也。折，時設反，又之舌反」十三字釋文，纂作孔傳。○山井鼎《考文》：折，時設反，又之舌反。〔經典釋文〕「又」作「一音」。謹按正德、嘉靖二本「又」作「音」，無「一」字。崇禎本改作「又」，復與經典釋文異。○阮元《校記甲》：折，時設反，一音之舌反。十行本無「一」字。毛本「一音」二字作「又」。山井鼎曰正德、嘉靖二本「又」作「音」，脱「一」字。

三十三葉七行注　常抱疾苦。○物觀《補遺》：常抱疾苦。〔古本〕下有「也」字。

三十三葉八行注　醜陋。「陋」，王、纂、岳作「惡」。○阮元《校記甲》：醜陋。「陋」，岳本作「惡」。

三十三葉九行注　尫劣。「尫」，岳作「尪」。

三十三葉九行疏　謂人蒙福祐有五事也。「祐」，庫作「祜」。

三十三葉十行疏　家豐財貨也。「豐」，十作「豊」。

三十三葉十一行疏　遇凶而橫夭性命也。「橫」，十作「撗」。

三十三葉十一行疏　常抱疾病。「病」，庫作「痛」。

三十三葉十一行疏　三曰憂。常多憂。「多憂」下單、八有「愁」字。○山井鼎《考文》：三曰憂，常多憂。〔宋板〕「多憂」下有「愁」字。○盧文弨《拾補》：三曰憂，常多憂愁。毛本脱「愁」字。○阮元《校記甲》：常多憂。宋板下有「愁」字。

三十三葉十二行疏　困乏於財。「乏」，阮作「之」。

三十三葉十六行疏　是善。「是」上單、八、魏、平、要、毛、殿、庫有「謂惡」二字。○殿本《考證》：好惡者不知惡之爲惡，謂惡是善。監本脱「謂惡」二字。從舊本添。○浦鏜《正字》：謂惡是善，故好之無厭。監本脱「謂惡」二字。○阮元《校記甲》：謂惡是善。十行、閩、監俱脱上二字。

三十三葉十七行疏　任其所好而觀之。「而」上單、八、要有「從」字。○山井鼎《考文》：任其所好而觀之。〔宋板〕「而」上有「從」字。○盧文弨《拾補》：任其所好，從而觀之。毛本脱「從」字。○阮元《校記甲》：任其所好而觀之。「而」上宋板有「從」字。阮元《校記乙》同。

三十四葉一行疏　能者養之以福。○浦鏜《正字》：能者養之以福。「之以」當作「以之」，詳左傳正字。○盧文弨《拾補》：能者養之以福。漢書律曆志、五行志引傳，皆作「養以之福」。此與今傳同，似後人所改。○阮元《校記甲》：能者養之以福。盧文弨云：當作「養以之福」。按：「養以之福」見漢書五行志。杜預注左傳云「養威儀以致福」，疏云「養此威儀禮法而往適於福」。是杜、孔所見左傳並與漢志同，不知何時誤倒「以之」二字，并改此疏，失之遠矣。阮元《校記乙》同。

三十四葉四行疏　折又半爲未三十。「半」，平作「辛」。

三十四葉四行疏　猶困阨之事在身。故謂殃厄勞役之事爲辛苦也。「阨」，單、八、要、庫作「厄」。「謂」，庫作「為」。

三十四葉五行疏　漢書五行志云。「志」，庫作「忐」。

三十四葉六行疏　一曰凶夭是也。○浦鏜《正字》：一曰凶夭是也。「是」當衍文。

三十四葉六行疏　爲筋力弱。「筋」，單、要作「觔」，十作「筋」。

三十四葉七行疏　愚惴不毅曰弱。「惴」，單、八、魏、要、毛、殿、庫、阮作「懦」，平作「儒」。

三十四葉七行疏　五行傳有致極之文。「致」，庫作「志」。

三十四葉九行疏　言從則致攸好德。「攸」，十作「收」。

三十四葉十行疏　所以短折也。「折」，阮作「所」。○張鈞衡《校記》：所以短折也。阮本「折」作「所」，誤。

三十四葉十二行疏　貌恭則容儼形美而成性以終其命。　「貌」，十作「貇」。

三十四葉十二行疏　故致惡也。　○《定本校記》：故致惡也。「故」，〔足利〕八行本誤作「放」。

三十四葉十三行疏　此亦孔所不同焉。　「焉」，要作「也」。

三十四葉十四行經　班宗彝。　○阮元《校記甲》：班宗彝。陸氏曰：「班」，本又作「般」，音同。

三十四葉十四行注　賦宗廟彝器酒罇賜諸侯。　「罇」，纂作「鐏」，十作「罇」。○阮元《校記甲》：賦宗廟彝器酒罇。按：「罇」，俗字也，疏作「尊」，傳文誤刊。阮元《校記乙》同。

三十四葉十五行注　言諸侯尊甲。　「甲」，王作「甲」。

三十四葉十五行釋文　分。扶問反。　「分」下纂、魏、平有「器」字。

三十四葉十六行疏　武王既以勝殷。　「以」，單、八、魏、十、永、閩、阮作「已」。○物觀《補遺》：既以勝殷。〔宋板〕「以」作「已」。○浦鏜《正字》：武王既已勝殷。「已」誤「以」。○盧文弨《拾補》：武王既已勝殷。毛本「已」作「以」。「以」當作「已」。○阮元《校記甲》：武王既以勝殷。「以」，宋板、十行、閩本俱作「已」。

三十四葉十七行疏　於時有言誥戒勑。　「時」，永作「詩」。

三十四葉十七行疏　邦諸侯者。　「邦」，魏、十、永作「拜」。

三十四葉十八行疏　樂記云。封有功者爲諸侯。　○盧文弨《拾補》：樂記云，封有功者爲諸侯。此指封薊、祝、陳、杞、宋等而言，非記成文。

三十五葉一行疏　言爲尊之法正。　○浦鏜《正字》：言爲尊之法也。「也」誤「正」。○盧文弨《拾補》：言爲尊之法也。毛本「也」作「正」。浦改。「正」當作「也」。○阮元《校記甲》：言爲尊之法正。浦鏜云：「也」誤「正」。阮元《校記乙》同。○《定本校記》：言爲尊之法正。浦氏云「正」當作「也」。

三十五葉三行疏　楚靈王云。　「靈」，十作「霛」。

三十五葉三行疏　與吕伋王孫牟爕父禽父。　「爕」，十作「燮」。○浦鏜《正字》：昔我先王熊繹與吕伋云云。「伋」，左傳亦作「級」。○盧文弨《拾補》：昔我先王熊繹與吕伋。「伋」左傳本作「級」。

三十五葉四行疏　四國皆有分。我獨無。　○浦鏜《正字》：四國皆有分，我獨無有。脱下「有」字。○盧文弨《拾補》：四國皆有分，我獨無。「無」字下（左傳昭公十二年）本有「有」字。

三十五葉四行疏　是諸侯各有分也。亡。　「各」，十、永作「名」。○阮元《校記甲》：是諸侯各有分也，亡。案：「亡」字似因傳文而誤衍。阮元《校記乙》同。